"十三五"全国高等院校采购管理专业规划教材

采购管理

(第2版)

宋玉卿　沈小静　杨　丽　编著

中国财富出版社

图书在版编目（CIP）数据

采购管理/宋玉卿，沈小静，杨丽编著．—2版．—北京：中国财富出版社，2018.9（2021.8重印）

（“十三五”全国高等院校采购管理专业规划教材）

ISBN 978-7-5047-6767-7

Ⅰ.①采… Ⅱ.①宋… ②沈… ③杨… Ⅲ.①采购管理 Ⅳ.F253

中国版本图书馆CIP数据核字（2018）第226599号

策划编辑 郑欣怡　**责任编辑** 邢有涛　赵雅馨

责任印制 梁　凡　郭紫楠　**责任校对** 孙丽丽　**责任发行** 敬　东

出版发行 中国财富出版社

社　　址 北京市丰台区南四环西路188号5区20楼　**邮政编码** 100070

电　　话 010-52227588转2098（发行部）　010-52227588转321（总编室）

010-52227588转100（读者服务部）　010-52227588转305（质检部）

网　　址 http://www.cfpress.com.cn

经　　销 新华书店

印　　刷 北京九州迅驰传媒文化有限公司

书　　号 ISBN 978-7-5047-6767-7/F·2943

开　　本 787mm×1092mm　1/16　**版　　次** 2018年10月第2版

印　　张 13.5　**印　　次** 2021年8月第2次印刷

字　　数 337千字　**定　　价** 48.00元

第2版前言

弹指一挥间，九年过去。自采购管理第1版2009年出版以来，中国乃至世界经济格局发生了巨大的变化。中国“一带一路”倡议的提出、美国制造业的回归，这些大变化促使中国在国际舞台上发挥着更重要的作用。值此之际，我们精心编写了《采购管理》（第2版），创新采购管理理论，归纳采购前沿实践，希望通过更好的采购运作，为中国乃至世界经济发展做出贡献，为实现中华民族伟大复兴的中国梦增砖添瓦。

为满足经济发展中采购与供应链管理运营的人才需要，北京物资学院于2010年开始招生建设采购管理专业，中国的高等教育自此有了采购管理专业，拉开了采购专业人才培养的序幕。采购专业人才的培养，离不开理论建设与知识体系建设。根据采购管理发展的需要，我们再版采购管理教材，以期更好地反映采购领域的最新理论成果与前沿实践。教材中的创新主要体现在以下几个方面。

首先，这一版教材创造性地提出了采购使命。本教材将采购职能的使命确定为“求索价值，采购竞力”，即充分创新采购与供应链管理总流程，在采购关键绩效指标上实现纵向发展和横向超越。求索价值是指采购过程创新，采购竞力是指采购结果超越。对于采购管理而言，求索价值是“内圣”，采购竞力是“外王”。采购职能的使命，是采购管理工作的总纲，通过构建卓越采购管理系统来实现；采购工作的一切努力，本教材所做的一切工作，皆为实现采购的使命。

其次，这一版教材系统化地设计了卓越采购管理系统。卓越采购管理系统包括资源、流程和绩效三个层次，它是采购知识体系的总体框架，大多采购知识、工具和方法都在该系统中有自己的位置和作用。它是实现采购使命的重要工具，即通过该系统的实施可以提升组织采购竞争力。建立卓越采购管理系统能够有效实现采购使命“求索价值、采购竞力”，充分发挥采购系统资源的潜力，创新采购与供应链管理总流程，在采购关键绩效指标（QCDSIM）上实现纵向发展和横向超越。

另外，这一版教材修正了采购管理新趋势，增加了采购预算内容，更新了国际贸易术语，优化了细节，更新了案例。

《采购管理》（第2版）由宋玉卿、沈小静和杨丽最终定稿，共包括10个专题。其中宋玉卿撰写采购管理内涵，卓越采购管理系统，采购需求、计划与预算，供应商管理，询比价与谈判，采购合同管理，采购与库存控制以及采购绩效评估8个专题；沈小静撰写采购战略规划1个专题；杨丽撰写采购管理新趋势1个专题。另外，对北京物资学院的培养、ITC采购知识体系的浸润和法国BUY.O（百优）集团采购咨询培训的启发，在此一并表示衷心的感谢！

编　者

2018年2月

第 1 版前言

毫无疑问，采购在中国发生了巨大的变化，从计划经济到市场经济再到全球一体化的网络新经济，采购对企业的贡献越来越具有战略性，它已经成为企业核心竞争力的重要组成部分。任何管理知识与理论都是动态的，采购管理理论与实践也是如此。因此，我们精心编写了《采购管理》一书，为的是给读者提供对采购供应管理的最好理解。

本书更好地反映了采购领域的新发展，体现了 21 世纪的采购管理前沿理论与实践。本书有以下几个特点：

第一，面向采购流程。流程是用来整合企业的资源，以实现企业的目标。本书的知识体系，就是根据采购管理的整体流程而编排的，其各章节实际上就是采购整体流程的一个节点，并且各章节之间存在着一定的前后顺序依赖关系。这些流程要素包括设计采购组织结构、制定采购战略、明确需求与制订采购计划、进行供应商管理、获取选择报价和谈判、采购合同管理、库存控制以及采购绩效管理等。本书通过这些采购流程要素，向大家展现了采购管理知识体系全貌。

第二，更注重实用性。采购管理理论最终要指导企业采购实践。本书在撰写过程中，除了理论阐述之外，更注重实践操作指导。通过本书的学习，企业采购人员以及在校学生能够掌握具体的采购实践方法，提升采购操作技能，使学生能够更好地了解企业的实践，使采购从业者能够提升采购效率与效果。

第三，与国际化接轨。本书在撰写过程中，为了规范采购专业术语与工具，对照了美国供应管理协会（ISM）、英国皇家采购与供应学会（CIPS）以及联合国国际贸易中心（ITC）的采购研究成果，以确保本书的研究成果与国际主流采购研究成果接轨。

第四，丰富了练习与案例。根据每章的学习目标，我们精心编写了思考讨论题并精选了 2 个案例。这些内容，为读者深入掌握采购管理理论，并形成自己的专业能力，提供了很好的素材。

本书由宋玉卿、沈小静最终定稿，共包括 9 个专题。其中，沈小静撰写“采购管理新突破和采购战略规划”2 个专题，宋玉卿撰写“需求管理与采购计划、供应商管理、报价与谈判、采购合同管理、采购与库存控制、采购绩效评估以及采购管理新趋势”7 个专题。

本书是编者对采购管理的认识与感悟，它既是对老一辈采购管理研究的学术传承，也有对国外采购管理新理论、新观点、新方法的引入。它是在总结国内外优秀企业采购管理经验的基础上对实际运作方法的传播，可供企业管理人员借鉴使用，也可作为工商管理专业教材使用。在本书编写过程中，参阅了国内外许多同行的学术研究成果，在此一并表示衷心的感谢！

编　者

2009 年 2 月

目　录

第一章　采购管理内涵

采购职能对企业的贡献越来越重要，它已经从一种普通的职能发展成为对企业核心竞争力有所贡献的战略职能，正如本书中界定的采购使命——“求索价值，采购竞力”。本章介绍了采购管理基本概念、采购使命与贡献、采购管理发展历程以及采购管理新思路，以期读者对采购管理有一个基本的认知。

通过本章学习，你将能：

①理解采购管理的基本概念；

②掌握采购管理的重要分类；

③深入理解采购管理的使命与贡献；

④了解采购管理发展的历史沿革；

⑤理解供应链管理的重要意义。

第一节　采购管理基本概念

一、采购的基本概念

（一）采购的定义

采购是为了确保以合理的成本从外部购买各种必要的产品和服务而进行的各种管理与运作活动。采购的作用就是满足组织不能够或不愿意内部提供（即自制）的产品或服务的需求。采购管理就是对采购活动进行计划、组织、协调与控制，做到保质、保量、经济、及时地从外部获取生产经营所需各种物品和服务，以确保组织经营目标的实现。

（二）采购的相关概念

采购从企业生存的必要条件变成管理的一个热点，人们也更深入地探求采购领域潜在的改进机会。在这个过程中出现了一系列关于采购活动的概念。如购买、采购、供应等，这些词汇在某种意义上可以互换，关于它们各自的定义目前看来没有统一的说法。

①购买（Buying）：用货币换取商品的交易过程。包括了解需求、找寻供应商、处理订单、价格谈判、货物交运。

②采购（Purchasing or Procurement）：比购买的概念更专业，含义更广泛。包括购买、储存、运输、接收、检验及废料处理。

③供应（Supply）：随着供应链管理的兴起，“供应”一词在欧美国家得到了更广泛的应用，正在逐步取代“采购”这一职能称呼。供应是采购部门面向增值的业务活动，强化

与供应商的关系，以流程为导向整合企业内外资源的战略性活动过程。

上述三个概念的比较如表 1－1 所示。

表 1－1　采购相关概念的比较

低	←—— 对企业的战略贡献 ——→	高
购买	采购	供应
• 了解需求 • 找寻供应商 • 处理订单 • 价格谈判 • 货物交运 • 文书记录 • 重在交易	• 采购效率 • 批量决策 • 节约成本 • 采购政策 • 程序管理 • 防止差错 • 重在管理	• 确保企业在采购方面的公平和公正 • 创造价值与节约成本同样重要 • 参与构造并影响整个供应链 • 与供应商建立战略合作伙伴关系 • 供应商的早期介入 • 机会最大化 • 重在关系和资源的整合
传统的业务活动		面向增值的业务活动

二、采购主体、客体与动因

管理的科学性在于分类，管理的艺术性在于搭配。不同的组织类型，采购不同的商品或服务，需要使用不同的采购方法，方能提高采购效率。下面就采购的主体、客体以及动因进行分类，以便提高对采购的认识，从而提高采购效率。

（一）采购的主体

采购的主体可以是组织和个人，而组织又包括营利性组织（即企业）、公共部门以及非营利性组织，本书研究偏重于企业的采购，但对于公共（政府）采购也有可借鉴之处。组织类型与性质将影响它的目标以及运营方式，这些又将影响购买产品的数量、类型以及购买方式。

1. 营利性组织

营利性组织是由独立的个人或一些独立个人所构成的组织建立和拥有。大多数企业是在竞争性市场中经营的，只要在法律允许的范围内，在本质上企业可以按照自己的意愿采用任何方式进行经营。企业的性质与规模具有相当大的差别，一端是中小型企业，另一端是跨国公司，中间是大型本土化企业。企业采购供应职能的设置，通常随着企业规模的不同而有所区别。

（1）中小型企业。

中小型企业要想获得成功，专业化的采购职能相当重要。较小的企业规模使得企业人员管理更为直接、管理成本低以及应变能力迅速。但是，与大型企业相比，中小型企业面临着大量的不利因素：较小的生产规模和细分市场使得其在市场低迷时更加脆弱；贷款能力低下；供应商议价能力低；流动资金和信用渠道的缺乏将影响到中小企业的采购供应活动；企业成功高度依赖于所有者的能力，决策具有一定的风险性；企业招聘专业采购人员受限；不能进口或直接采购，只能从中间商处采购原材料导致高额的采购成本。

（2）跨国公司。

企业类型的另一端就是跨国公司。与中小型企业相比，它们拥有更多的产品与服务，进入更多的细分市场，表现出更多的变化。这些使它们避免了中小型企业市场过小的弱点。跨国公司与中小型企业的优势与劣势正好相反。一方面，跨国公司拥有大量的渠道可以用于筹集所需要的资金；在高素质专家、战略分析和管理信息系统方面它们都拥有大量的资源。跨国公司可以从总公司与下属公司内部其他业务单元的合作中获益，这样的合作包括：例如，集中采购获得更低的价格以及内向物流的规模经济；跨国公司内各独立的业务单元享有著名公司广泛知名度的优势，这种优势在进入新市场时可能发挥重要作用。另一方面，跨国公司也有一些不利因素，例如，缺乏灵活性以及非常烦琐的运作规则。采购职能在跨国公司通常得到了很好的发展。采购专职人员都是由部门内部的专家构成，并且可以避免中小型企业所面临的那些束缚，制定出最佳的采购战略。

（3）大型本土化企业。

除了中小型企业和跨国公司，在一个国家的私营企业中，还有很多大型本土企业。他们的优势与劣势通常介于中小型企业和跨国公司之间。在寻找筹集资金的渠道时通常比中小企业容易而比跨国公司困难；在经营领域方面，它的服务市场的范围通常比中小型企业大，比跨国公司小。在大型本土化企业中，一般都建有独立的采购供应部门，采购供应职能都得到了充分发挥。

2. 公共部门

在一些不能由企业经营的领域，将由政府提供公共服务。公共部门的组织可以从很多渠道获取所需的资金，包括税收、公债、赠款、特定收费。公共部门行使职能受到国家政策的影响，与企业的利润驱动不同，公共组织很大程度上是由对公众的责任感来驱动的。与企业相比，公共部门的组织还必须遵守更多的法律法规。在世界范围内，各国政府都面临着日益增加的来自国内公众舆论与国际社会的压力，要求政府通过更有效率与更有成效的管理确保政府管理水平的不断提高，因此在日常工作与服务中，公共部门的组织总是努力保证做到：资金的价值得以体现；工作过程中要遵守职业道德；决策是建立在清晰明确的评价标准之上，并且证据充分经得起检验；平等地对待权益的各方，在获得政府服务方面拥有平等的机会。

与很多企业不一样，公共部门的组织一般不是在有竞争的市场环境下运作，这种缺乏竞争的情况，很可能导致无效率，目前许多国家正在实施在公共部门引入竞争的做法以达到提高公共部门组织效率的目的。

公共部门的采购组织必须遵守国家适用的公共采购法规，建立公共采购的原则与法规是为了保证：

①所有的潜在供应商都应获悉采购要求，在此基础上所有的投标企业都应得到公正的评价；

②采购决策是按照已建立的标准客观地做出，并且对没有中标的投标者都给予了说明，说明了他们没有中标的原因；

③竞标者之间应该公开竞争而不是相互歧视。

公共采购法规一般都要求采购者按照特定的方式运作，公共部门必须遵守这些法规，这给采购人员增加了较大的管理负担，如何实现效率与责任的平衡是公共采购的一个重要课题。

3. 非营利性组织

非营利性组织是那些为了特定目的建立起来的组织，这种类型的组织不以盈利为目的。非营利性组织的主要目标往往涉及一种或多种信仰、价值观或意识形态方面的成果。它的资金主要来源于它的成员、发起者或其他不同渠道的赠款；非营利性组织自身也可以通过对其提供的服务收取费用来产生一部分收入。

竞争的概念通常与非营利性组织无关。当建立在相同信仰与价值观念基础上为同一个目标而工作的组织超过一个时，这些组织总是将此种状况看作是积极的。因为此时更多的资源被用于他们所关心的问题或信仰，在这种情况下，问题已不是如何竞争，而是如何达到共同的目标。

非营利性组织的采购供应管理与企业的运作方式基本一致。然而，他们也有与公共部门类似的情况，当采购是由捐助者提供资金支持时，采购活动可能需要按照捐助者提出的原则运作。

各类组织性质不同，采购方式也有所不同，如表 1－2 所示。尽管各种组织的目标可能不同，但所有组织的采购者都关心为了实现组织目标而投入的资金的价值能否实现。任何类型组织的采购人员都关心以下问题：获得所需的产品与服务、及时交货、具有适当的数量、在正确的地点、以最有效的方式。

表 1－2　不同类型组织的主要区别

组织	企业	公共部门	非营利性组织
控制	个人与其他企业	政府	个人和组织
资金	股东和积累的销售利润	税收、基金、国债和其他服务费	发起人、其他成员（基金、捐款）和各种服务费
主要目标	通常追求利润增长和市场份额的最大化	通常为公众提供有效率和有成效的服务	为了信仰、价值观和解决意识形态问题提供服务
责任	对股东	对公众	对创办者和成员
竞争	通常存在	通常不存在	通常与此无关
约束	法律（普遍适用） 自我约束	法律（普遍适用） 法律、适用公共部门的规则与程序 政府政策的变化	法律（普遍适用） 主要发起者规定的约束 自我约束
采购供应职能	通常应用组织内部采购政策和原则 可以从广泛的供应商联系中进行选择	透明度 社会责任 公平的竞争 非歧视性	通常应用组织内部采购政策和原则 有时也需要遵守捐赠人制定的原则

（二）采购的客体

采购的客体即采购对象，主要可分为有形的产品和无形的服务。传统意义上的采购更多的是指对产品的采购，但随着社会的发展，企业对服务的采购也越来越多、越来越重要。

1. 产品

（1）主要原材料。这是指经过加工后构成产品主要实体的各种材料，比如水泥、钢材以及木材等。

（2）辅助材料。辅助材料是指在生产过程中不直接构成另一物品的主要实体的各种材料。如使主要材料发生物理或化学变化的辅助材料，如催化剂、染料、接触剂、油漆等；与机器设备使用有关的辅助材料，如润滑油、皮带等；与劳动条件有关的辅助材料，如照明设备、清扫工具等。

（3）半成品。这些产品已经过一次或多次处理，并将在后面的阶段进行深加工。它们在最终产品中实际存在，比如钢板、钢丝与塑料薄片。

（4）零部件。零部件是指不再经历额外的物理变化的产成品，但是它将被包括进一个系统中，通过它与其他部件相连接。它们被嵌入最终产品内部。如前灯装置、轴承等。我们可以分清专用件和标准件之间的区别。专用件是按照客户的设计或规格生产的，而标准件则是按照供应商的规格生产的。

（5）成品。成品包括被用来销售而采购的所有产品，它们在经过可以忽略的价值增值后，与其他的成品一起销售。如由汽车生产商提供的附件，像汽车收音机。制造商并不生产这些产品，而是从专门的供应商那里采购。百货公司所销售的消费品也属于这个范围。

（6）燃料。燃料是生产过程中产生能量转化的物资，如煤炭、石油、液化气等。从对产品的作用来看，燃料也属于辅助材料，但它在辅助材料中情况特殊，地位又很重要。

（7）工具。是指生产中使用的各种刀具、量具和检验仪器等。

（8）修理备用件。是指用于修复各种物资设备的零配件，如汽车和各种专用设备的零配件等。

（9）动力。这里是指用于生产中的电力、蒸汽等。它也是一种特殊的辅助材料。

（10）机械设备。通常指通用设备和专用设备。

2. 服务

企业采购的典型服务包括管理咨询、培训、交通与住宿、会议、餐饮、物流、物业、广告、保险、人力资源、装修、设计等内容。

不同采购对象的采购方式方法也不同。例如，机械设备的采购属于资本性采购。资本性采购品的价值相对较高，因此其采购审批的程序也相对复杂。有时，正式申购单必须提交到公司董事会或董事会指定的特别委员会。企业应在采购过程中，充分考虑不同采购对象的性质，采取相应的采购策略及措施。

（三）采购动因

企业满足需求的手段可以分为自制或采购（make or buy）。至于为什么要进行采购，主要有两个原因：第一个原因是“不能够”，企业不具备自身加工该产品或提供该服务的能力；第二个原因是“不愿意”，企业要把核心资源放到对企业更为重要的业务上，而一些非核心的业务更愿意采取采购的方式。后一个原因导致部分企业选择了外包，而外包的选择也使采购活动对企业的贡献越来越具有战略性。

自制与外购（即采购）决策是生产企业采购战略中的重要决策内容。生产企业在开发生产新产品时，或自身生产能力和成本改变时，或供应商的竞争能力和成本改变时，需要进行自制与外购决策。这项决策首先要同企业的核心业务相适应，同企业的总体战略相适应；还要受产品技术水平、工艺水平、生产能力、开发能力、投资能力、与供应商关系等诸多因素的影响。自制与外购的好处比较如表 1－3 所示。

表 1－3　　自制与外购的好处比较

自制的好处	外购的好处
避免了与供应商的交易费用	减少了存货成本
便于生产流程的协调	保证可替换资源
利用剩余劳动力和设备做出边际贡献	精力集中到企业的核心业务上
获得稳定的质量	降低投资风险
增加或保持企业规模	有利于获得规模效益
专门设计等私有信息不被泄露	易于增强效率和创新性

尽管外购的原因绝不只是考虑成本因素。但做出自制与外购的决策时，可采取费用转折点法来加以参考，举一个例子来说明。

例：某厂生产一种产品，由于设备能力不足，某种零件需外购解决，每件单价 10 元。如果自制需要增加设备，假定每年需增加固定费用 20000 元。自制时，估计该零件的单位可变费用为每件 5 元。该厂全年需此零件 5000 件，试问是外购还是自制该零件？

解：首先计算出外购费用与自制费用相等时即平衡点的产量。

设：平衡点的产量为 N_0件

则：外购费用　$W_1=10N_0$　　自制费用　$W_2=20000+5N_0$

平衡点时：$W_1=W_2$，　即 $10N_0=20000+5N_0$

求出 $N_0=20000/(10-5)=4000$（件）

由于实际需要零件 $N=5000$，$N>N_0$，此时 $W_1>W_2$

所以，应选择增加设备自制该零件。

随着企业专业化程度的提高，越来越多的企业将精力集中于自己的核心业务上。特别是随着经济全球化、技术现代化进程的加快，外购的比例呈现不断扩大的趋势。正如惠普（HP）的前任首席执行官（CEO）约翰·杨所言：“过去，为了制造自己的产品，我们弯曲所有的金属片，塑造每一个塑料零件。现在，我们不必再做这些事情了，而由其他人为我们提供。”越来越多的企业将收入中的大部分用于购买，因为一家企业生产所需的零部件由其他厂家生产会更有效率。

许多日本大公司在外购与自制之间找到了一个“中间地带”，即下承包制。这些制造商通过借款等方式给予下承包者（或叫转包者）财务上的支持。而这些转包者已成为企业联合体的一部分，保持着长期合作关系，他们将利用技术专业化、稳定的质量和生产等优势来与制造商合作。

三、采购管理在企业价值链中的地位

竞争优势归根结底取决于一个企业或一条供应链能够为其顾客创造的价值。对于这一价值的形成及分析，美国哈佛商学院的迈克尔·波特（Michael E. Porter）教授采用价值链分析方法，将顾客、供应商以及一个企业分解成相互分离但又联系着的活动，价值由此产生。波特认为，将企业作为一个整体无法认识竞争优势。竞争优势来源于企业在设计、生产、销售、交货和维护产品等过程中所进行的许多分立活动。这些活动中的每一种都对企业的相对成本地位有所贡献，并奠定了差异化的基础。企业正是通过比竞争对手更廉价或更出色地开展这些战略上相关的活动来赢得竞争优势的。

企业的价值链活动可以分成两类：基本活动（进货后勤、生产作业、发货后勤、市场营销与服务）和辅助活动（企业基础设施、人力资源管理、技术开发和采购管理），辅助活动贯穿于企业内各基本活动之中，如图1－1所示。

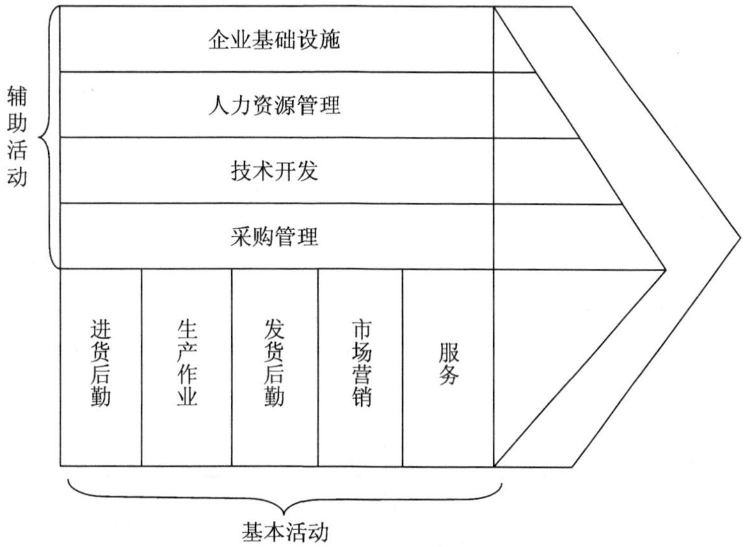

图1－1　企业的价值链活动

采购职能体现在基本活动的进货后勤和辅助活动的采购管理中。进货后勤是指原料供应，包括原材料的装卸、入库、盘存、运输及退货等。采购管理是指采购企业所需投入品（除原材料还包括其他资源，如聘请咨询公司搞策划）的职能。加强采购管理，改进采购方式，改善与供应商的关系，对价值链的影响是巨大的。如供应商增加发货的频率可以降低企业的库存水平，供应商的产品包装得当可以减少搬运费用。例如，一家巧克力生产企业同意把散装巧克力用罐装车而不是以块状形态运送到糖果糕点生产厂，巧克力生产企业节省了成形和包装的费用，而糖果糕点厂也降低了进货处理和熔化费用。

第二节 采购使命与贡献

一、采购面临的新挑战

随着科学技术的进步和社会生产力的发展，世界政治、经济、社会环境发生了巨大变化。特别是电子商务时代的到来，市场竞争日趋激烈。面对机遇与挑战并存的新局面，企业采购管理也必须“突破”传统的思维定式，以更高的境界和全新的思路去开创采购管理工作的新局面。

(一) 采购思想的变革

随着顾客满意、全面质量管理、采购物品所有权总成本、持续改进、压缩时间、世界范围内的竞争、对价值增值业务的关注等问题的提出，要求我们对传统的采购观念进行重新审视。传统采购管理与现代采购管理的比较，如表 1－4 所示。

表 1－4　　传统采购管理与现代采购管理的比较

比较＼方式	传统采购管理	现代采购管理
供应商/买方角色	相互对立	合作伙伴
合作关系	短期	长期
合同期限	短	长
采购数量	大批量	小批量
运输策略	单一品种整车发运	多种物资整车发运
质量问题	检验、再检验	无须入库检验
与供应商的信息沟通	采购订单	口头发布
信息沟通频率	离散的	连续的
对库存的认识	资产	危机
供应商数目	多，越多越好	少，甚至一个
设计流程	先设计产品后询价	供应商参与产品设计
产量	大量	少量
交货安排	每月	每周或每天
供应商地理分布	很广的区域	尽可能靠近
仓库	大、自动化	小、灵活

(二) 采购环节中的风险加大

在市场经济条件下，企业的经营风险是客观存在的。特别是在全球经济一体化背景下，企业所面对的市场范围进一步扩大，不确定因素增多，采购风险加大实属必然。

所谓风险，即某一行动的结果具有多种可能而又不确定。换句话说，风险本身体现着一种不确定性。采购风险即企业在供应环节中受内外因素影响给企业的成本和利润带来的不确定性，主要包括以下几个方面。

1. 政治风险

政治风险是指由国际、国内政治环境变化而带来的不确定性。如战争、政变、一国领导的换届、外交破裂、恐怖事件等。

2. 经济风险

经济风险是指国际、国内经济环境变化而带来的不确定性。如国家的经济发展规模、速度的变化，产业结构的调整，相关法律法规的重新修订，加入 WTO（世界贸易组织）后游戏规则的改变，汇率的变化、人民生活水平和消费结构的重大变化等。

3. 资源风险

资源风险是指由企业所需供应的物品［主要是 BOM（物料清单）］匮乏而带来的不确定性。如木材、石油、天然气等。

4. 价格风险

价格风险是指企业所需供应物品的市场价格波动而带来的不确定性。这一风险会随着市场竞争的加剧、供应商讨价还价能力的提高而加大。特别是向国外采购物品，这一风险更大。

5. 自然风险

自然风险是指由各种自然灾害和供应商带来的不确定性。如地震造成的供应商生产线的破坏，台风、洪水、暴风雪等造成的交通中断、运输过程物品的损坏、供应商在合同期间倒闭等。

6. 经营风险

上述 5 类风险均来自企业外部，而经营风险则来自企业内部。经营风险是指由企业经营管理水平带来的不确定性。如管理制度有漏洞、订立的采购合同条款不严谨、采购人员的道德风险等。

二、采购的使命与贡献

采购管理思想的变革以及采购环节风险的加大，对采购管理提出了新的挑战。在新的时代背景下，确定采购的使命、明确采购的贡献尤为重要。

（一）采购的使命——“求索价值、采购竞力”

不忘初心，牢记使命。国家有国家的使命，组织有组织的使命，采购职能有采购职能的使命。对于采购职能而言，什么是采购工作最重要的努力方向，也就是说采购职能的根本使命是什么。世贸中心（ITC）采购系列教材提出的“Buying into competitiveness”，是采购领域最为经典的口号之一，它作为采购职能、采购职业、采购教育共同努力的方向恰如其分。因此，“Buying into competitiveness”就是采购职能的使命，我们一切的努力，即为提升采购竞争力。“Buying into competitiveness”直译中文为“买出来的竞争力”，不够响亮，没有内涵。综合考虑采购职能的特点以及中国文化的习惯，本书将采购职能的使命确定为“求索价值，采购竞力”，即充分创新采购与供应链管理总流程，在采购关键绩效指标上实现纵向发展和横向超越。求索价值是指采购过程创新，采购竞力是指采购结果超越。

求索价值的过程创新包括，采购组织结构与业务流程优化，需求管理优化、与供应商合作的产品创新、寻找最优的供应商以及与供应链共同优化等，过程创新覆盖了采购与供应链的总流程，详见第二章，也将在本书各章节中均有体现。

采购竞力的结果超越体现在采购关键绩效指标上，主要包括质量、成本、交付、服务、创新和管理六个指标，它们是衡量采购绩效的准绳，详见第二章。

纵向发展是指组织的采购绩效超越自己的历史，即自己与自己比较，今天做得比昨天好；横向超越是指组织的采购绩效超越竞争对手，即同类型组织的比较，做得比竞争对手好。

采购职能的使命，是采购管理工作的总纲，通过构建卓越采购管理系统（将在本书第二章详细阐述）来实现，采购工作的一切努力、本书所做的一切工作，皆为实现采购的使命。

（二）采购管理对提升企业竞争力的贡献

除了对外购产品、服务所产生的大量成本的认知，大部分公司还没有认识到采购供应职能对于提高公司竞争力与获利能力所具有的关键性作用。不过，近来这种状况正在发生迅速的变化，随着公司管理理念与运营方式的改变，人们对于采购供应职能的认识也在不断地发展。“求索价值，采购竞力”的使命的确定，提升了企业采购管理的战略地位。

随着市场竞争的加剧，影响企业竞争力的要素也越来越多。20 世纪 70 年代以前，企业的竞争力主要体现在成本上；到了 20 世纪 80 年代除了成本又增加了质量要素；而到了 20 世纪 90 年代交货期也成了竞争力的要素，即所谓的基于时间的竞争；在 21 世纪的今天，企业竞争的焦点又转移到敏捷性上，即以最快的速度响应市场需求的能力。供应管理作为企业价值链中的重要一环，不论从成本、质量的角度，还是从交货期和敏捷性上考虑，都对企业竞争力的提升具有重要意义。

1. 加强供应管理对降低成本的贡献

在大多数企业中，物品和服务的采购开支在总成本中占有相当高的比例（制造企业中采购成本占总成本的比重大约为 60%）。由此可以看出，采购供应部门的采购能力对组织成本、关键的利润目标以及竞争力有相当大的影响（见图 1－2）。

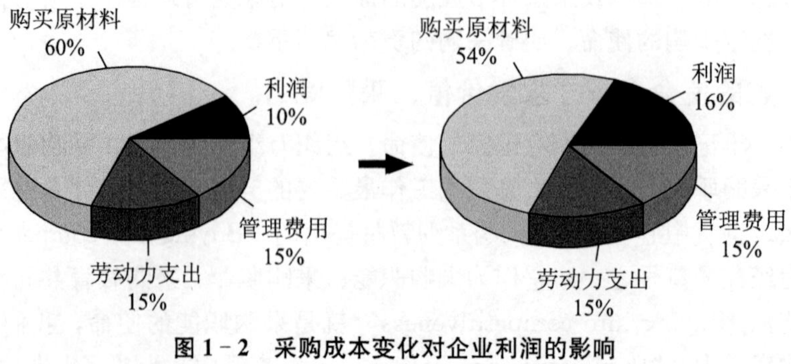

图 1－2 采购成本变化对企业利润的影响

从图 1－2 中我们可以看到，采购成本下降 10%，企业利润上升 60%。采购成本小比例的下降，可以带来利润更大比例的上升，我们称之为采购对企业利润贡献的杠杆作用，即采购杠杆原理。

正是由于采购的这种利润杠杆效应，直接为企业节约了很大的成本。不仅如此，采购职能对企业利润还具有间接作用。采购的物品质量好，可减少返工，降低保修成本，增加顾客满意度，进而增加销量或能以更高的价格销售产品。供应商的参与和建议可以改进设计，降低制造成本，并加快由创意到设计生产再到完工和最终转交给消费者的循环过程。对于大多数企业而言，在销售受到更多的重视之后，面对微利时代的严峻挑战，采购可能成为最后一个尚未开发的“利润源”。

2. 加强供应管理对保证产品质量的贡献

从前面的分析可以看出，产品价值中的一半左右是由供应部门或者说是供应商提供的，所以，最终产品的质量在很大程度上取决于供应管理。供应环节中对质量的管理不仅体现在进货验收上，更重要的是将质量管理工作拓展到供应商的生产制造过程，从源头抓起，才能真正地确保产品质量。

3. 加强供应管理对缩短交货期的贡献

从顾客角度来看，交货期即从订货到交货所经历的时间。缩短交货期，意味着对顾客服务水平的提高。交货期的长短取决于产品的现有库存状况、生产周期、外购所需时间、交货频率等。加强供应管理，简化采购流程，降低库存水平，可以大大地缩短交货期。有资料显示，一些企业花在增值活动上的时间只占交货期的 10%，其余 90%的时间只是无益地增加了时间成本。由此可见，采购管理对缩短交货期的潜力还是很大的。

4. 加强供应管理对提高企业的敏捷性的贡献

在当今准时制（JIT）的世界中，企业对顾客需求的短时间反应能力显得尤为重要。顾客不仅希望越来越短的交货期，更看中敏捷性。敏捷即迅速行动和更快满足顾客需求的能力。在瞬息万变的市场中，敏捷可能比长期战略更重要，因为如今企业的运作在更大程度上以服务驱动而非以预测驱动。为提高敏捷性，靠单一企业是不行的，必须运用供应链管理的思想，使各节点企业专注于自身的一两项核心竞争力，最小化变革成本而最大化地利用其他节点企业的竞争优势，迅速适应不断变化的市场。在这种思想指导下，企业外购或外包（Outsourcing）比例逐年增长，如苹果电脑 90%的销售成本是外购成本；日本厂商生产一辆汽车，只有 25%的部分成本由企业内部生产制造。所以，越来越多的企业将供应职能提高到战略高度来认识，与供应商建立战略合作伙伴关系是提高企业敏捷性的重要前提。

第三节　采购管理发展历程

采购职能伴随着世界市场经济的发展，从刚开始出现时“物料供给人”逐步发展到整合的供应链管理，采购也从以交易为基础的战术职能上升为以流程为导向的战略职能。

一、第一个阶段：初期（1850—1900 年）

有的观察者认为采购历史的初期应开始于 1850 年。不过，有证据表明，在这个阶段之前采购职能就受到了关注。查尔斯·巴比奇在 1832 年出版的有关机械和制造商经济的书中就提到了采购职能的重要性。查尔斯·巴比奇还提到了一个负责几个不同部门的“物料供给人”。他这样写道：“负责运营煤矿的重要职员就是‘一名负责选择、采购、接收和配送所有需求货物的物料供给人’。”

采购最受瞩目的时期出现在 19 世纪 50 年代后，这一时期也见证了美国铁路的发展。到 1866 年，宾夕法尼亚铁路公司在供应部门之下设立了采购职能部门。几年之后，铁路公司的总采购代理商可以直接向公司总裁进行报告。采购职能对整个企业的绩效贡献之大，使得采购总经理已拥有顶级经理人的身份。

铁路行业主导了早期采购发展。这段时期对采购历史所做的主要贡献有：对采购流程的早期认识及其对整个公司盈利能力的贡献。19 世纪晚期，采购部门逐步分化为一个具有专业技能的单独的职能部门。而在这之前，根本就不存在这种划分。

二、第二个阶段：采购基本原理的发展（1900—1939 年）

采购发展过程的第二个阶段大约于 20 世纪初开始，一直持续到第二次世界大战初期。铁路贸易期刊之外的出版物上，也开始定期出现越来越多的与工业采购职能相关的文章。尤其是工程杂志，特别关注对合格采购人员的需求及物料规格的发展等。

在这个阶段，基本的采购程序和观念也得到了发展。1905 年，第二本有关采购的书《采购手册》出版了，这同时也是第一本与铁路无关的采购书籍。这本《采购手册》共有 18 章，分为两大部分。第一部分主要用来陈述采购的“原则”，第二部分则描述了不同公司、不同采购系统所采用的形式及程序。

因为采购在获取重要战争物资中的作用，使其在第一次世界大战期间得到了重视。这主要归结于在那个时候，采购主要关注的是对原材料的购买（而非成品或半成品）。有点讽刺意味的是，在第一次世界大战期间没有出版过任何重要的采购方面的书籍。哈罗德·T. 刘易斯是 20 世纪 35 年代—50 年代一位很受人尊敬的采购专家。他注意到，是否真正认识到采购对于公司的重要性这个问题存在相当大的疑问。他指出，从第一次世界大战到 1945 年，人们至少逐渐开始认识到良好的采购对公司运营的重要性。

三、第三个阶段：战争时期（1940—1946 年）

第二次世界大战将采购历史带入了一个崭新的发展阶段。战争时期对获得所需求（也是稀缺的）物料的重视增加了人们对采购的兴趣。1933 年，只有 9 所大学开设了有关采购的课程，而到了 1945 年，则增加到了 49 所。美国国家采购代理协会的成员数量在 1934 年为 3400 个，1940 年增加到了 5500 个，而到了 1945 年秋天达到了 9400 个。在这个阶段进行的一项调查表明，76%的请购单没有对品牌的详细的规格说明。这也暗示了，公司的其他部门意识到了采购代理在确定供应源时所起的作用。

四、第四个阶段：沉寂时期（20 世纪中叶—20 世纪 60 年代）

第二次世界大战期间，采购的意识有所提高但并未延续到战后。John A. Hill（约翰 A. 希尔），一位著名的采购专家，是这样评论那一时期的采购状况的："对于许多企业来讲，采购只是它们在进行交易时无法避免的一项成本，而对它们又能做些什么。就美国工业的长度和广度而言，采购职能并未得到应有的重视和关注。"

另一位受尊重的采购专家布鲁斯·D. 亨德森，也对采购所面临的问题发表了评论。他这样说："采购被认为是一项起负面作用的职能——如果做得不好会阻碍公司的发展，即使做得好，也很难为公司的发展做出贡献。"他指出，在大多数企业里采购都是被忽略的职能，因为对于主流问题而言，它并不重要。接着他还提到，企业经理们很难想象出公司会因其出色的采购绩效，而比其他竞争者更加成功。

在这个阶段，开始出现一些不同的公司，为了做出采购决策而安排员工收集信息、分析介绍数据的文章。福特汽车公司是最早成立货物研究部门的私人组织之一，部门提供货物短期和长期的信息。同时，福特还创立了采购分析部门，就产品和价格分析对买方提供帮助。

第二次世界大战后阶段价值分析方法得到了发展。而通用电气公司是此领域的先驱。通用电气所采用的方法主要是评估，然后判定哪种物料或规格及设计上的变动能够降低产品的总体成本。尽管在这个阶段，内部采购有了很重要的发展。毫无疑问，其他领域如营销和财务的重要性都超过了采购。此外，公司面临持续的竞争并能获得充裕的物料——这些都是一直以来削弱采购整体重要性的条件。在采购历史上的这段沉寂阶段里，未发生任何通常情况下会提升采购重要性的事件。

五、第五个阶段：物料管理的成长期（20 世纪 60 年代中期—20 世纪 70 年代后期）

在 20 世纪 60 年代中期，物料管理的概念得到了快速发展。如果对物料管理的兴趣在这个阶段得到了提升，那么物料管理这个概念的出现要追溯到 19 世纪。在 19 世纪后半叶，美国的许多铁路公司都开始以物料管理概念为基础。它们将相关的职能如采购、库存管理、货物接收、存储等都交由同一个机构进行管理。

外部事件的发生会对公司的运营产生直接的影响。比如，越南战争造成了物价上涨和物料难以获得的压力。20 世纪 70 年代，公司经历了与石油"短缺"、禁运等相关的物料问题。企业所能做的合乎逻辑的反应就是变得更加有效率，尤其是在物料采购和管理方面。

对于物料概念的主要目标以及可能属于物料范围之内的职能达成一致意见。物料管理的整体目标是从总的体系角度，而非单独的职能或活动出发，来解决与物料相关的问题。可能属于物料范围之内的不同职能包括物料计划和管理、库存计划和管理、物料及采购研究、采购、进料运输、货物配送、进料质量管理存储、物料移动和废料处理。

这个阶段的采购行为值得注意，采购经理通过竞争性投标报价获得多个采购源，不过并不把供应商视为增值伙伴。采购方与供应商始终保持正常的交易关系。价格竞争是决定供给合同的主要因素。20 世纪 80 年代早期出现严重的经济危机，涌现出了大量国外竞争者，由半个世纪发展而来的采购战略和行为已变得不合适了。

六、第六个阶段：全球化阶段（20 世纪 70 年代后期—1999 年）

全球化时代，对采购的重要性、结构和做法的影响不同于历史上其他任何时期。这些差异包括：

①在工业史上从未出现过如此激烈、如此迅速的竞争；

②来自全球的公司逐渐从美国本土公司手中赢得了市场份额，与美国竞争对手相比，他们更强调不同的战略、组织结构及管理方法；

③技术扩展的范围之广和速度之快是前所未有的，同时，产品生命周期也变得更短；

④具备了利用国际数据网络和互联网协调国际采购活动的能力。

在这个竞争激烈的时代，供应链管理得到了发展。现在，公司开始用比以往更加协调的方法来管理从供应商到客户的货物、服务、资金和信息流。管理层人员开始将供应链管理视为一种应对激烈的竞争和其他改进压力的方法。

七、第七个阶段：整合供应链管理（2000 年以来）

如今采购供应管理反映出对供应商重要性的日益重视，与供应商的关系从原来的对抗性变成了与选出的供应商之间建立合作关系。现在的采购企业必须履行的活动与之前的几年相比有很大的不同。如今，供应商开发、供应商参与设计、与提供全面服务的供应商合作、利用总成本选择供应商、与供应商建立长期关系、战略成本管理、整合的互联网连接及共享数据库都被看作是供应链创造新价值的方法。采购行为也发生了很大的变化，为满足新阶段的绩效要求提供支持。

可以用三个结论来对这个阶段的采购情况进行说明。第一，在现代经济环境中，为了应对全球竞争和迅速变化的技术所带来的挑战，采购的作用也开始发生变化。第二，采购职能的总体重要性正在提升，尤其是对于那些在全球竞争和快速变化的行业中进行竞争的企业而言。第三，采购必须继续加强与客户需求、运营、物流、人力资源、财务、会计、营销及信息系统的整合。发展过程需要很长的时间才能完成，但整合是必然的。

采购供应管理的发展过程，虽然不是历史上最激动人心的篇章，却有助于我们了解在过去的 150 年里这些领域的发展和成长过程。每个历史时期都为采购的发展做出了自己独有的贡献。

第四节　采购管理新思路：供应链管理

一、物流整合的进化过程

供应链管理实际上是物流管理在企业外部的延伸。从企业生产经营实践的角度看，物流整合的进化过程可分为三个阶段。

（一）完全职能独立阶段

传统企业的物流管理体系按职能分为供应物流、生产物流和销售物流，如图 1 - 3

所示。供应物流是为组织生产所需要的各种物品供应而进行的物流活动。生产物流是按生产流程的要求组织和安排物品在各生产环节之间进行的内部物流活动。销售物流是为实现产品销售，组织产品送达用户的外部物流活动。在这一阶段，每一职能都是相互独立的，好似隔着一堵墙，各负其责，各行其是，出现问题互相推诿，容易造成“只扫自家门前雪”的局面，不重视企业整体的运行周期。如生产部门靠扩大产量来使单位制造成本最优化，而不顾产成品库存的堆积，这将对运营资本乃至企业的经济效益带来重大影响。

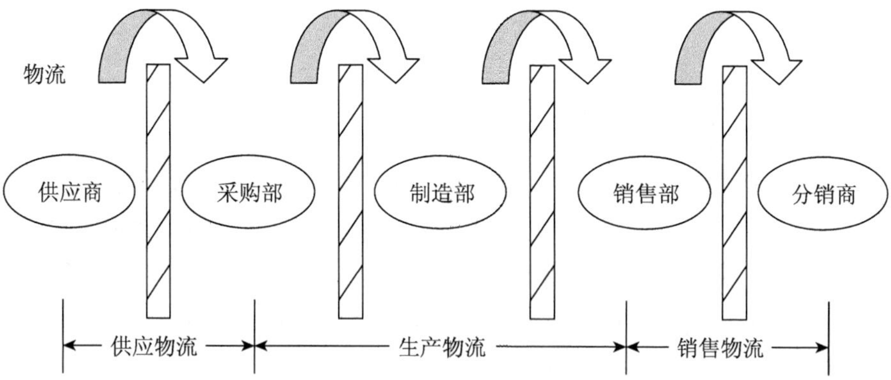

图 1-3　完全职能独立阶段

（二）内部整合阶段

随着市场竞争的加剧，利润空间缩小，企业开始内部挖潜，从管理中要效益，打破原有部门界限，将内部资源整合优化，建立并实现“从头至尾”的计划构架，使供、产、销的物流在企业内部一体化，加快了企业物流的整体速度，如图 1-4 所示。但是，这种物流管理体系并未使企业与外部的关系得以改善。企业与供应商、分销商之间的物流仍然是“越墙式”的，是典型的非信息对称博弈过程。在这种博弈过程中，从经济学的角度看，存在着机会主义倾向。根据委托—代理理论，机会主义倾向一般表现为道德障碍（Moral Hazard）和逆向选择（Adverse Selection）两种形式。在采购工作中，生产企业是委托人，供应商是代理人。道德障碍是指代理人利用自己的信息优势，通过减少自己的要素投入或采取机会主义行为来达到自我效用最大满足的道德要素。如供应商减少要素的投入，偷工减料即道德障碍的具体表现。逆向选择则是指在委托人无法识别潜在代理人的条件禀赋时，越是劣质的潜在代理人越容易成为现实的代理人。市场上每个供应商的生产能力及竞争实力都是不一样的，对于这方面的信息供应商自己心里清楚，而生产企业不甚了解，信息是不对称的。由于机会主义倾向的存在，企业不得不在采购环节加大监督管理的力度，如加强对外购物品验收把关工作，无形中加大了管理成本，减缓了对顾客需求的反应速度。

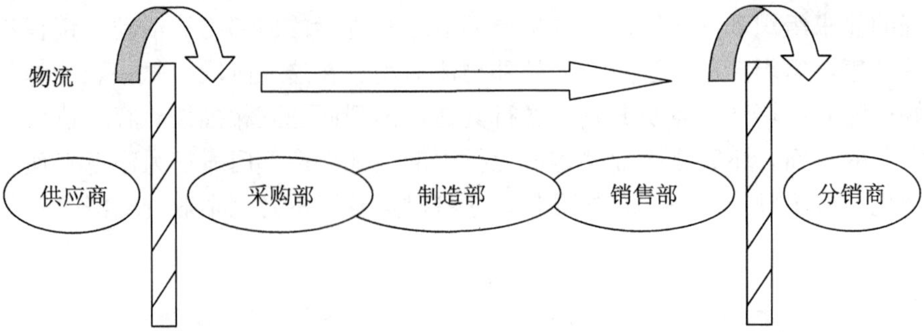

图 1-4　内部整合阶段

(三) 外部整合阶段

为了更好地实现企业与外部的联系和协调，管理活动进一步向外拓展，向上游扩展到供应商，向下游扩展到顾客，将企业内部整合后的流程与链条上的其他企业的流程整合在一起，使“越墙式”物流变成“无缝隙”物流，形成供应链管理模式，如图 1-5 所示。通过共享需求信息和库存水平信息，降低或消除链条上的企业之间的缓冲库存，从而达到低成本、高柔性、提高供应链整体竞争力的目的。

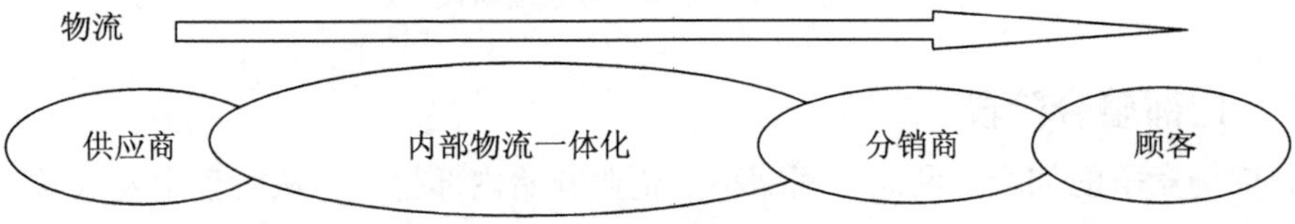

图 1-5　外部整合阶段

二、供应链思想的提出

事实上，供应链是早已客观存在的事物。但作为一种管理思想，供应链（Supply Chain）的概念是在 20 世纪 80 年代提出的。早期的观点认为，供应链是制造企业中的一个内部过程，即从企业外部采购原材料和零部件，通过生产转换和销售等活动，传递到零售商和用户的一个过程，是在后勤学（Logistics）的基础上发展起来的管理思想。随着经济全球化进程的加快，特别是有了网络通信技术的支持，供应链的概念扩展到了企业外部。《中华人民共和国国家标准：物流术语》将供应链定义为：“生产及流通过程中，涉及将产品或服务提供给最终用户形成的网链结构。”供应链的结构模型如图 1-6 所示。从图 1-6 中可以看出，供应链是一个网链结构，由核心企业、围绕核心企业的供应商、供应商的供应商和用户、用户的用户组成。一个企业是一个节点，节点企业和节点企业之间是供应与需求的关系。图 1-6 的位置供应链的特点主要有以下四点。

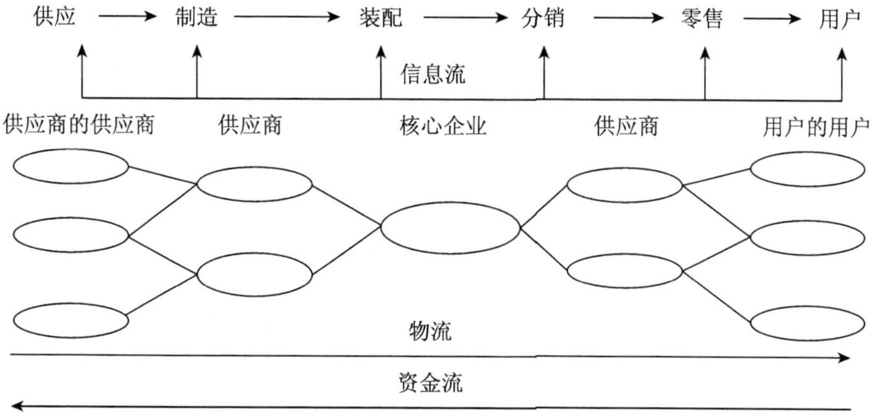

图 1－6　供应链的结构模型

首先是复杂性。供应链并非一个直线的链条，而是一个“网”，除了上下游企业间的纵向联系，还有各类专业服务提供商的参与，所以在对供应链的管理上比单个企业更为复杂。

其次是动态性。为适应市场需求的变化和企业战略的调整，节点企业也需要实时地调整与更新，这就使得供应链管理更具动态性。

再次是需求拉动。供应链管理工作并非供方推动的，而是偏重于需方拉动。供应链的形成、存在、重构都是基于一定的市场需求而发生的。

最后是交叉性。节点企业可以是这个供应链的成员，同时又是另一个供应链的成员，众多的供应链形成交叉结构，增加了协调管理的难度。

供应链中的节点企业除制造商外，既包括处于供应链上游，为制造商提供原材料和零部件的供应商；也包括处于供应链下游，从事产品代理、批发、零售等业务的分销商；还包括专业从事某项职能服务的专业服务提供商，如仓储服务商、运输服务商、第三方物流服务商、律师事务所等；甚至包括顾客。供应链上的每个环节都含有“供”和“需”两方面的含义。例如，制造商的销售部门是分销商的供方，但又是生产部门的需方。

三、供应链管理的实施

在全球化的进程中，企业的竞争将由单个企业的单体竞争转变为群体竞争，是一条供应链与另一条供应链之间的竞争，其竞争力主要体现在整条供应链的总成本和对最终用户需求的反应速度上，利润最大化目标也将建立在整个供应链基础上。供应商、制造商、分销商以及专业服务提供商之间瓜分利润的竞争关系将转变为共同拓展利润空间的合作伙伴关系。

供应链管理，是利用计算机网络技术，全面规划供应链中的商流、物流、信息流、资金流等，并进行计划、组织、协调与控制。它把整个供应链看成一个单一的实体，而不再是一个个孤立的组织机构单元，用系统的观点进行优化，以提高竞争优势。

供应链管理的实质就是使供应链节点上的各相关企业充分发挥各自的核心能力，形成优势互补，从而最有效地实现最终顾客价值。一条富于竞争力的供应链，各成员必须是专业化的，即要根据自己的业务优势定位。供应链中各企业之间的关系应在社会平均利润率规律的作用下，形成生产资本和商业资本的合理配置，供应商、制造商、分销商、零售商、专业服务提供商各司其职、各专其能的社会分工体系。生产与流通的合理分工，是专业分工的要求，是社会进步的表现，社会化、专业化流通的经营效率和服务效率将远远高于分散经营的效率。

供应链管理的核心是合作与信任。尽管供应链上各节点企业都是独立的经济利益主体，上下游企业交易中的利益冲突在所难免，但是随着企业间相互协作相互依赖程度的提高，人们越来越清醒地认识到，简单地向上游或下游转移成本并不能使他们更具竞争力，因为所有的成本最终都要到达市场，反映在最终顾客所支付的价格上。

对于企业而言，从采购职能角度实施供应链管理，主要包括以下几个环节。

（一）集中采购

对于一个大型企业，二级单位的采购权限集中于总部称之为集中采购。集中采购带来了采购量的增加，增大了采购杠杆，为供应链管理与创新打下了基础。

（二）内部标准化

内部标准化是在企业集团内部统一产品规格的需求。企业实施集中采购，原各二级单位的需求存在诸多差异，这导致采购量并没有获得提高，集中采购反而无法提高效率。因此，企业在实施集中采购之后，必须要进行内部标准化，统一物资需求，并进行相应的物资编码标准化等工作。内部标准化为提高集中采购的效率提供了可能。

（三）建立战略合作伙伴关系

企业实施集中采购并推行标准化之后，采购的品类减少，采购的批量增大。这时通常要压缩原有的庞大的供应商数量，企业同保留下来的优秀供应商越来越倾向于建立战略合作伙伴关系。

（四）供应链合作创新

企业与供应商建立合作伙伴关系不是目的，更重要的是要进行供应链管理创新。企业间可以推行新的合作模式，比如通过 JIT（准时制生产方式）采购、供应商管理库存以及供应商早期介入等供应链模式创新，提高供应链的竞争力。

思考讨论题

1. 什么是采购和采购管理？与采购相关的概念有哪些，有何区别？
2. 采购主体典型分类及各自特点是什么？
3. 采购客体有哪些分类？
4. 自制与外购有哪些优缺点？
5. 采购管理在价值链中处于什么地位？
6. 采购管理的思想是如何演变的？
7. 什么是采购管理的使命，如何理解？
8. 采购管理对企业的战略贡献体现在哪些方面？

9. 什么是采购的杠杆原理?
10. 采购管理发展经历了哪些典型阶段?
11. 采购职能如何实施供应链管理?

本章案例

美国重要行业协会更名，诠释采购供应管理内涵变迁

2005 年 1 月 1 日，有 40 多年历史的美国物流管理协会（以下简称 CLM）正式更名为美国供应链管理专业协会（以下简称 CSCMP）。于 1963 年在美国成立的物流管理协会，是全球物流和供应链管理领域最有影响的个人参与的行业组织。据 CSCMP 中国首席代表介绍：美国物流管理协会正式更名为“美国供应链管理专业协会”，标志着全球物流进入供应链时代的开始。这一变化从某种意义上揭示了 21 世纪国际物流发展的主流趋势：供应链整合管理。协会更名意味着协会所服务的对象及成员结构也将有一定的调整。协会会员的吸纳方向从此不仅仅是物流领域的专家和企业家，而是扩充到了整个供应链层面。从各级政府的相关部门领导，到各类生产制造企业的高层领导都可以加入协会。美国供应链管理专业协会不仅可以为会员提供个人职业发展的产品和服务，还可通过培训、咨询、会议、交流等形式为会员所在单位提供在物流与供应链领域的全方位帮助与支持，从而帮助会员在事业上发展。

美国供应管理协会是世界上规模最大、影响最大的供应管理组织，拥有四万多会员。它关于生产、库存、订单量等变化的报告（ISM Business Report）是美国经济的风向标，被广泛引用于新闻媒体、学术研究和政策制定。它的前身是美国采购经理协会(National Association of Purchasing Managers，NAPM)。在 100 多年的发展过程中，伴随着供应管理在美国公司的重要性不断上升，其侧重点从采购发展到供应管理，再到供应链管理。

但是，美国供应管理协会的核心仍然是采购与供应管理，而不是广义上的供应链管理。在 2001 年从美国国家采购协会改名美国供应管理协会时，有人问，为什么不改为“供应链管理协会”？答复是供应链管理太广泛，不够确定。但毫无疑问，从采购管理到供应管理，无疑是向供应链管理迈进的一大步。

资料来源：根据网络上相关背景资料整理.

国家电网公司物资管理发展历程

国家电网公司以建设和运营电网为核心业务，承担保障安全、经济、清洁、连续电力供应的基本使命。高效稳健的电网物资供应是电网安全运行、工程建设和营销服务顺利进行的重要保障。科学合理的物资管理，也对提高公司资源利用率、降低成本、加速资金周转、提升企业管理水平，至关重要。

一、物资管理发展历程

随着社会主义计划经济到社会主义市场经济的变革，电网物资管理也由计划统配发展到自主经营。20 世纪 80 年代，随着主辅分离、人员分流改革的实施，物资供应打破计划经济的供应模式，各单位相继成立物资公司，自负盈亏、独立经营。在过去相当长的一段时间，物资公司具有独立的采购权限，对电力物资供应以销售的形式进行，财务方面独立核算。这种分散物资管理模式显现出一系列需要解决和改进的问题。

自 2002 年国家电网公司成立后，将物资管理从分散向集约转变，将“单一招标”采购向“供应链”全过程管理转变，先后经历了集中规模招标和物资集约化管理两个阶段。

第一阶段（2005—2009 年），实施总部和网省公司两级集中规模招标采购，通过集中规模招标采购，形成规模采购优势，降低采购成本，提高采购效率效益，满足了建设坚强电网和保证电网安全稳定运行的需要。

第二阶段（2009 年至今），全面开展物资集约化管理，通过组织架构变革、管理模式创新、业务流程优化，实施物资需求计划、招标采购、合同签约履约、质量监督、仓储配送、供应商关系等供应链全过程的集中管理，提升了电网物资供应的效率效益。

经过十几年的改革与探索，公司在企业物资的计划、采购、使用、储备等管理环节上取得了诸多进展和成果，逐渐由传统的物资供应管理向现代物资供应链管理方向转变。

二、实施物资集约化的背景

1. 实施物资集约化是建设“一强三优”现代公司的需要

从电网发展角度看，公司加快坚强智能电网建设步伐，物资供应任务十分繁重。实施物资集约化管理，将为建设坚强智能电网提供安全、可靠的物质基础。从公司发展角度看，通过实施物资集约化管理，不断提高物资管理的效率效益。物资集约化管理能实现组织机构的扁平化、资源配置的集约化、业务环节的专业化，促进公司全面提高物资资源的集中度和调控力，符合公司体制改革、提高管理水平的客观要求。

2. 实施物资集约化符合国际现代企业发展方向

随着信息技术的不断普及和应用，供应链理论的不断发展，打造高效的供应链体系的要求，物资集约化已成为企业降低采购成本、提升经济效益和竞争优势的重要途径。作为全球最大公用企事业单位之一，必须通过实施物资集约化管理，大幅提升物资管理效率效益，推动物资资源实现更大范围、更高效率的优化配置，达到国际领先的管理水平。

三、物资集约化实践

自 2009 年以来，公司紧紧围绕建设“一强三优”（电网坚强，资产优良、服务优质和业绩优秀）现代公司目标，全面推进“两个转变”（转变电网发展方式、转变公司发展方式），全面实施物资集约化管理，通过价值观念、组织体系、业务体系、管理手段、作风形象的变革，将原先多头分散的物资资源进行全面整合升级，建立集中、统一的物资集约化管理体系。

1. 管理理念的转变

物资是企业核心资源之一。公司实施物资集约化后，重新定位物资管理的价值、作用，实现物资管理从边缘专业到公司核心业务的转变。在物资管理中，引入供应链、资产全寿命周期管理等先进理念，实现从单一的招标采购向需求计划、寻源采购、合同、仓储配送的全过程供应链管理转变。

2. 组织机构的转变

整合公司系统物资管理机构和人力资源，建立了精简高效的“两级物资管理部门、三级物资供应公司的组织架构”。两级物资部（总部、省）负责物资管理职能的统一归口管理，监督、指导各级物资供应公司开展具体实施工作。三级物资供应公司（总部、省、地市）在物资部的指导下提供物资管理支撑，负责需求计划收集、合同签约履约、设备催交催运、现场服务、仓储管理等具体业务实施工作。

3. 管理体系的转变

转变过去单一重视招标采购的管理方式，建立包括需求计划、招标采购、合同管理、质量监督、仓储管理、配送管理、供应商管理、废旧物资和应急物资九大关键业务体系，编制相应的规章制度、业务流程、工作手册，加强全过程管控，形成全覆盖的业务管理体系。

4. 管理手段的转变

充分运用标准化和信息化两大主要管理手段，为物资集约化管理体系的顺畅运转提供管理基础和支撑平台。统一物资标准体系是实现物资集约化管理的基本前提和重要基础；物资信息化是提升管理效率、规范管理行为的有效手段。

资料来源：国家电网公司．国家电网公司物资集约化管理［M］. 北京：中国电力出版社，2012.

第二章　卓越采购管理系统

卓越采购管理系统是采购知识体系的总体框架，大多采购知识、工具和方法都在该系统中有自己的位置和作用；它是实现采购使命的重要工具，即通过该系统的实施可以提升组织采购竞争力。卓越采购管理系统包括三个层次：资源、流程和绩效。

通过本章学习，你将能：

①掌握卓越采购系统的构成；

②深刻理解采购关键绩效指标；

③熟练掌握采购业务流程及其划分；

④认识到采购资源配置的不同选择。

第一节　卓越采购管理系统的构成

一、卓越采购管理系统框架

为了实现采购的使命“求索价值，采购竞力”，企业需要建立卓越采购管理系统。卓越采购管理系统包括三个层次：资源、流程和绩效，如图 2－1 所示。在卓越采购管理系统中，资源是支持与保障，流程是工具与手段，绩效是方向与目标。

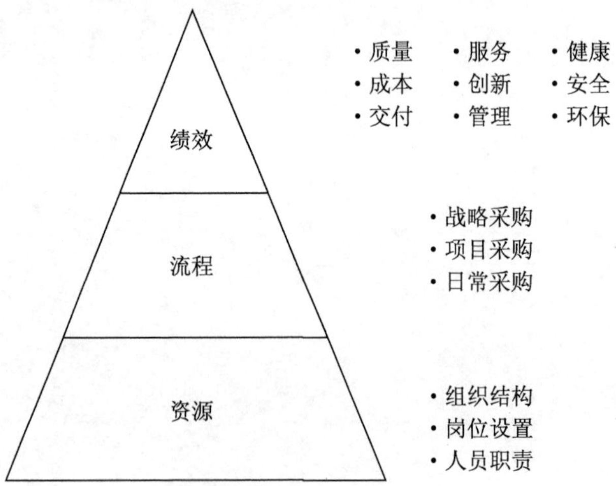

图 2－1　卓越采购管理系统

二、采购关键绩效指标

采购关键绩效指标是选择供应商、评估报价以及考核采购绩效的关键。采购的核心关键绩效指标包括质量、成本和交付三个指标；随着社会的发展，服务、创新和管理三个指标也得到了更多的应用。目前，随着对人民生活的关注以及环境保护要求的提高，健康、安全和环保三个指标也为采购所关注。关于采购关键绩效指标，将在本章第二节进行详细阐述。

三、采购业务流程

采购业务流程主要包括采购需求与计划管理、供应市场研究、供应战略制定、供应商管理、询比价、招投标、采购谈判、采购合同准备、合同与供应商关系管理、物流管理、库存管理、结算管理以及采购绩效管理等环节。这些采购流程在不同类型的企业中有不同的划分，比如在中国的国企中特别重视“管办分离”或者是“管办合一”。而在外企中，有的企业将其划分为三段：战略采购、项目采购以及日常采购。由于企业经营类型以及社会经济文化的不同，企业采购流程划分方法多种多样。但上述两种划分方法有典型意义，将在本章第三节进行详细阐述。

四、采购系统的资源

资源主要体现在人、财和物等方面。对于采购工作而言，并不需要太多的工具和设备，所以“物”使用得不多；采购的资金也更多地为财务部门所管理，所以“财”的内容只是在采购预算与采购结算中有所体现，我们这里并不给出特别关注；所以，采购系统的资源更多地体现在“人”的要素上，具体包括采购的组织结构、岗位设计以及人员职责等方面。这些内容将在本章第四节进行论述。

五、“卓越”采购管理系统

卓越是指采购过程创新和采购绩效的超越。卓越采购管理系统是指能够有效实现采购使命“求索价值、采购竞力”，充分发挥采购系统资源的潜力，创新采购与供应链管理总流程，在采购关键绩效指标 QCDSIM（见下节）上实现纵向发展和横向超越。卓越采购系统有两个基本的运用：一是判断绩效的好坏，即任何采购领域的变革（包括流程与资源两个方面）的得失，都可以用 QCDSIM 视角来评定；二是提供解决问题的方法，即如要改善 QCDSIM 绩效，就要从流程优化及资源配置上着手。

第二节　采购关键绩效指标

关键绩效指标（Key Performance Indicator，KPI）是一种重要工具，在经济、管理诸多领域有所应用，例如衡量国家经济状况的 GDP（国内生产总值）、PMI（采购经理指数），衡量企业经济效益的营业收入、利润率等。采购管理亦需要确定 KPI，下面将讨论采购管理 KPI 的构成、指标间相互关系及应用，以及如何改进采购绩效。

一、采购管理 KPI 的构成

传统物资管理需要实现“保质、保量、经济、及时”的目标，这些目标实质上涉及三个 KPI，分别是质量（保质）、成本（经济）和交付（保量和及时）。这三个 KPI 是采购管理的核心要素。随着采购管理的发展，采购人员的关注点又扩充了三个 KPI，包括服务、创新与管理。这样，采购管理就形成了六个 KPI。它们的英文首字母分别是 Q（Quality）、C（Cost）、D（Delivery）、S（Service）、I（Innovation）以及 M（Management）。这样六个采购活动关键绩效指标可以简称为 QCDSIM，其中前三个指标 Q、C、D 更是采购从业人员每日所关注的。

采购管理 KPI 有其演化过程。应该说 Q、C、D 是衡量采购绩效的基础性指标，最早为采购人员所使用；S、I、M 是衍生性指标，也逐步为采购人员所关注。例如，企业采购员认为采购商品质量、成本、交付已经非常好，可内部用户还是不满意，那就可能是在服务这一指标上做得不够好。采购 KPI 的演化过程构成了一个金字塔，如图 2-2 所示。

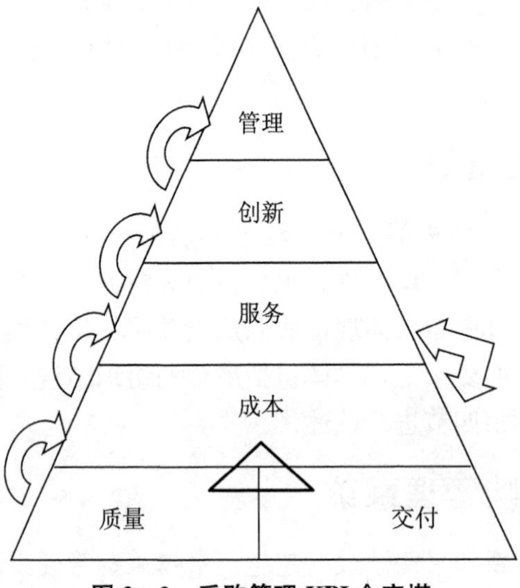

图 2-2　采购管理 KPI 金字塔

二、采购管理 KPI 的相对重要性

对于企业采购实践，每个 KPI 的重要性有所不同，这就需要具体问题具体分析。

第一，看历史阶段。在物资匮乏的年代，能够买到商品就好，那时采购活动自然关注的是交付指标；随着产品生产能力提高，采购关注的焦点则是质量；竞争的加剧，使采购活动更为关注成本；当这三个 KPI 改进的空间已经有限时，企业采购活动又转为关注提高响应速度的服务指标；如今实施供应链管理的企业，则更为关注与供应商如何进行创新；最后，企业能够健全采购制度，提高采购效率，降低采购风险，离不开管理这个指标。

第二，看分类。在采购供应定位模型中，采购对象分为四种品项：常规、杠杆、瓶颈以及关键。常规品项种类繁多，花费采购人员大量时间和精力，因此采购管理的关注重点为管理指标；杠杆品项风险低、采购量大，采购管理关注的重点是成本指标；瓶颈品项采购量小、风险高，采购活动关注的重点是交付以及质量指标；关键品项对企业影响巨大，采购管理要重点关注质量、成本、交付、服务、创新以及管理等全部绩效指标。

第三，看产业。非竞争领域企业采购活动更为关注质量、交付以及管理指标，竞争领域企业更为关注成本控制。

第四，成本相对重要。这样描述虽然有所偏颇，但有一定道理。首先由采购活动性质决定，相对于生产以及质量监控工作，采购管理人员更为关注成本；其次 ABC 分类管理则完全是基于成本进行分类，供应定位模型中的横坐标也是将成本要素单独考虑；最后所有问题也都可以归结为成本问题，例如质量出了问题会导致成本增加，交付出了问题也最终会增加成本。

三、采购管理 KPI 的作用

首先，采购管理 KPI 是卓越采购绩效的判断标准。企业采购绩效是否卓越，主要体现在这六个指标的横向与纵向比较上。横向卓越体现在企业六个采购 KPI 绩效超越于竞争对手或者对标企业；纵向卓越体现在企业六个采购 KPI 绩效超越历史。

其次，采购管理 KPI 是衡量变革的准绳。例如，企业是否应该推行集中采购，就可以从六个方面来衡量。第一是质量方面，集中采购能够推行标准化，促使采购的物资质量更加稳定；第二是成本方面，集中采购增加了批量，实现了规模经济，有利于降低成本；第三是交付方面，集中采购增加了采购环节，有可能会延长采购整体交易期限；第四是服务方面，有的企业用户抱怨，集中采购使供应商与集中采购业务人员沟通更多，而对基层用户的服务没有改进；第五是创新方面，集中采购提高了采购批量，与供应商合作更为紧密，有利于促进供应商早期介入，增大创新力度；第六是管理方面，集中采购制度比较规范，有利于减少腐败行为。企业推出任何采购领域变革，都可以从“QCDSIM”这六个方面进行评估，以确定是否值得推进变革。

最后，采购管理 KPI 是采购活动的重要准绳。评估供应商、获取与选择报价、进行采购商务谈判、签订合同、实施合同与供应商关系管理，以及进行采购绩效考核，都需要用到这六个 KPI。本书后文中供应商管理以及采购绩效评估章节所使用的评价指标，虽然展现方式有所不同，但大多从这六个基础性指标演化而来。根据具体采购对象，“QCDSIM”还可以分解为二级指标或三级指标，用以更有针对性地改进采购工作。

四、采购关键绩效指标的相互关系

单独改善某个采购管理 KPI 绩效，应该考虑到六个 KPI 绩效的替代关系。例如紧急采购情况，将本来一个较长的交货期压缩为更短，你可以将此理解为需要改善交付指标的绩效，如何能够做到呢？第一，降低一些质量要求有利于缩短交期，这就意味着需要缩减一些规格要求；第二，增加成本有利于改善交期，这可以要求供应商的工人加班，或者使用更为昂贵的运输方式；第三，紧急采购通常意味着劣质服务；第四，紧急采购很难有时间进行创新；第五，紧急采购本身就意味着管理混乱。所以说，这六个指标之间有替代关系，即一个指标的改善，通常以牺牲其他五个指标绩效为代价。

六个采购管理KPI也有同时改善的可能，那就是利用新工具、新方法、新模式或新思路进行业务流程再造。例如推行内部标准化并使用延迟制造等技术，就可以同时改进这六个指标的绩效。内部标准化可以使采购物资质量更为稳定可靠；内部标准化缩减品种数从而增大了采购批量，可以降低采购成本；标准化的产品通常是更多现货供应或可以持有库存，从而缩短了交货周期；标准化的产品便于维护，售后服务好；用标准化的产品满足个性化的需求的延迟制造技术，本身就是一个创新；标准化的产品降低了库存，简化了管理流程。当前企业竞争异常激烈，哪一个KPI绩效都不容忽视。采购管理领域应该推进管理创新，从而同时优化这六个KPI，提升企业采购竞争力。

五、采购关键绩效指标的拓展

“QCDSIM”这六个采购管理KPI非常系统且全面，应为采购管理人员所深刻认知，并在实践中体会其含义，以使其成为改进采购绩效的关键工具。如果对这六个指标做一个补充，那就是健康、安全与环境三个指标，它们来自HSE管理体系（Health Safety and Environment Management System，HSEMS）表示。HSEMS是国际石油天然气工业通行的管理体系。H（健康）是指人身体上没有疾病，在心理上保持一种完好的状态；S（安全）是指在劳动生产过程中，努力改善劳动条件、克服不安全因素，使劳动生产在保证劳动者健康、企业财产不受损失、人民生命安全的前提下顺利进行；E（环境）是指与人类密切相关的、影响人类生活和生产活动的各种自然力量或作用的总和，它不仅包括各种自然因素的组合，还包括人类与自然因素间相互形成的生态关系的组合。采购管理活动除了关注“QCDSIM”之外，也应该力所能及的关注“HSE”，这样才能超越狭隘的企业采购绩效，为十九大报告中提出的加快生态文明体制改革、建设美丽中国做出贡献。

第三节　采购业务流程

采购业务流程主要包括明确需求与制订计划、研究供应市场、制定供应战略、供应商评估与选择、获取报价与谈判、采购合同准备、管理合同与供应商关系、管理内向物流、采购与库存控制以及采购绩效评估等主要环节，如图2－3所示。这些环节的先后次序虽然不一定十分严格，但基本上是根据采购业务的实际活动列出，表明了采购活动的基本规律。本书后续章节也主要是按照这个流程来展开具体阐述的。

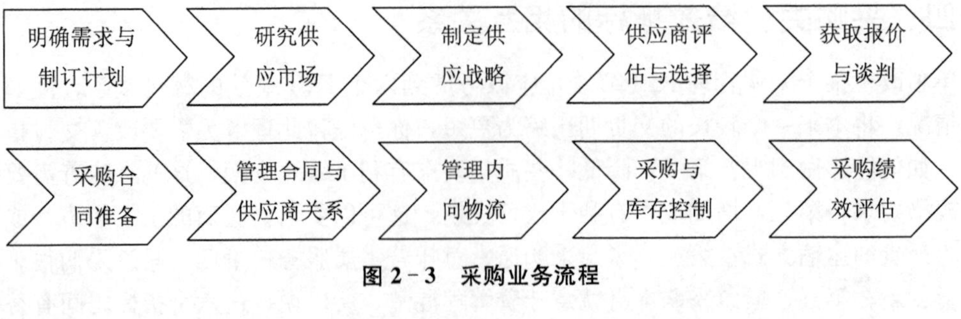

图2－3　采购业务流程

（一）明确需求与制订计划

对于具体采购人员来讲，明确需求是采购工作的起点。采购管理主要是为了满足企业内部不能够或不愿意提供的需求。如果需求管理出现了问题，那么后续的采购活动会出现诸多风险。企业在明确需求的基础上制订计划，计划进一步转化为财务意义上的预算。这部分内容将在第四章进行阐述（考虑明确需求与制订计划虽然影响采购战略规划，但也应由采购战略指引，因此本部分内容阐述移至采购战略规划之后）。

（二）研究供应市场

供应市场是采购外部环境，既要考虑宏观环境，更要关注产业环境。企业的供应市场可能是买方市场或卖方市场，也可能是经济学上的完全竞争、垄断竞争、寡头垄断和完全垄断。采购部门要针对不同的采购品类，进行市场调研，深入了解市场，才能更好地驾驭供应市场。这部分内容将在第三章进行阐述。

（三）制定供应战略

明确需求是知己，分析市场是知彼，制定供应战略是在知己知彼的基础上确定企业长远的发展方向。制定采购战略要分析外部环境、竞争对手以及自身需求，确定具体组织的采购使命与目标；另外，企业要对采购对象进行分类、制定供应策略。这部分内容将在第三章进行阐述。

（四）供应商评估与选择

供应商是企业的重要合作伙伴，企业在供应战略的指引下，通过严格的评估流程，选择最适合企业的合作伙伴。这部分内容将在第五章进行阐述。

（五）获取报价与谈判

企业如何获取报价，以及获取报价之后如何对报价进行合理的评估，是重要的采购决策过程。在获取报价时，有时需要进行正式的采购谈判。这部分内容将在第六章进行阐述。

（六）采购合同准备

合同是企业经济行为的重要法律保障。如何签订一个好合同，需要考虑文化以及法律的背景，深入理解不同合同条款的内涵以及对应的权利与义务，以对交易中的风险进行预先性的防范，顺利实现采购目标。这部分内容将在第七章进行阐述。

（七）管理合同与供应商关系

合同签订之后，还需要进行适当的管理，对供应商进行催交催运，处理问题，解决争议，以确保企业采购目标的实现。这部分内容将在第五章和第七章有所阐述。

（八）管理内向物流

物流管理分为内向物流、生产物流与外向物流。采购在与供应商签订合同之后，后续工作即为内向物流。采购管理是商务活动，最终要通过物流活动，将产品交付到用户手中。考虑物流自成体系，物流领域知识请参考其他书目。

（九）采购与库存控制

库存管理是企业经营管理的核心，它与采购管理也密切相关。采购成本与库存成本又存在着相应的权衡取舍，采购管理的绩效也会用库存的多少来体现。这部分内容将在第八章进行阐述。

（十）采购绩效评估

绩效评估对于确保采购目标的实现有着重要的意义，它也会在企业采购过程中发挥良好的导向作用。如何实施采购绩效评估，这部分内容将在第九章进行阐述。

一、战略采购、项目采购与日常采购

实施全球采购的跨国集团公司，如果采购业务比较复杂，比如汽车行业，这个时候它们通常要将采购业务流程进行重新划分。一个典型的划分方法，将这些流程中的环节分为三个部分：战略采购、项目采购以及日常采购，如图 2－4 所示，为了清晰说明三大流程的划分，下面以某一汽车行业将于 2020 年推出一款新车型为例加以说明。

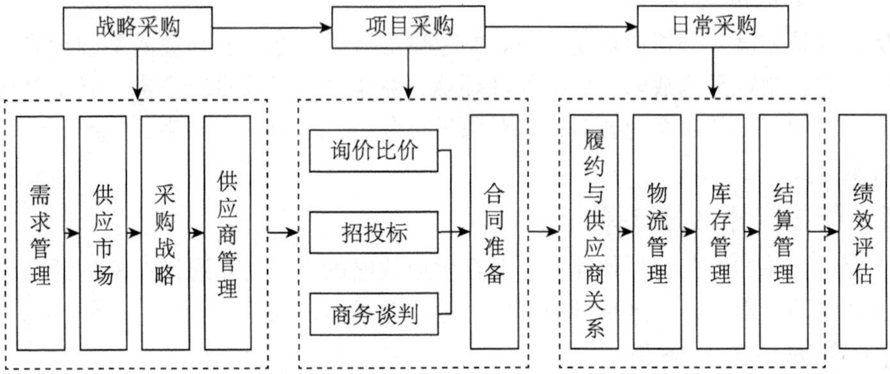

图 2－4　战略采购、项目采购与日常采购

（一）战略采购

战略采购是指对采购供应工作有重大的、长远的、全局影响的工作，包括需求管理、供应市场调研、制定供应战略以及评估与初选供应商。例如，在上述所说的汽车企业里，某个采购人员的工作为战略采购，他的名片上印的是汽车座椅采购员。他的直接工作内容包括了解公司汽车座椅的需求，调研汽车座椅的供应市场，制定公司汽车座椅的采购战略，为公司汽车座椅选择战略合作伙伴（供应商）；他的间接工作是为后续的采购流程提供支持与服务。他的工作，对整个公司的所有车型的座椅采购工作都有影响，而不限于某一具体车型。他的工作性质就具有重大的、长远的以及全局的战略意义。

（二）项目采购

项目采购最显著的特点是具有明确的开始与结束时间，是一次性的。项目采购工作内容包括询比价、招投标、商务谈判以及签订合同。例如，在上述汽车企业里，项目采购人员的工作就是与战略采购选择出来的供应商合作，与他们进行询比价、招投标、谈判，并签订合同。他们的工作目标就是确定公司 2020 年能够成功上市新车型；项目采购人员要对供应商项目中的绩效向战略采购人员反馈。项目采购工作的好坏，将对这一款车型的所有的车辆的竞争力产生影响。他的工作性质就是具有较多不确定因素的项目性质。项目采购中工作内容，是属于狭义采购的范畴，是采购职能最基本的行为。

（三）日常采购

日常采购的特点就是重复性，它对企业的采购绩效的影响较小，更多是事务性的影响，与进向物流有交叉。日常采购包括履约与供应商关系、物流管理、库存管理以及向供应商进行支付等工作。例如，在上述企业里，日常采购人员负责针对项目采购选择的供应商建立合适的关系、管理内向物流与库存工作，并在供应商完成交付后，按照约定向供应商进行支付；日常采购人员要将采购中的问题向项目采购人员与战略采购人员反馈。日常采购工作的好坏，将影响到某一批次车辆或某一具体车辆的绩效，影响要小一些，他的工作性质具有重复而常规的日常性特点。

与下文中国国企关注的管办分离的制衡模式不同，战略采购、项目采购与日常采购也形成了协作与制衡关系。战略采购负责人需要协助后面的项目采购与日常采购，而日常采购负责人要将采购工作中的问题反馈给项目采购与战略采购。

二、管办合一与管办分离

（一）管办合一和管办分离的内涵

管办合一和管办分离最早是中国的政府机关和事业单位进行改革过程中产生的两种职能划分机制，是中国特有的产物。其中，所谓的“管”有管理、监督的含义，“办”则主要是指执行、运作，从概念上分析，管办分离就是将监管者与执行者相互分离。管办合一则是指两种职能归属同一主体。但是，随着改革不断扩大，对于管办分离、管办合一这两种模式的应用不再局限于政府机关、事业单位，国有企业尤其是在大型央企，也开始探索其背后的规律并根据实际情况进行选择性应用。

国有企业采购管理模式变革中的管办分离与管办合一，实际上是采购组织结构设计的问题，是业务流程如何规划的问题，是采购分工的问题。普遍意义上的组织权限包含决策权、执行权、监督权三个方面，具体到采购组织的权限，从采购业务流程的角度看，有采购规章制度制定权、供应商评估与选择权、价格决策权、采购合同管理权、物流运输管理权、库存管理权、采购绩效评估及审计权等。将传统意义上的三权按照采购业务流程细化之后可以看出，与采购相关的权限可以归为物资管理权和采购执行权两类，前者就是通常意义上的“管”，后者即为“办”，如图 2－5 所示。需要注意的是，这只是一般意义上的划分，在实际操作过程中，各个企业管办分离的内容有所不同。

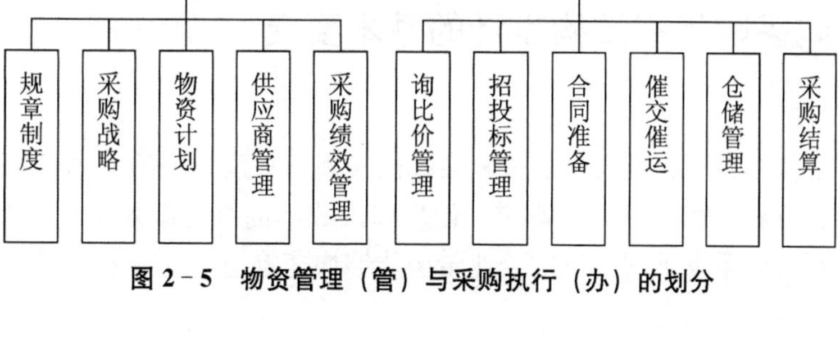

图 2－5　物资管理（管）与采购执行（办）的划分

对于采购管理而言，管办合一是指将物资管理与采购执行集中在一个主体内，通常做法是在公司总部设立一个物资管理部或者成立一个物资公司；管办分离是指物资管理与采购执行分别由两个主体完成，管理职能通常由集团层面设置的物资管理部完成，采购执行由物资采购公司（中心）来完成。这里需要注意的是，管办合一是相对的，管办分离是绝对的。因为，即使是实行管办合一，在这个管办合一主体的内部的下一层分工中，通常也是管办分离的。

（二）管办合一和管办分离的优缺点

目前，关于采购组织管办合一与管办分离的不同选择是国有企业采购管理变革中遇到的一大难题，不同的企业有不同的适用与选择。两种模式各有优缺点，其对比分析如表 2-1 所示。

表 2-1　管办合一与管办分离对比分析

	优点	缺点
管办合一	• 有利于实现采购统一管理，保证采购工作有序运行 • 简化管理环节，提高采购效率 • 有利于发挥规模优势，集中对外	• 权力过于集中，不利于实现采购透明度 • 弱化了采购管理的监督职能，采购腐败风险提高 • 管理职能与执行职能交叉，不利于专业化管理
管办分离	• 分工负责，有利于实现专业化管理 • 相互监督，降低了采购风险和采购腐败发生频率	• 沟通协调难度加大，容易产生摩擦，降低效率 • 执行自主性降低，对外部市场的控制力相对弱 • 人员队伍扩大，增加管理成本

国有企业的采购改革实践都是结合自身发展历史和产业环境、宏观环境、物资特性等多重要素综合之后的决定，既有自身特殊性，又有国有企业普遍性。选择管办合一或管办分离模式时，一定要考虑这些因素。

第四节　采购系统的资源

卓越采购管理系统的资源更多地体现在“人”的要素上，采购系统人力资源的载体具体体现在采购组织结构上。采购组织结构设计的目的在于最大可能地提高业务流程效率与效益，以及方便不同职能之间的联系，同时它还必须要平衡管理、命令的需要与适应、创造的需要。一个公司采购组织结构设计，应当考虑公司的业务类型、采购在组织中的地位、采购与其他部门的关系以及采购部门内部组织结构设计等因素。

一、影响采购组织结构设计的基本要素

1. 采购目标

采购组织结构的设计，要有利于采购目标的实现。采购管理的具体目标体现在采购商品服务的质量、可获得性、服务与响应、创新以及成本的综合绩效上。每个组织的运作，对于以上竞争要素着重点不同，有的企业希望能够快速响应，这就要求组织设计时考虑权

力下放；而有的企业希望能够在集团范围内优化成本，这就要求在设计组织结构时要考虑统一管理，以实现内部标准化以及其他集成效益。

2. 兼顾效率与安全

效率可以定义为为了实现预先确定的目标，计划耗费和实际耗费之间的关系。采购效率与实现预期目标所需要的资源以及实现这一目标的活动有关，这就要求在设计组织结构时要考虑信任、授权和减少审批环节等因素。

安全可以定义为实现预先确定的目标的稳定性。安全性对于最终结果有重要意义，有时尽管组织效率很高，但可能会失去控制，反而造成了极大的风险。安全性要求在设计组织结构时考虑审批、监督与制衡。这样做有可能牺牲效率，但可以保证企业运作稳健发展。

3. 权力下放与责任分担

权力下放是指不同级别的采购人员，可以有不同金额的采购决策权。这样既可以明确责任，又可以简化工作，节约精力。当然，有的公司将权力下放与预算管理结合起来，只要是预算内的采购，各级别人员就充分负责；而超过预算或预算外，则要通过特殊程序。另外，权力下放也要与其他监控体系（如责任分担、采购审计等）联系起来，这样才能够提高效率。

责任分担，是指将一项采购任务的各项采购活动分给不同的人员来执行。这样做未必能提高效率，但是可以相互制约，从而达到防止采购腐败的目的。例如，针对某项采购任务，将供应商的认证、获取报价、谈判、签约、催促交货以及最终付款等工作根据公司要求及业务需求，分给不同人员承担，而不是一个人完全操办。这样可降低采购人员腐败的风险，从而有效地预防腐败。

二、多分支机构组织中的集中采购与分散采购

在多工厂与多部门的大型公司中，集中采购与分散采购是一个重要的抉择。在组织规模扩大时，仅采用一种组织结构难于控制，并且它们倾向于更多的变化。人们可能利用自然地理区域、不同的产品线或不同的业务领域，组建独立运营的分支机构来克服这一困难。每一个分支机构潜在地拥有与其开展的特殊活动相适应的特殊的文化与结构。

当存在多个运作单位时，组织必须决定是保持集中决策还是将权力与责任分散到各个运作单位。对于采购领域的这些选择就被分别称为集中采购和分散采购。当然，一个组织并不必须是完全的集权或完全的分权，它可以在某种程度上同时选择两种形式。集中采购的优点与分散采购的优点比较如表 2－2 所示。

表 2－2　集中采购的优点与分散采购的优点比较

集中采购的优点	分散采购的优点
•形成经济规模，提高对供应商的讨价还价能力 •易于企业整体战略目标的实现 •便于管理，控制采购成本，促进供应流程的规范化 •易于物品标准化与材料的综合利用 •统筹调度使用，降低安全库存 •集中储存，节省仓位	•易于调动各利润中心或成本中心的积极性 •接近内部用户，对需求的反应速度快 •采购程序简洁，官样文章少 •易于内部协调，扯皮少 •更好地应付紧急需用 •密切物品使用方与供应商的关系

集中采购与分散采购都具有优点和缺点，是选择集中还是选择分散或者是两者的组合，应该取决于组织的环境条件。集中采购将带来一致性、标准化和规模化的优势。一般地，强有力的集中采购适宜于运作单位高度相似和标准化产品及服务可以被市场接受的情形。同时，集中控制也适宜于安全与保险工作特别重要的组织。然而，集中采购并不总是适用的，当一个独立运作的单位接受由上级强行规定的战略或标准时，这可能会出现另外一些问题：总部可能不了解地方市场的需求；在集中采购运作方式下，分支单位的运作经理如果在制定本单位战略的流程中不能发挥任何作用将会感到非常沮丧；同时集中采购具有产生庞大官僚机构的倾向并因此导致过高的成本和无效率。

三、采购部门与需方（内部用户）的关系

采购部门与需方的关系实际上是由企业的组织结构决定的。从隶属关系上看，采购部门与需方的关系可分为上下级关系、平行关系以及两种关系相结合的复合型关系。

（一）上下级关系

（1）采购部门隶属于生产部门，这是最初的组织结构，采购工作的地位相对较低，仅仅是生产的附属物，对生产过程起到后勤保障作用即可。

（2）采购部门直属总部。随着竞争的加剧，采购部门不仅要保证供应，还要对企业成本的降低做出贡献，其地位逐步提高。目前，采取集中管理体制的企业均在总部中设置采购管理职能部门。

（二）平行关系

（1）采购部门与生产部门同属一个领导管辖。这种结构便于协调采购部门与生产部门的关系。

（2）采购部门与生产部门分属不同的领导管辖。这种结构便于部门之间的制衡，便于管理上的控制。

（三）复合型关系

这种组织结构是在总部和各事业部均设置采购部门，一般应用于企业集团、跨国公司等。由于各事业部在业务上和地理位置上有较大差异，各事业部均下设采购部门，负责专业性强的物品的采购、储存和供料；但一些重点物品的采购以及对采购工作的管理仍由总部的采购部门承担，如制定采购战略规划、集中订货、发票审核和相关账目清理等。

四、客户定位与产品定位

1. 客户导向的通才

通才指一个采购人员专门为一个特定的客户群提供服务，例如，为一条产品生产线或一个具体项目采购所有的物品而不管这种产品属于哪种类型。这种方式使得采购人员非常熟悉特定产品线或项目的需求。内部客户通常偏好这种提供一站式的联络方式。

这种方式的不利之处在于，采购人员将不能像那些总是购买特定类型产品的采购人员那样成为某一供应市场的资深专家。两个采购人员可能独立地购买同一种产品而彼此并不知道，因此杠杆机会和经济批量可能将被错过。

2. 产品导向的专家

专家指每个采购人员将全面负责管理某一些产品或服务的购买。例如，采购人员可能只负责购买原材料、零部件、生产装备及建筑服务等供应品中的某一类。在他们的管辖范围内他们将负责所有的购买活动，而不管是为哪个部门购买。

在这种情况下，采购人员可以集中关注一个范围不大的采购领域，并逐步成长为这一供应市场上经验丰富的专家。这同时也意味着所有同种类型产品的采购将被合并，并且通过唯一的渠道从外部购进。通过将公司各个不同生产线或各种项目小规模的需求汇集起来，采购人员可以充分利用扩大的规模与供应商讨价还价，获取批量差价。不利的方面是，这种方式可能影响采购人员充分地了解独立客户群的需求。在这里，每个产品线都必须同时与多个而不是一个采购人员打交道。

上述两种方式的选择将取决于组织的类型和所从事工作的性质。当独立的生产线或项目具有非常不同的需求时，以客户群为导向的定位方式将受到欢迎。当大部分采购品属于通用产品时，以产品为基础的专门化将更为适合。然而，第三种选择也是可能的，这就是两种方法的结合。

3. 混合的方法

在一个大型的组织内，上述两种方法可能被结合起来使用以获得两种方式的利益并避免它们的不足。在这种情况下，一些采购人员分别负责管理对于许多产品线和项目都非常重要的某类产品，他们为这类产品制定采购战略并负责实施。这些产品很重要，可能是因为它们的全部采购价值很高或者是它们对于整个组织的运作非常关键。

负责这些产品采购的人员称作“产品部经理”。他们将为与供应商达成“框架协议”或“无定额合同”而努力。但是一般并不参与具体的产品采购活动。

在采用这种方法时，另一种独立的采购人员将被安排给特定的客户群，通常是各个生产线或每个项目，是运作性的采购。这些采购人员将在总体战略和产品部经理制定的框架协议的基础上执行采购任务。他们同时也将处理客户群的特殊需求，以及解决各种常规采购的问题。

部门内这两个单位开展的活动是不同的。产品部经理的工作在本质上具有战略性，例如，制定框架协议和无定额合同。运作性采购通常包括解决一些对于用户单位非常重要的问题和一些特殊的需求，同时也包括常规采购，例如在框架协议的基础上根据客户的需要发出订单。

五、采购人员素质及职业资格

（一）采购人员的素质

1. 道德品质

采购人员应严格执行国家方针政策和法律法规，具有正确的人生价值观和良好的职业道德，忠诚于企业，为企业的利益努力工作。特别是采购人员，经常与人、财、物打交道，要在复杂纷纭的商海中作风正派，精打细算，不弄虚作假，不见利忘义。

2. 专业知识

随着时代的发展，采购人员的文化素养、知识结构和专业水平将不断提高。作为一名采购人员，除应具备采购管理的专业知识，如采购流程、采购管理规章制度、谈判技巧、合同管理、竞标实务等，还应具备经济管理、财会、法律、语言、信息技术、商品学、心理学以及人文地理等多方面知识。

3. 能力

掌握了某种知识并不意味着具备了某种能力，采购人员的工作绩效在更大程度上取决于他们运用各种知识的技能。对采购人员的能力要求主要体现在分析技巧、逻辑思维、决策能力、事业心与恒心、个人魅力、灵活性、合作精神、沟通与交流技巧、商业头脑、市场意识、战略思维、供应商关系处理、识货能力等方面。

4. 身体素质

面对竞争日益激烈的市场环境，采购人员的吃苦耐劳精神既要靠高尚的道德情操支撑，更需要良好的身体条件做基础。特别是采购人员，长期出差在外，体力消耗与精神压力都很大，没有强壮的身体和良好的心理素质是难以胜任的。

（二）采购职业资格认证

对于职业采购人员，获得一个职业采购资格，对职业发展以及改进工作绩效很有帮助。下面是一些有影响力的采购职业资格认证。

1. 中国物流与采购联合会与 ITC 采购师认证

中国物流与采购联合会（China Federation of Logistics & Purchasing，CFLP，简称中物联），是经国务院批准设立的中国第一家物流与采购行业社团组织，总部设在北京。中物联的主要任务是推动中国物流业的发展，推动政府与企业采购事业的发展，推动生产资料流通领域的改革与发展，完成政府委托交办事项；ITC（国际贸易中心）是联合国贸发组织（UNCTAD）和世界贸易组织（WTO）共同设立的，联合国系统与发展中国家进行技术合作以促进贸易的重要机构。

"采购与供应链管理国际认证"是 ITC 为发展中国家、经济转型国家量身定制的采购和供应链管理标准知识体系，"ITC 采购与供应链管理国际资格认证"是 ITC 根据该知识体系和相关国际标准对发展中国家、经济转型国家从业人员采购与供应链管理方面知识与能力的培养和鉴定。为填补我国专业采购人才培养的空白，使我国采购职业资格认证与国际认证有机结合，并鉴于 ITC 整套教材的权威性、系统性和实用性，中物联决定同时将其作为国内注册采购师的主要培训认证教材，ITC 认证和采购师认证在国内共同开展。

ITC 采购与供应链管理国际资格证书级别包括：第一级别（采购与供应链管理国际资格证书）、第二级别（采购与供应链管理高级国际资格证书）和第三级别（ITC 采购与供应链管理国际文凭）。中物联的国内注册采购师证书级别包括：第一级别（采购师）、第二级别（高级采购师）和第三级别（注册采购师）。

2. ISM 采购职业资格认证

美国供应管理协会（the Institute for Supply Management，ISM）是全球最大、最权

威的采购管理、供应管理、物流管理等领域的专业组织。该组织成立于 1915 年，至今已有 100 多年的历史，其前身是美国采购管理协会。目前，ISM 在全球 75 个国家共有 180 个分会，超过 45000 名会员，是全球采购与供应管理领域历史最悠久、规模最大、最受尊崇的供应管理领域专业协会之一。

注册采购经理 C. P. M. 是“Certified Purchasing Manager”的英文缩写，该认证是 ISM 于 1974 年推出的职业资格认证项目，是全球第一个被广泛认可的采购管理与物流管理的专业标准，为全球供应管理领域中顶尖的注册采购经理认证；该认证项目专门针对具有一定经验的供应管理人员开展，着重提高供应管理人员的管理和领导技能，提高其职业能力。

注册供应管理专业人士（CPSM）是“Certified Professional in Supply Management”的缩写。2007 年 2 月 2 日，ISM 正式向外界发布关于新的 CPSM 认证的消息。该认证的目标是要成为全球供应管理专业人士竭力追求的高端认证，CPSM 认证涉及多层次的供应管理角色，包括战略采购、物流管理、供应关系管理、供应来源多元化等，采购与供应专业人士将从该认证中获得很好的收益。

3. CIPS 采购职业资格认证

CIPS 即英国皇家采购与供应学会（Chartered Institute of Purchasing and Supply）。具有 80 多年的历史，现有世界各地的会员 8 万多人，是欧洲最大的采购与供应专业组织，也是国际上海外学员最多、学员规模发展最快的专业组织。CIPS 是目前世界上领先的专业采购与供应机构，是国际采购与供应链行业的研究与职业教育认证的中心。由于 CIPS 对世界采购与供应行业的专业贡献，英国女王在 1992 年授予该学会皇家宪章。

其 2013 年版的 CIPS 认证体系分为 6 个级别：CIPS 1 级（采购与供应运作基础证书）、CIPS 2 级（采购与供应运作证书）、CIPS 3 级（采购与供应运作高级证书）、CIPS 4 级（采购与供应文凭）、CIPS 5 级（采购与供应高级文凭）、CIPS 6 级（采购与供应专业文凭）。

以上职业资格认证，大多需要先有从业经验，获得上述资格需要付出时间和成本，采购从业人员可以根据个人需要进行选择。

思考讨论题

1. 什么是卓越采购管理系统?
2. 采购关系绩效指标有哪些?
3. 采购 KPI 的相互关系以及各自的重要性是什么?
4. 采购 KPI 有什么作用?
5. 采购基本流程有哪些环节，这些流程有哪些典型划分?
6. 什么是战略采购、项目采购与日常采购?
7. 什么是管办合一与管办分离，各有什么优缺点?
8. 影响采购组织结构设计的基本因素有哪些?
9. 什么是集中采购与分散采购，各有哪些特点?

10. 如何设计产品定位和顾客定位的组织结构?

11. 采购人员有哪些基本素质要求?

12. 目前社会上提供了哪些采购职业认证?

本章案例

国家电网公司卓越采购管理系统——物资集约化

国家电网公司全面深化物资集约化，大力推进体制、机制和管理创新，全面加强供应链全过程管控，建设国内领先、国际一流的供应链管理体系，为建设“世界一流电网，国际一流企业”提供坚强的物资保障。

一、总体思路和目标

“十一五”期间，公司围绕“一强三优”发展目标，以全面拓展物资集约化广度及深度为主线，大力深化“三个机制”建设，扎实推进“四项基础建设”，全面深化“九大关键业务”，优化重组组织架构，深入推进依法治企，全面提升“四种能力”（资源统筹能力、集中管控能力、供应保障能力和价值创造能力），全力打造国内领先、国际一流的物资管理体系。

公司贯彻“资源最优化配置、资产全寿命周期管理、供应链全过程管控和社会责任充分履行”四项基本理念；锁定“保障电网装备质量，提升物资供应服务水平和优化供应链总成本”三个基本目标。

二、“三个机制”建设

公司“三个机制”建设是指集中采购机制建设、供应保障机制建设和质量管控机制建设。

1. 深化集中采购机制建设

深化集中采购机制建设，重点是做到采购更加集中、高效、规范。依托一级部署的电子商务平台，所有采购公司都上平台，全面推行“总部直接组织实施”和“总部统一组织监控、省公司具体实施”两种采购模式，全面实现总部一级管控；加强平台应用统筹调度。

2. 深化供应保障机制建设

深化物资供应保障建设，重点是以满足需求为导向、保障供应为目标，变被动满足为主动供应，根据公司系统基建类物资、运维类物资和办公用品三类典型物资的基本供应规律，建立差异化的供应保障策略。

3. 深化质量管控机制建设

深化物资质量管控机制建设，重点是深化质量监督体系建设，健全组织体系；深化供应商关系管理体系建设，将提升采购设备质量作为供应商关系管理工作的主要任务；充分发挥质量保证主体作用，强化物资质量监督；完善资质业绩核实、监造、抽检、履约绩效评价与招标采购的联动机制；健全物资部门与相关专业的设备质量信息共享机制。

三、“四项基础”建设

公司“四项基础”建设是指体制机制建设、标准化建设、信息化建设和人才队伍建设。

1. 体制机制建设

完善组织架构，确保协同运作；完善运行机制，确保执行顺畅；完善绩效考核，提升管控水平；发挥专业协作优势，创新物资管理机制。

2. 标准化建设

完善全面标准化体系，推进标准数据化管理；健全标准应用协同机制，实现全员参与、全过程管控；深化采购标准，突出产业引导作用。

3. 信息化建设

推进物资集约化信息系统建设，实现物资信息“一本账”；强化统计分析，发挥辅助决策功能；完善物资管理信息服务平台，提升实用化功能。

4. 人才队伍建设

加大人才引进和交流力度，加快人员配置到位；加大人才培训和培养力度，建立长效机制；加强专家队伍管理，打造公司知识资产；加强物资系统企业文化建设，提高人员综合素质。

四、九大关键业务

公司九大关键业务是指物资计划管理、物资采购管理、物资合同管理、仓储管理、配送管理、物资质量管理、供应商关系管理、应急物资管理和废旧物资处置管理。

1. 物资计划管理

物资计划管理是实施集中规模采购的前提和基础，是推进物资集约化管理的源头和关键。完善物资计划管理运行机制，建立以需求分析为导向的物资计划管理模式，根据物资的分类特点，确定不同的物资供应模式。

2. 物资采购管理

物资采购管理是供应链管理的中心内容，采购工作质量直接影响着供应链管理效率。完善集中规模招标运作机制，继续扩大机制招标采购范围，科学制定评标标准与办法，探索多样化采购策略，推行网上招标开标、电子评标，实现远程评审管控。

3. 物资合同管理

物资合同是采购结果的有效执行。以信息系统建设为手段，实现合同管理“标准化、自动化、可视化”。深化合同集中签订，应用统一合同文本。加强合同履约协调的集中管理，确保电网物资及时、可靠供应。

4. 仓储管理

仓储管理是物流管理的重要内容。统筹规划仓储网络，整合仓储资源，研究建立合理储备、快捷配送、按需领用的物资供应新模式。

5. 配送管理

配送管理是物流管理的重要内容。结合仓储网络布局，统一规划建设快捷、高效的配送网络，增强物流服务中心的配送能力。

6. 物资质量管理

物资质量管理是电网物资管理的重要组成部分。综合考虑资产全寿命周期成本，以性价比最优为目标，加大质量评审要素权重，加强履约运行评价结果应用，强化监造、抽检结果以及事故缺陷对评标结果的动态影响。建立完善质量监督工作机制，通过采取监造和抽检等综合措施，促使供应商切实提高产品质量。

7. 供应商关系管理

开展供应商关系管理，建立协同共赢的供应商关系，有利于降低电网物资供应风险和成本。构建“平台一体化、模式统一化、编码标准化、信息共享化、应用协同化”的分类分级供应商管理体系。开展供应商绩效评价，实施供应商分类分级管理，建立准入、退出机制。深化供应商关系管理结果运用，实现供应商关系管理与需求计划管理、采购管理、合同管理等业务的紧密衔接和有效联动。

8. 应急物资管理

电网的安全运行关乎国计民生，必须做到未雨绸缪。面对重大灾害等风险，电网物资管理应提高物资保障水平，提高物资供应柔韧性。完善应急物资组织网络，建立应急物资常态化管理运行机制，统一应急物资工作流程，优化应急储备布局，细化应急物资标准及储备定额，推行应急物资储备标准化和单元化，做好应急物资的储存和保养。

9. 废旧物资处置管理

废旧物资处置作为电网物资管理的末端，也是电网物资管理的重要内容之一。合理利用现有废旧物资资源，可以盘活资金资产，防止国有资产流失，改善管理，消除废旧物资重新流入电网建设隐患等。

资料来源：国家电网公司．国家电网公司物资集约化管理［M］．北京：中国电力出版社，2012.

美好生活俱乐部

萨莉·牛顿是美好生活俱乐部唯一的采购人员。这家俱乐部是一家健身俱乐部，在得克萨斯有19家分部。2月，她刚刚推行了一项一个月之前设计的集中化采购计划。现在，她正在考虑如何处理来自一些经理（特别是达拉斯的三家健身中心“联盟”的经理）的阻力。

美好生活俱乐部。美好生活俱乐部十年前由吉姆·斯图尔特创办并所有。吉姆是来自奥斯汀的一名商学院的毕业生。25岁时，他在奥斯汀开办了第一家健身中心。经过十年的苦心经营，中心逐渐发展壮大，目前在得克萨斯一共有19家连锁健身中心。总部还是设在奥斯汀。

萨莉·牛顿24岁，结束了在奥斯汀一所大学心理学课程之后，她就加入了美好生活俱乐部，成为一名采购人员。她的工作包括对采购的管理和对库存的控制。在大学之前，她曾经有过几年的工作经历。尽管她做过多种不同的工作，但是没有一种与采购或库存控制有直接联系。正如她所说的：“这是我在这一领域从事的第一份工作。”

萨莉来之前美好生活俱乐部的采购体系。对这一问题，一名职员是这样评价的：“如果说在萨莉来之前美好生活俱乐部真有什么采购体系的话，我只能说它是非常松散的。”

为了维持各健身中心的运作，美好生活俱乐部需要很多不同的东西。包括机器和设备的部件，如自行车配件和磨砂灯泡以及办公用品和卫生用品。萨莉进入美好生活俱乐部之前，每一家健身中心只负责自己的采购事项。绝大多数的中心不保持库存而是随需随买。在总部，曾经有一个兼职人员来负责采购和库存控制。不过她只负责总部的工作，不负责其他 18 家健身中心的物品采购。

萨莉的新集中化采购体系。到美好生活俱乐部的第一个星期，萨莉查阅了她所接替的那名兼职工作人员留下的两本记录。她对于俱乐部所使用的健身中心为主的随需随买的采购体系感到诧异，认为这种情况下使用集中化采购会更有效。她向老板谈了想法，老板鼓励她深入地调查研究。

于是，她就着手对这一问题进行了一些调查研究工作，结果发现，集中化采购系统确实可以为俱乐部节省一大笔开支。例如，她找到了一家供应商。如果俱乐部向其批量购买卫生用品的话，这家供应商可以把价格降低一半左右。于是，在寻找更多的提供不同物品的供应商的同时，萨莉开始制定集中化采购体系的细节。

萨莉设计的集中化采购体系基本上将所有的采购集中到了总部。健身中心的经理们不能再像原来那样购买各自中心所需的物品。如果有需求，他们要填一份请购单然后传真到总部。这一工作的最后期限是每个星期一的下午 5 点钟。在下个星期一，各中心所请购的物品将被送达。萨莉发现各中心所请购的物品不合适时，有权力对之加以否定或是减少采购量。不过，每一个中心有 100 美元的现金用于应付可能发生的紧急需求。

1 月底，萨莉完成了计划，这一计划立即得到了老板的同意。接着，她以备忘录的形式向所有的 19 个中心解释了新采购体系的实施原因和具体细节。

健身中心经理的抵制。在新计划实施一个月之后，萨莉受到了挫折，因为有几个健身中心的经理对这一计划加以抵制。最棘手的是达拉斯的三家健身中心经理“联合”起来拒绝接受新的采购体系。

萨莉认为，在她 1 月发出备忘录之后，这三家达拉斯健身中心的经理就会过面，并决定在达拉斯联合起来采购其所需的物品，而不采用萨莉的集中采购体系。她的这一猜测没有证据证明，但她确实也没有从达拉斯的任何一家健身中心接到过采购申请。

至于其他的健身中心，萨莉不知道是否其所需的所有物品都是由她来采购。她从每一家健身中心都收到过请购单，而且也尽力满足这些采购申请。可是，她为所有的采购申请所设的一个星期的周转期在实际当中也不是都能达到。为了满足所收到的各种不同的采购申请，她常常忙得焦头烂额。因此，也就没时间静下心来评判一下集中化采购体系的运作效果。

资料来源：米歇尔・R. 利恩德斯，等. 采购与供应管理 [M]. 北京：机械工业出版社，2003.

第三章　采购战略规划

本章将对宏观环境、行业环境以及内部微观环境进行分析并提出具体的分析方法，阐述采购战略的概念及战略规划的程序和内容，介绍供应定位模型以及不同品项的供应策略。其目的是使读者能从战略的高度认识采购管理工作，并将这种认识贯彻到具体的采购管理实践中。

通过本章学习，你将能：

①掌握供应环境分析的方法；

②掌握制定采购战略的方法；

③理解并掌握基本的供应策略。

第一节　供应环境分析

一、供应环境分析的必要性

现代企业的生产经营活动日益受到环境的作用和影响，采购管理活动也不例外，既受到外部宏观环境和供应市场的制约，也受到企业内部部门之间协调配合程度的影响。所以，企业要制定采购战略规划，首先必须全面地、客观地分析供应环境的变化。

供应环境分析，即对供应环境进行全面系统的分析和预测，目的在于为采购战略决策提供客观依据。这里的供应环境，是指与企业采购管理活动有关的宏观环境因素、供应商所处行业环境因素以及企业内部微观环境因素的总和。

过去，很多企业重视产品销售市场环境的分析，而忽视对供应环境的分析与研究。随着采购管理在企业价值链中地位的提高，越来越多的人开始认识到供应环境分析的重要性和必要性。供应环境分析的必要性主要体现在以下几方面。

（一）增强企业采购工作的适应性

供应环境是企业采购管理工作的约束条件，特别是外部环境，是不以我们的意志为转移的不可控因素。只有正确认识并客观分析错综复杂、变化多端的供应环境，能动地适应环境的变化，把握有利的市场机会，及时防范供应市场中的威胁，才能使企业的采购工作得以顺利进行。

（二）保证采购战略决策的正确性

供应环境是一个动态的大系统，各种环境因素时时刻刻发生着变化并相互制约、相互影响。所以，企业必须重视供应环境的调查分析，了解各种环境因素的变化趋势，及时调整采购战略，以防止采购战略决策偏离正确的轨道。

（三）提高企业竞争力的现实性

通过对外部环境的分析，使企业能够敏锐地洞察环境的变化，把握有利时机；但要把客观上存在的机会变成企业现实的利益，还需通过微观环境分析，找出制约采购管理工作的“瓶颈”，积极寻求企业内部各部门对采购工作的理解与支持，主动协调与各部门的关系，共同为提升企业竞争力作出贡献。

二、供应环境因素

（一）宏观环境因素

1. PEST 分析

PEST 分析是指宏观环境的分析，P 是政治（politics），E 是经济（economy），S 是社会（society），T 是技术（technology），其模型如图 3－1 所示。

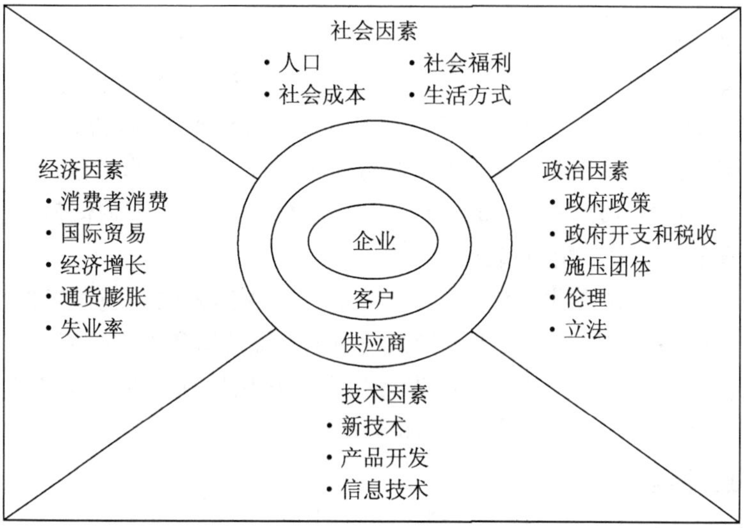

图 3－1　PEST 模型

（1）政治因素。政治因素包括一个国家的社会制度，执政党的性质，政府的方针、政策、法令等。不同的国家有着不同的社会性质，不同的社会制度对组织活动有着不同的限制和要求。即使社会制度不变的同一国家，在不同时期，由于执政党的不同，其政府的方针特点、政策倾向、对组织活动的态度和影响也是不断变化的。

（2）经济因素。经济因素主要包括宏观和微观两个方面的内容。宏观经济环境主要指一个国家的人口数量及其增长趋势，国民收入、国民生产总值及其变化情况以及通过这些指标能够反映的国民经济发展水平和发展速度。微观经济环境主要指企业所在地区或所服务地区的消费者的收入水平、消费偏好、储蓄情况、就业程度等因素。这些因素直接决定着企业目前及未来的市场大小。

（3）社会因素。社会因素是指企业业务所涉及地区的民族特征、文化传统、价值观、宗教信仰、教育水平、社会结构、风俗习惯等情况。

(4) 技术因素。技术因素不仅仅包括那些引起革命性变化的发明，还包括与企业生产有关的新技术、新工艺、新材料的出现和发展趋势以及应用前景。

2. 采购经理人指数

采购领域对于宏观环境中经济环境的评估有一个重要的指标，那就是采购经理人指数。采购经理人指数（Purchase Managers' Index，PMI），是美国供应管理协会（ISM）商业报告中关于制造业的一个主要参数，是衡量一个国家制造业的“体检表”，是经济先行指标中一项非常重要的附属指标，是一项全面的经济指标，概括了美国整体制造业状况、就业及物价表现，是全球最受关注的经济资料之一。PMI 已是国际通行的宏观经济监测指标体系，对国家经济活动的监测和预测具有重要作用。采购经理人指数为每月第一个公布的重要数据，加上其所反映的经济状况较为全面，因此市场十分重视该数据所反映的具体结果。

PMI 是以下不断变化的五项指标的一个综合性加权指数：新订单指标、生产指标、供应商交货指标、库存指标以及就业指标。加权指数在某种程度上具有代表意义，显示出变化的趋势和程度大小。从而得出每一家企业在每一方面处于上升、下降和不变的结果，通过计算每一方面不同结果企业所占比例后，得出这五个方面的扩散指数。

采购经理人指数是以百分比来表示，常以 50%作为经济强弱的分界点：当指数高于 50%时，被解释为经济扩张的信号。当指数低于 50%，尤其是非常接近 40%时，则有经济萧条的忧虑。一般在 40%～50%时，说明制造业处于衰退，但整体经济还在扩张。它是领先指标中一项非常重要的附属指针。

2005 年 4 月底，我国在北京和香港两地发布了“中国采购经理人指数”。这是中国首次发布这一经济指数。中国采购经理人指数是由国家统计局和中国物流与采购联合会共同合作完成，是快速及时反映市场动态的先行指标，它包括制造业和非制造业采购经理指数，与 GDP 一同构成我国宏观经济的指标体系。

(二) 产业环境

1. 供应市场分类

供应市场最为基本的划分就是买方市场或者卖方市场。根据产业组织理论，供应商所处行业的市场结构可划分为完全竞争市场、垄断竞争市场、寡头垄断市场和完全垄断市场。

(1) 完全竞争市场。供应商处于完全竞争市场时，市场信息完备，透明度高，产品结构、质量、性能和价格在不同的供应商之间几乎没有差异，如农副产品。

(2) 垄断竞争市场。供应商处于垄断竞争市场的比例最高，这样的市场上有大量供应商的存在，各供应商提供的物品的品质不同，企业进入和退出的障碍很低，供应商的讨价还价能力不强，如大多数日用消费品、家用电器和工业产品。

(3) 寡头垄断市场。供应商处于寡头垄断市场时，几家大供应商占据绝大多数市场份额，企业进入障碍高，供应商的讨价还价能力强，如石油、电力、电信等。

(4) 完全垄断市场。完全垄断可分为自然资源垄断，如一些国家造币所需专有林场的木材；政府垄断，如铁路；控制垄断，如拥有专利权的微软。在这样的市场上，供应商只有一家，所以在交易中占有绝对优势，完全控制了价格。

2. 五力模型

波特五力模型是迈克尔·波特（Michael Porter）于20世纪80年代初提出的。他认为行业中存在着决定竞争规模和程度的五种力量，这五种力量综合起来影响着产业的吸引力以及现有企业的竞争战略决策。五种力量分别为同行业内现有竞争者的竞争能力、潜在竞争者进入的能力、替代品的替代能力、供应商的讨价还价能力、购买者的讨价还价能力，如图3-2所示。波特五力模型用于竞争战略的分析，可以有效地分析行业的竞争环境。

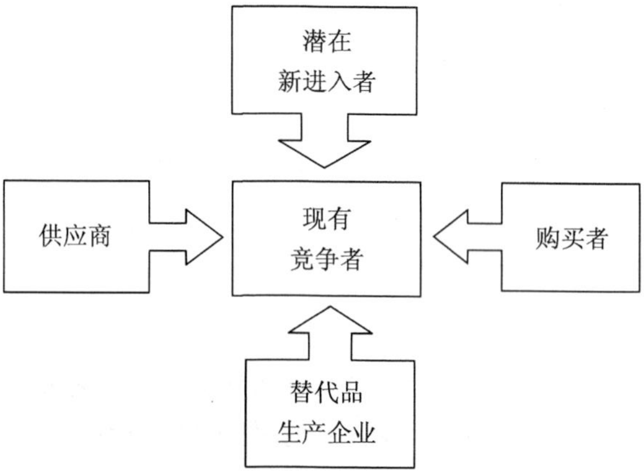

图3-2 五力模型

（三）微观环境

企业微观环境的分析可以使用SWOT分析方法。SWOT分析方法是一种战略分析方法，通过对被分析对象的优势、劣势、机会和威胁等加以综合评估与分析得出结论，通过内部资源、外部环境有机结合来清晰地确定被分析对象的资源优势和缺陷，了解对象所面临的机会和挑战，从而在战略与战术两个层面加以调整方法、资源以保障被分析对象的实行，以达到所要实现的目标。

SWOT分析，其中S（Strengths）是优势、W（Weaknesses）是劣势、O（Opportunities）是机会、T（Threats）是威胁。SWOT分析即基于内外部竞争环境和竞争条件下的态势分析，就是将与研究对象密切相关的各种主要内部优势、劣势和外部的机会和威胁等，通过调查列举出来，并依照矩阵形式排列，然后用系统分析的思想，把各种因素相互匹配起来加以分析，从中得出一系列相应的结论，而结论通常带有一定的决策性。

运用这种方法，可以对研究对象所处的情景进行全面、系统、准确的研究，从而根据研究结果制定相应的发展战略、计划以及对策等。

三、供应环境分析步骤

1. 确定供应环境分析的目标

企业的供应环境涉及面广、因素复杂，所以在进行供应环境分析时首先要明确目标，通常是解决采购管理中发现的新情况和新问题，使最终形成的分析报告更有针对性。

2. 收集和分析间接资料

收集和分析间接的第二手资料，可以快速而经济地获得初步的信息和结论，确认是否有必要进行供应环境调查，为下一步的安排奠定良好的基础。间接资料的来源包括：国家有关部门发布的方针、政策、发展规划、计划、通报、简报、经济信息等，从各种信息中心或国际互联网上查找的信息，从事信息服务的机构或刊物定期发布的信息资料、广告等，各供应商提供的资料等。

3. 设计供应环境调研方案

供应环境调研方案设计是为实施供应环境调研所做的计划或方案，包括确定调查对象、确定资料的收集方法、调研力量的组织与配备、时间安排和费用预算。

4. 实施供应环境调查

企业采购部门可选择实地考察、电话调查和邮寄调查的方法进行供应环境的调查。在调查过程中要紧紧围绕调查的主题、突出重点，问题具体明确、便于回答，调查人员要始终保持热情、真诚、友好的态度。

5. 编写供应环境分析报告

搜集的资料经过整理、分类汇总后，进行分析研究，抓住客观事物之间的矛盾和内在联系，从中得出合乎客观实际的调查结论，并对采购战略决策提出建议。

第二节　采购战略规划

一、采购战略的内涵

企业之间竞争的日趋激烈化，不仅体现在参与竞争的企业越来越多，更重要的是竞争的程度越来越深。这种竞争程度上的变化既反映在多样化经营，即外延上；又反映在企业运作中的高技术、高效率，即内涵上。在这一背景下，企业竞争将在理念竞争、管理竞争、创新竞争、服务竞争、人才竞争、资讯竞争、渠道竞争、科技竞争、顾客竞争等各个层面全方位展开。企业该如何根据自身特点，制定采购战略规划，适时、有效地开展采购工作，已成为企业谋求长远发展的重大课题。

(一) 战略的概念

所谓战略，是为实现企业长远目标所选择的发展方向、所确定的行动方针，以及资源分配方案的一个总纲。著名管理学家明茨博格（H. Mintzberg）从以下五个不同的角度归纳了人们对战略的认识。

(1) 战略是一种计划。即它是一种统一的、综合的、一体化的计划，有意识的行动程序，处理某种局势的方针。

(2) 战略是一种计谋。这是指在特定的环境下，企业将战略作为威胁和战胜竞争对手的一种具体手段。如某电视机生产企业囤积显像管。

（3）战略是一种模式。战略体现为一系列的行为模式。

（4）战略是一种定位。战略是一个企业在自身环境中所处的位置或在市场中的位置。

（5）战略是一种观念。即所有的战略都是一种抽象的概念，它存在于需要战略的人们的头脑中，体现于战略家们对客观世界固有的认识方式。

（二）采购战略的概念

战略一般分为三个层次：企业总体战略、经营（事业部）战略和职能战略。采购战略属于职能战略，它为企业总体战略目标的实现提供支持和保障。所谓采购战略，是采购管理部门在现代采购理念的指导下，为实现企业战略目标，通过供应环境的分析，对采购管理工作所做的长远性的谋划和方略。

（三）采购战略管理的概念

采购战略管理，是采购管理部门为了实现企业的整体战略目标，在充分分析企业外部宏观环境和供应商所处行业环境以及企业内部微观环境的基础上，确定采购管理目标，制定采购战略规划并组织实施的一个动态管理过程。

对这一概念需强调两点：第一，采购战略管理是全过程管理，不仅涉及战略的制定与规划，而且要对战略实施过程进行有效管理；第二，采购战略管理的实质是变革，因此它不是静态的、一次性管理，而是根据外部环境的变化和内部条件的改变，不断进行创新的动态管理过程。

二、采购战略规划的内容

（一）采购管理理念

理念即企业的经营哲学，指一个企业为其经营活动方式所确立的价值、信念和行为准则。采购管理理念是企业为采购管理工作确立的价值观。一般用一句或若干句话，简洁明了地概括表达采购工作的地位或希望达到的境界等，主要体现在以下三个层面。

①采购管理的基本立足点——存在的意义；

②组织运作的基本方针——行动的方式；

③采购管理所提供的价值——具备独特的能力。

（二）采购战略目标

采购战略目标是采购管理部门的经营管理活动在一定时期内要达到的具体指标。在现代企业管理方法体系中，标杆法（Benchmarking）得到越来越多的应用。标杆法亦称基准管理，就是将那些出类拔萃的企业作为企业的测定基准或标杆，以它们为学习的对象，迎头赶上，进而超过。在确定采购战略目标时，可以采取标杆法。通过标杆实施过程，帮助企业辨别最优秀企业及其优秀的管理功能，并将之吸收到企业的采购战略规划中，以此改进采购工作绩效。采购管理人员通过与优秀企业的比较，找出本企业采购管理中深层次的问题和矛盾，发现过去没有意识到的采购技术或管理上的突破，发挥出更大的创造性，推动采购管理迈上一个新的台阶。世界级企业的采购供应实践活动为我们提供了一系列的管理范式，如表 3－1 所示。我们应向这些世界级企业看齐，逐步缩小与他们的差距，制定出较高水准且切实可行的采购战略目标。

表 3-1　一般企业和世界级企业的采购供应活动对比

项目＼企业	一般企业	世界级企业
每个购买者的供应商数目（个）	34	5
购买成本占购买的百分比（%）	3.3	0.8
购买的交货时间（周）	15	8
订货所花的时间（min）	42	15
送货延误的比例（%）	33	2
废弃材料的比例（%）	1.5	0.0001
每年短缺的数目（个）	400	4

资料来源：选自 McKinsey & Company，as reported in Business Week，November 30，1992，p. 72.

（三）采购管理策略

企业为实现采购战略目标需制定相应的采购策略，常见的采购策略基于供应定位模型，我们将在本章后面详细阐述。

（四）采购战略执行方案

最后采购策略还要转换成行动计划，即执行方案。该方案一般采取列表的方式，包括工作内容及目标、量化指标、时间进度安排和行动负责人等。

采购战略规划体系如图 3-3 所示。从图中可以看出，一个完整的采购战略规划体系自上而下，从定性到定量，从抽象到具体；采购管理理念是规划的起点，而执行方案是规划的最终具体落实。

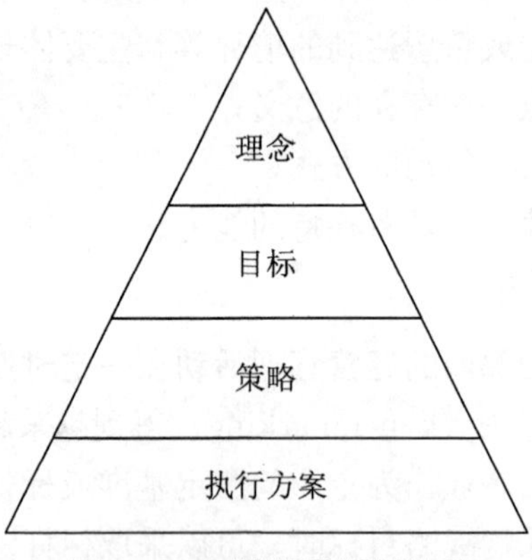

图 3-3　采购战略规划体系

三、范例

（一）采购管理理念

①做最终顾客的采购代理人；

②以优质的服务，让企业内外顾客完全满意。

（二）采购战略目标

①增加低成本国家（LCC）供应商比重；
②将供货提前期从 30 天缩短为 20 天；
③将产品的不合格率从 500 个 PPM 降为 200 个 PPM；
④以最低的成本供应保质保量的物品；
⑤加强供应链管理，提高供应的柔性；
⑥建立并保持高水平的采购管理队伍。
采购战略规划方案示例，如表 3－2 所示。

表 3－2　　　　采购战略规划方案示例

规划内容	年份					备注
	2018	2019	2020	2021	2022	
年采购成本降低幅度	20	20	20	15	15	供应商优化
BOM 库存（d）	45	40	35	25	20	
BOM 外购比例（%）	60	65	70	80	90	
标准件比例（%）	30	35	40	50	70	
BOM 供应商数目（个）	400	300	250	200	150	
供应商早期介入比例（%）	5	10	15	18	25	
ISO9000 认证供应商比例（%）	40	60	75	85	95	
来料免检比例（%）	50	60	70	80	85	直接送上生产线
平均交货批次准时率（%）	85	90	95	97	99	
平均交货周期（d）	20	15	12	8	5	
JIT 供应商比例（%）	10	15	35	50	70	
集中采购比例（%）	40	60	70	80	85	
招标采购比例（%）	50	70	80	75	60	
网上采购比例（%）	10	30	40	50	60	
绿色采购比例（%）	2	5	8	10	15	产品回收使用，不污染
管理现代化程度	MRP	MRPⅡ	ERP	ERP	ERP	
供应链管理比例（%）	2	5	20	25	40	
废弃材料比例（%）	4	3.5	2.8	2.5	1.5	
采购人员本科以上学历比例（%）	40	50	70	80	90	
采购人员年培训时间（h）	30	40	50	55	60	
采购人员轮岗的比例（%）	10	12	15	15	12	

第三节 采购策略管理

一、供应定位模型

企业所需采购的品项很多，对于大中型企业来说，可能有成千上万物品或服务。若采取相同的方法来管理，就要考虑最复杂和最困难的情况，从而采取最繁杂的管理方法，进而加大了采购环节的管理成本。为了保证生产经营活动的顺利进行又要尽可能降低采购成本，应依据采购品项对企业的财务影响（Y 轴）和采购品项对企业的机遇、影响与风险（X 轴）进行战略定位，供应定位模型如图 3－4 所示。

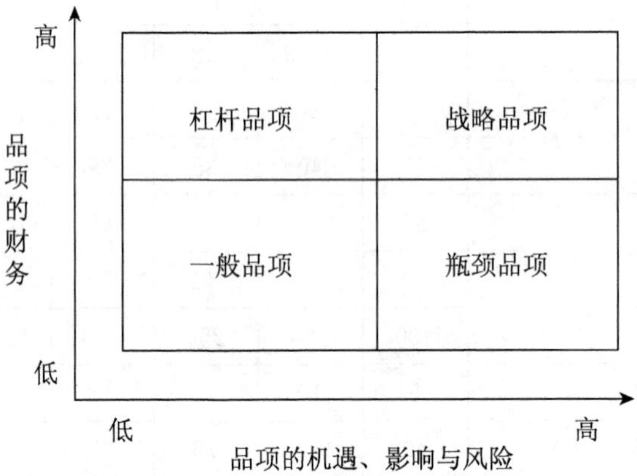

图 3－4 供应定位模型

这里，采购品项的财务影响 $Y=f\ (Y_1, \cdots, Y_n)$

其中，Y_1——采购总量；

Y_2——该品项采购金额占总采购金额的比例；

Y_3——该品项占产品总成本的比例；

⋮

Y_n——其他。

采购品项的机遇、影响与风险 $X=\ (X_1, \cdots, X_n)$

其中，X_1——品项的可替代性；

X_2——供应商数目；

X_3——供应商的可靠性；

X_4——企业“自制—外购”选择余地；

X_5——该品项对产品质量的影响程度；

X_6——该品项短缺给企业带来的损失；

X_7——社会物流系统的保障性；

⋮

X_n——其他。

二、各类品项的特点及供应策略

从图 3－4 可看到，各种品项根据其财务影响和机遇、影响与风险的高低分成四类：战略品项、杠杆品项、一般品项和瓶颈品项。这四类品项的一般特点如表 3－3 所示。

表 3－3　　各类品项的一般特点

	战略品项	杠杆品项	一般品项	瓶颈品项
品项的特点	价值高，质量要求高	价值较高，数量多	价值低，数量较多	价值较低，数量少
品项类别	主机、部件	原材料	零件、办公用品	辅料、配件
供应商数目	少	较多	很多	少，甚至一家
标准与否	非标准	标准	标准	非标准
对供应商吸引力	通常高	通常高	通常低	通常低

（一）战略品项

在以上四类品项中，战略品项是企业采购战略的重点。这类产品数量不是很大，但金额比较高，通常按照具体技术规格供货。这种情况下供应来源少，并且不能在短期内加以改变，以避免重大损失。通常这类产品在最终产品中起关键作用。供需双方之间的沟通和相互作用通常很多，并且由于它们涉及不同方面的关系，也很复杂。战略品项是采购管理中的重中之重，企业要对该类品项投入最高的优先权，综合优化“QCDSIM”各关键绩效招标。

（二）杠杆品项

通常这些产品可以按标准的质量等级从不同的供应商那里购得。它们在最终产品的成本价格中占有相对较大的份额。价格的微小变化会对最终产品的成本价格造成相对较高的影响。这就是为什么买方在少量的经过预先资格认证的供应商中尽力主动压价或招标的原因。具体的例子有散装化学品、包装物、钢板、原材料和标准件等。杠杆品项通常处于买方市场，这种情况的特征在于采购方有选择供应商的自由。供应商数量众多，而且“转换成本”很低，对采购方有利，因此企业杠杆品项的采购策略是降低采购成本。

杠杆品项对企业采购比较有利，因此企业可以通过一些措施，将其他品项转化为杠杆品项。这主要通过增加财务影响以及降低采购品项的风险来实现。增加财务影响的手段有存货采购、归类采购、集中采购以及联合采购等；降低品项采购风险的手段主要有标准替代定制、开发新的供应商以及供应商发展等。

（三）一般品项

从采购的角度来看，这些品项很少会造成技术或商业问题。各种产品的价值通常较低并存在大量可供选择的供应商。在实践中，大多数品项属于这种类型，清洁材料、办公用品、维护用品和紧固件等都是这方面的例子。这类品项的问题在于处理它们的费用通常高于其本身的价格。通常，采购所耗时间和精力的 80％用在这类品项上。为了给其他更加有意义的品项节省时间，应该对这些一般品项的采购进行有效的组织，企业的采购策略是降低采购管理成本。

（四）瓶颈品项

这些产品在金额上只占相对有限的一部分，但是在供应上却极为脆弱。它们只能从一个或少数几个供应商那里获得。例子有化学工业使用的催化剂，涂料工业使用的颜料和食品工业使用的天然香料等。设备的配件也属于此类。通常，供应商在与采购方的关系中处于支配地位，这会导致高昂的价格、较长的交货时间和劣质的服务。瓶颈品项通常处于卖方市场，采购比较被动，企业的采购策略是降低采购风险。

三、四种基本供应策略

供应定位模型中，每一个象限的品项都存在着不同的策略，通常情况下，战略品项的采购策略应该综合考虑质量、成本、交付与服务等问题，尽量与供应商进行战略合作；杠杆品项的采购策略重点是降低采购价格或成本；瓶颈品项采购策略的重点是降低采购风险；而一般品项的采购策略是降低采购管理成本。对应的有以下四种基本的供应策略。

（一）合作策略

战略品项数量比较少，成本高，风险也高。因此必须对价格和成本的变化及供应商市场的发展保持密切的关注。战略品项的采购政策将以寻找合作伙伴或协作为目标，以便在有计划的合作的基础上共同参与。以“公开成本计算”为基础的关系受到青睐。采购方与供应商一起，发展了高效率的方案来实现成本的降低、质量的改善、工艺改进和产品开发的改进。这种合作将导致不同公司之间边界的消失。

合作策略的一个基本问题是选择好合适的供应商合作伙伴。在发展阶段的初期，采购方会对供应市场仔细研究以寻找行业中最好的供应商。这些供应商的相关资料、财务稳定性、研发能力、生产能力、质量保障、物流能力以及工程能力都会被仔细研究。

（二）竞标策略

对于杠杆品项而言，公司会追求一种以竞标或投标为原则的采购政策。由于供应商和产品基本上是可以互换的，所以通常不会有长期供应合同。以最低的价格进行采购同时保持要求的质量水平和供应的连续性在这里被放在首要地位。价格与成本小比例的下降却意味着大量的资金节约。这就应该持续主动地进行市场扫描和研究。通常，会引入新的供应商以避免现有的供应商之间达成价格串谋。

（三）保障供应连续性的策略

瓶颈品项的采购政策应该集中于保障供应的连续性，必要时还可以适当增加一些成本支出。与此同时，还应该进行以降低对这些供应商的依赖度为目标的活动。通常发展可供替代的产品和供应商可实现这一目标。

进行风险分析以确定长期和短期供应中最重要的瓶颈是十分必要的。应急计划就是在这种分析的基础上建立起来的。有了应急计划，防范手段被事先准备好以应对突发的风险。这种手段的例子有：保有一定库存，准备替代运输方式，以及积极进行替代产品或供应商调查。

（四）订立系统性合同的策略

一般品项需要的是以降低管理和物流复杂性为目标的采购战略。买方必须以系统合同或框架协议的形式同供应商一起简单而有效地完成订购和管理程序。与这些品项的采购政策相关的几个方面是：产品品种的标准化（商品目录）；减少供应商数量；为集团的 MRO 用品寻求系统合同；使用电子形式的产品目录；运用 Internet（互联网）技术进行订货、电子支付或使用采购卡。有的公司也将这些商品的采购外包给专业的采购公司。

供应定位模型中不同品项有着不同的采购策略，显示出供应商对公司而言的不同重要性。表 3－4 对上述不同的供应策略进行了总结。

表 3－4　　四种供应策略的基本特征

战略 特征	合作策略	竞标策略	保障供应的连续性策略	订立系统性合同的策略
目标	•在长期关系中创造相互的承诺	•获得短期的“最佳交易”	•保障长期供应 •降低供应风险	•降低物流复杂度 •提高经营效率 •减少供应商数量
适用	•战略品项	•杠杆品项	•瓶颈品项	•一般品项
行动	•对未来需求精确预测 •供应风险分析 •仔细选择供应商 •“可能的成本”分析 •供应商评级	•增加产品/市场知识 •寻求替代产品/供应商 •在供应商之间重新分配采购量 •优化订货量 •目标定价	•对未来需求的精确预测 •供应风险分析 •对供应商评级 •发展防范措施（存货缓冲、运输）	•外包采购 •产品品种标准化 •制定有效的内部订购交货和结算程序 •将订单处理授权给直接使用部门
决策层次	•董事会层次 •跨职能方式	•董事会层次 •采购部门	•采购部门 •跨职能方式	•采购部门 •跨职能方式

思考讨论题

1. 供应环境分析有哪些重要意义？
2. 供应环境包括哪些因素？
3. 如何进行供应环境分析？
4. 什么是采购战略，什么是采购战略管理？
5. 采购战略规划包括哪些内容？
6. 什么是供应定位模型，有什么意义？
7. 供应定位模型中各类品项有何特点，供应策略有何不同？
8. 四种基本供应策略是什么，各有何特点与适用？

本章案例

联想供应链管理与采购战略

一、IT 行业的主要特点

联想作为一个主要做 IT（信息技术）的公司，其在 IT 行业采购供应链的管理也很有代表性。第一个特点，IT 行业主要价格的波动风险非常大，影响因素也非常复杂，比较难以准确的预测，另外市场发生变化的时候，需要快速的调整，这样才能够满足客户的需要，避免库存带来的风险。

IT 行业第二个特点是部件更新换代非常快，也非常频繁。按照联想的统计，基本上每两天就有一个机型发生大的或者是小的改动，另外产品的降价速度也非常快，必须要准确的预测市场的需求，才能满足客户的订单，又不能有很多的库存。

第三个特点是满足客户差异化的需求日益化强烈，既要保证标准化，又要很好地满足客户差异化的需求。

第四个特点是很多物料的价格来自上游供应商，上游供应商利益驱动的情况是非常明显的，并且很多供应商是寡头垄断或者具有少数寡头的特点，所以供应商对整个行业的影响实际上也是非常大的，这是在 IT 行业在供应链以及在采购环节的一些主要的特点。

二、联想在供应链和采购方面的一些基本状况

首先，在供应链和采购方面，联想采取一体化的运作体系，联想集团把采购、生产、分销以及物流整合成一个统一的系统，整个联想集团负责生产的管控，包括生产制造一些系统的管理，从战略层到执行层在整个集团有一个统一的策略、统一的协调。

其次，从联想的供应链来看，联想有 300 多家供应商。要管理整个国内的客户渠道有五千多家。在联想内部，也分布北京、上海和惠阳三个工厂，另外目前生产的主要产品除了台式电脑、笔记本、服务器之外，还有 MP3（音乐播放器）等数码产品，应该说是一个非常复杂的供应链体系。

再次，联想的物料主要分为国际性采购的物料和国内采购的物料，这些国际性的物料，基本上都是通过中国香港，然后分别转到国内的惠阳、上海和北京，在国内的物料会直接发到各个工厂，然后由各个工厂制作成成品，最后发到代理商和最终的用户。这是联想的供应链双链的模型，通过接收链和交互链很好的协同，来达到更好的相应供应的变化，来满足客户的需求。

最后，联想这几年基本上在做一个供应模式的转变，以前也是一个基本的库存驱动模式满足客户需求，但是这种库存驱动不能很好地满足客户需求，现在主要是根据客户需求来确定整个供应链的管理。

联想在运作模式上，目前还并不是一个完全按订单生产的企业，这与联想面对的客户群有关。联想目前主要的客户 60%～70%来自个人和中小型企业。所以，联想的运作模式也是采取一种安全库存结合按订单生产的方式，联想会有 1～2 天成品的安全库存，更多的是根据用户的订单来快速地响应客户和市场的需求。

三、联想供应商协同策略

在这样的供应链管理模式之下，联想主要解决四个方面的问题：第一方面，怎样保证准确的预测；第二方面，怎样保证在预测出现偏差的时候，能够快速调整；第三方面，怎样满足客户差异化的需求，怎样满足客户定制的需求；第四方面，怎么样很好地完成供应商在采购方面的协同。这四个问题可能也是很多企业在当今需要面对的主要问题。而供应商协同主要有以下几方面：

第一，要确定供应商的总体策略，包括价格成本以及采购比例的控制；在引入淘汰机制，以及框架协议的签署方面，一些研发项目的协同，怎样在研发当中更好地为成本制造更多方便服务，以及一些工作的开展。

第二，主要是在品质产品方面的服务，包括新品供应商的掌控、品质的管理，对于一些重要零部件上游供应商的管控，定期的对供应商工厂生产线进行一些审核的工作。

第三，对供应商供应能力方面的一些管理，在供货方面的管理主要涉及新品进入过程当中的管控，在新品导入的时候，怎样进行上市、上量方面的管控，另外就是物料退出的时候的一些管理和控制。

第四，对供应商服务方面的管理，主要会涉及在索赔和维修服务方面的支持的管控、对供应商财务状况的分析、对日常方面的索赔和物料导控方面的管理等。

资料来源：锦程物流网 http：//info. jctrans. com/zxwl/wlcz/wlal/20061023319745. shtml.

西门子的采购策略

西门子在世界范围内拥有分属于大约 2500 名采购职员的 120000 家供应商，并且在 256 个采购部门中拥有 1500 名一线的采购人员。其中的 20000 家供应商被指定为第一选择，他们的数据被存储到西门子内部的电子信息系统中。

一、西门子的供应商分类

（一）分类依据

为了确定采购活动的中心，西门子依据以下两个方面对这些供应商进行了分类：

1. 供应风险

这是按照供应商的部件的技术复杂性和实用性来衡量西门子对该供应商的依赖程度的标准。它要求询问："如果这家供应商不能够达到性能标准，那对西门子意味着什么？"对一个特定的供应商的供应风险的衡量标准包括的因素有：

①供应部有多大程度的非标准性；

②如果我们更换供应商，需要花费哪些成本；

③如果我们自行生产该部件，困难程度有多大；

④该部件的供应源的缺乏程度有多大。

2. 获利能力影响或是采购价值

影响西门子的供应商关系的底线的衡量标准是与该项目相关的采购支出的多少。

（二）分类结果

根据供应风险和获利能力影响的标准可以建立一个带有四种可能的供应商。

①高科技含量的高价值产品，如电力供应、中央处理器（CPU）的冷却器、定制的用户门阵列（Gate array）；

②用量大的标准化产品，如印刷电路板、集成电路存储器（IC）、稀有金属、镀锌的锡片；

③高技术含量的低价值产品，如需要加工的零件、继电器、变压器；

④低价值的标准化产品，如金属、化学制品、塑料制品、电阻器、电容器。

二、西门子的采购策略

西门子与供应商的关系的性质和密切性程度由这四种分类来决定。

第一类：高科技含量的高价值产品。采购策略是技术合作型，其特点如下。

①与供应商保持紧密关系，包括技术支持和共同负担研发经费；

②长期合同；

③共同努力以实现标准化和技术诀窍的转让；

④集中于制造过程和质量保证程序，如内部检验；

⑤通过电子数据交换（EDI）和电子邮件实现通信最优化的信息交流；

⑥在处理获取基础材料的瓶颈方面给予可能的支持。

第二类：用量很大的标准化产品。采购策略是储蓄潜能的最优化，其特点如下。

①全球寻找供应源；

②开发一个采购的国际信息系统；

③在全世界寻求相应的合格供应商；

④列入第二位的资源政策；

⑤安排接受过国际化培训的最有经验并且最称职的采购人员。

第三类：高技术含量的低价值产品。采购策略是保证其有效率，其特点如下。

①质量审查和专用的仓储设施；

②保有存货和编制建有预警系统的安全库存计划；

③战略性存货（保险存货）；

④在供应商处寄售存货；

⑤特别强调与供应商保持良好的关系。

第四类：低价值的标准化产品。采购策略是有效地进行加工处理，其特点如下。

①通过电子系统减少采购加工成本；

②接管部分的物流工作，如仓储、编制必备需量的计划、报告等工作的经销商或供应商外购产品；

③增加对数据处理和自动订单设置系统的运用；

④即时制生产，运送到仓库，运送到生产线的手续；

⑤努力减少供应商和条款的数目。

在第四种分类中，西门子把首选供应商的地位授予了从总共八十家经销商中选出的三家。这一安排规定了经销商将负责提供仓库、预测和保管存货、向西门子报告存货和用货量。

三、西门子策略的意义

显然，任何一个有望成为西门子供应商的公司都必须认真地考虑客户会如何对其产品进行归类。正如上面所描述的，对于一个供应商而言，西门子公告的采购政策在维持双方关系的可能性方面具有相当大的暗示。任何一个将西门子列为核心客户而其产品却被划入第 2 类或第 4 类的供应商的管理人员都很难与西门子结成特殊关系；发展协作伙伴关系取决于客户与供应商双方。因而必须以某种方式通过差别化使客户对产品的感知得到提高，进而促使西门子与其形成首选供应商的关系。

四、其他

除了完成采购职能的一般任务之外，西门子还有一个专设的团队进行采购营销。他们的一项主要职能就是使西门子成为潜在供应商的一个更有吸引力的客户。他们会以这种身份涉足市场研究，找出新的供应商并进行评估，还会与现有的供应商研究新的合作领域，这样做对双方的利益都有好处，例如，依照最节省成本的生产批量对订单要求的数量加以排列将会使双方获益。另外，供应商可能会应邀对西门子的产品设计和生产方法进行技术考察，目的是减少特殊部件的数量，同时增加标准部件的数量，因为标准部件更易于仓储和生产。通过这种方式，供应商提高了效率并且将通过提高效率带来的这部分利益传递给西门子，使它能够在自己的市场上进行有利的竞争。

西门子采购经理们对时间的利用很感兴趣，他们正在监测每个采购员将 100000 德国马克用于购买八种不同的分类目录下的供应品分别需要花费多少时间，例如，这种监测会显示，在生产一种产品的工厂里采购经理购买 100000 德国马克的集成电路将花费 1.7 小时，而在另一个工厂里，类似的采购活动却可能要用去 3 倍的时间。这类分析也可能不会产生大的成本节约，但是它却能够促使适当地质疑采购资源的分配并使这些资源集中在正确的方向上。

资料来源：豆丁网 http：//www. docin. com/p－1772898491. html.

第四章　采购需求、计划与预算

采购，就是满足企业不能够或不愿意内部提供（即自制）的产品或服务的需求。明确需求，是采购过程的起点。在明确需求的基础上制订采购计划，并进一步将采购计划转化为采购预算。

通过本章学习，你将能：

①理解需求管理的重要意义；

②掌握明确需求的方法；

③学会制订供应计划的方法；

④掌握 MRP（物资需求计划）的运算逻辑；

⑤能够制订采购预算。

第一节　需求管理的重要意义

明确需求，是采购供应工作重要的开始阶段。如果需求管理出现问题，那么接下来的采购工作将会面临极大的风险，也意味着不良的采购绩效。提高采购管理对企业的战略贡献，需要从需求开始研究。

一、采购管理的实质——满足企业的需求

为了说明需求对采购管理的重要意义，我们用图 4－1 来简单描述企业通过采购满足需求的过程。

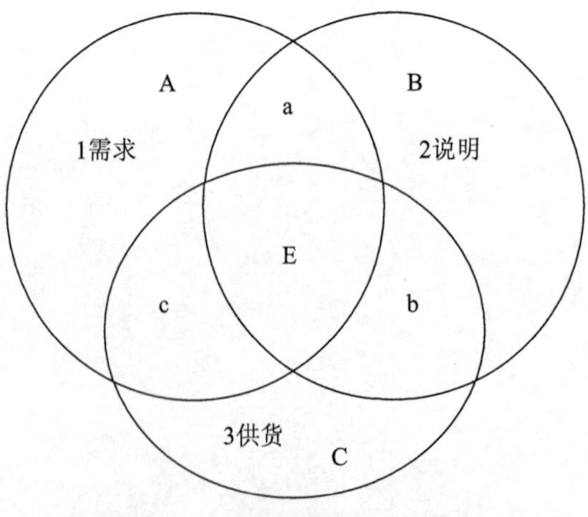

图 4－1　企业采购满足需求偏差

如图 4-1 所示，圈 1 表示企业的“需求”；圈 2 表示“说明”，用来将企业的需求具体化；圈 3 表示供应商的“供货”。

企业的采购工作从明确需求开始。但企业的需求是无形的，需要通过一个有形的载体来明确，这个载体就是“说明”。“说明”是企业用来明确需求的工具，采购人员通过使用说明来向供应商表达需求，供应商根据我们的说明，来向企业供货。这就是采购管理的基本过程。

由于在明确需求的时候，说明与需求并不能够完全相符，而供应商给我们的供货也会有偏差。这样上述三个圆圈并不能够完全重合，从而三个圆圈将重叠出 7 个区域 A、B、C、a、b、c 及 E。

（1）E 代表最好的情况：说明与需求相符，供应商的供货与说明相符，完全满足需求。最理想的采购过程是，上述 3 个圆圈能够完全重合，也就是实现上图中的 E 区域最大化。可在实际供货过程，总会有诸多问题。说明不能够很好地表明需求，供应商的供货也会与说明的要求不符。

（2）区域 A 是既没有为说明明确的需求，也没有被供应商供货满足的需求，企业的需求没有得到满足，会出问题。

（3）区域 B 是说明与需求不符的部分，供应商也没有给我们供货。尽管在制定说明时画蛇添足，但侥幸没有太大损失。

（4）区域 C 是供应商的供货既没有满足说明的要求，也没有满足企业的需求，是完全多余的供货，是供应商的损失，是浪费。

（5）区域 a 是为说明所明确的需求，但供应商在供货时并没有满足企业的需求，会出现合同纠纷问题。

（6）区域 b 是供应商的供货符合企业说明的要求，但并非满足企业的真实需求，是多余的供货，企业只好自己承担无用的损失。

（7）区域 c 是没有被说明所描述，但被供应商的额外供应所满足，对于企业而言，属于意外的收获。

总之，企业采购努力的方向，就是实现区域 E 的最大化。需求管理的实质就是，通过系统化的工具来切实地满足需求，从而实现企业的采购战略目标。这要求我们首先使用合适的方法来明确需求；然后，当说明与需求不符时，我们通过适当地变更程序以及供应商关系管理来满足需求，规避风险。

二、需求管理对企业的战略贡献

需求管理，对于企业质量、成本、响应速度以及风险控制等重要竞争要素都有影响，而这些竞争要素决定着企业的核心竞争力。

（一）对提高采购质量的影响

当前，越来越多的企业倾向于外包，企业产品的质量，受供应商影响很大。而需求管理，将需求转化为规格，从而向供应商传达准确的信息，是确保供应商给企业供应质量合适产品的基础。

(二) 对降低采购成本的影响

在采购过程中，降低成本的方法较多，如通过合理地利用采购杠杆向供应商施加压力，或者是与供应商合作进行所有权总成本优化。而需求管理对降低采购成本的战略贡献也不容忽视。在采购过程中，由于不必要的需求，给企业造成额外的成本开支数额巨大。这可以通过使用内部标准化以及价值分析、价值工程等方法，来降低企业的采购成本支出。

(三) 对提高企业响应速度的影响

在明确需求时，如果采购供应部门及时参与，这就不会出现紧急需求，也有利于更好地向供应商解释采购方的需求，这样为供应商及时供货创造了良好的条件。另外，我们也可以通过实施供应商早期介入，在产品开发阶段就邀请核心供应商参与我们的团队，这样可以大大缩短我们的产品上市时间。

(四) 对规避采购风险的影响

如果企业在明确需求环节出现问题，那么企业必须重新与供应商进行沟通，改变既定的规格，这样会导致采购方违约。即使与供应商能够在一个良好的关系框架下处理问题，恐怕也会对企业产品的质量、成本以及交付等重要目标产生很大的负面影响。

三、采购供应部门在明确需求中的重要性

在明确需求时，企业内部的用户，包括研发部门与生产部门，当然要发挥重要作用。但明确需求是一个跨职能的过程，作为采购管理部门，在明确需求时应当发挥以下作用。

(一) 尽快介入明确需求过程

为了提高效率，采购供应部门应当及时了解需求，以便恰当地规划和管理采购过程。例如，当出现对同种产品的多项需求时，采购供应部门可以将这些采购集中起来，以获得有吸引力的谈判价格，并确保这些需求纳入供应商的生产流程中。如果要采购一种新产品，早期的通知单将给予采购供应部门较充裕的时间，以调查潜在供应市场并在新产品首次需要之前让供应商做好安排。

(二) 提供商品知识及商业意识

采购供应部门应该利用其对供应市场上各种产品成本的了解做出抉择，在说明的制定过程中尽力。采购管理人员通常都与供应商有密切的联系并参与对供应市场的监管，因此他们比使用者更了解当今供应市场的发展，知道什么样的选择是有价值的。所以，市场发展和选择方面的知识应当被吸收到制定说明的团队中。

(三) 促进供应商早期介入

采购供应部门还可以促使供应商介入说明的制定过程。在准备新的说明时，供应商具有使用者在公司内部无法得到的经验和专有知识，这一点是非常重要的。供应商可能会对某一问题设计或提出一种新想法或提供一种新视野，这对提升企业的创造力和创新能力具有积极意义。他们还会提供改进质量、缩短提前期、降低成本等方面的想法。

四、需求管理不当易导致的问题

如果采购供应管理部门不及早参与明确需求的过程，那么会出现以下几个方面的问题，包括紧急采购、忽视好的采购实践、限制性说明以及不易向供应商解释清楚需求。

（一）紧急采购

如果在最后阶段采购部门才知道需求，这会导致紧急采购，采购工作将很被动，这将导致：不得不中断所有的正常工作，造成延迟和效率低下；由于时间紧急，几乎没有机会考虑采购的各种影响因素；不得不在有限的供应源中寻找资源，因为不能满足应急交付要求的供应商必须退出；不得不支付过高的价格，因为这种采购将使供应商为了满足交货期的要求而加班工作。另外，供应商通常都清楚这一点，当一个组织有应急需求时，几乎是别无选择，这就给了他们额外的讨价还价能力。

（二）忽视好的采购实践

很明显，定制部件比标准部件更昂贵。采购供应部门知道标准部件在哪些市场上可以买到。如果没有标准部件能够满足设计的要求，那么调整其他方面的设计以适应标准部件仍可具有较高的成本效率。

（三）限制性说明

限制性说明，会出现一些问题，例如，一个使用者仅仅熟悉给定的供应商的产品并以此作为说明的基础。这种做法阻碍了竞争并为供应商提供了额外的议价力量，因为他们知道购买者除了从他们这里购买别无选择。

（四）不易向供应商解释清楚需求

当采购员不能完全确定内部用户需要什么的时候，可能会导致供应商不了解企业到底需要什么。采购供应部门可以复审说明，但这可能产生延误。最糟糕的情况是，错误或不完善的说明使供应商交付的产品和服务不能满足实际需要。

明确需求，是企业采购过程的起点。如果需求管理出现问题，企业将面临诸多风险。做好需求管理工作，对于提升企业的采购竞争力，至关重要！

第二节　明确需求的方法

明确采购需求，就是要回答以下几个问题：买什么？买多少？什么时间和地点？什么样的售后服务以及背景信息是什么？本书将着重讨论前两个问题，“买什么”即明确产品与服务，将在本节中进行论述；“买多少”即明确数量，将在下节阐述。

一、明确产品与服务的基本方法

明确产品与服务需求，通常思路是将需求明确得详细一些为好。但实际中应该结合具体的情况，该详细的时候详细，该粗略时则粗略。过于详细，有的时候会限制供应商能力的发挥，企业自身要承担设计风险，甚至有的时候会买不到。

明确产品与服务的一个常用工具是工作说明书（Statement of Work，SOW），工作说明书是对项目所要提供的产品或服务的叙述性的描述。对内部项目而言，项目发起者或投资人基于业务需求，或产品或服务的需求提出工作说明书。对外部项目而言，工作说明书作为投标文档的一部分从客户那里得到，如邀标书、投标的信息，或作为合同的一部分得到。

明确服务需求，大多要通过 SOW 来描述；而明确产品需求，还有更多成熟的方法，大体上分为两类，包括选用企业内部的规格和使用外部标准。

（一）企业内部规格

企业可以用自己选定的方法来明确产品，通常有六种规格：品牌及商标名称、供应商或行业代码、样品、技术规格、构成规格以及功能/性能规格。

以上各种规格有各自适用的场合，也可以组合使用。其中技术规格及构成规格是相对详细的规格，用于企业比较重要的采购项目上，以确保质量符合我们的技术要求；但缺点是自己承担设计风险并限制了供应商的能力发挥。而功能和性能规格较粗略，有利于供应商发挥积极性，并减少企业开发规格的难度。表 4－1 介绍了各种规格的适用场合。

表 4－1　　各类产品规格的适用场合

规格类型	适用场合
品牌及商标名称	• 通用产品 • 需要用一个特殊的品牌名称有别于公司产品时 • 质量比成本更为重要时
供应商或行业代码	• 简单产品 • 易于从一个特定供应商处采购
样品	• 采购前很难估价质量 • 当展示需求比用文字描述或确认它更容易时
技术规格	• 供应商不具有所需的设计专有知识和技能 • 组织希望保留内部的设计专有知识和技能（如保护它的竞争优势） • 与现有设备有复杂的接口 • 购买者准备接受设计不能满足所需性能要求的风险
构成规格	• 采购原材料、日用品和食品等产品 • 安全或环境因素非常重要 • 性能依赖于构成
功能 / 性能规格	• 供应商比购买者拥有更多的专有知识和技能 • 注重创新 • 供应商所处行业技术正发生着迅速的变化

（二）外部标准

企业也可以使用外部标准来明确需求。外部标准通常有四种，即行业标准、国家标准、地区标准以及国际标准。外部标准或许有冲突，所以要确定是使用哪一种标准。外部标准有的时候并不代表最先进的水平，而是代表了比较好的水平。有些标准是强制性的，企业必须要遵守。

企业在明确需求时，到底选用外部标准还是企业内部的规格呢。首先，要看是否存在外部标准。如果使用外部标准的话，这将节约企业开发规格的精力；其次，采购标准化的产品价格比较便宜，供应商竞争比较激烈，采购的提前期比较短，产品的质量比较稳定。当然，没有外部标准时，要开发企业自己的规格；最后，当标准产品不能够满足企业的需求时，或企业需求比较复杂，开发自己的规格有利于提升性价比时，这时候就要开发自己的规格来明确需求。

二、明确需求的战略杠杆

要想管理好采购需求，有两个重要的战略杠杆可以使用，这可以提升企业需求管理的水平。它们是企业内部标准化以及价值分析/价值工程。

（一）企业内部标准化

企业采购的物资品种繁多，这导致了采购任务繁重。如果能够合理地降低采购物资的品种数量，那么将会大幅度降低采购供应的工作量，为企业带来诸多竞争优势。内部标准化，就是尽可能地降低企业采购物资品种数量。实施企业内部标准化，有诸多好处，包括降低供应商数量以加强供应商管理，降低库存以节约流动资金，增加采购批量以降低采购成本等。而内部标准化的缺点主要是降低了客户对产品的选择范围，但这可以通过延迟制造等技术来避免。

强调产品开发和设计标准化，努力提高产品及其零部件的标准化程度，能缩短产品开发周期，为提高企业的开发能力服务。在产品开发中，在保证产品使用性能和质量的条件下，充分应用系列化、模块化方法和技术，来改进或重组企业内部产品的组成结构，减轻设计人员的重复劳动，提高设计效率，缩减产品的供货周期，解决产品多样化与生产社会化、专业化的矛盾，满足用户对产品多样化的要求。

（二）价值分析/价值工程（VA/VE）

价值分析（VA）指对已有产品的重新设计，而价值工程（VE）指开发全新的产品，但在使用时，我们不经常去区分，而统称 VA/VE。VA/VE 是明确需求的一个重要战略工具，设计新产品以及改进产品时，就是明确需求的过程。VA/VE 中的价值确定取决于功能与成本的比值。它主要关注产品功能分析，而不是现有的产品分析。这样我们就会有许多创新，我们的关注点是那些满足企业需求的功能，这样可以发现哪些功能多余，哪些功能过剩，从而可以从本质上来明确采购需求。

进行价值分析，主要经历以下四个步骤：

（1）把产品分解为各个零部件和加工过程，从这一步可以得到装配图表、零件树、零部件清单以及工艺程序图，这些文件不仅可以使我们了解产品构成与生产过程之间的关系，有助于建立综合的生产与库存控制系统，而且可以使我们进行价值分析，以改进产品设计。

（2）确定产品的零部件及加工过程的生产成本。

（3）确定产品的零部件和加工过程的相对价值。

（4）综合分析价值与成本的关系。

通过以上分析，往往可以提出许多的问题。比如，这些零件起什么作用？它们是否必要？各个零件的成本如何？是否还有其他的方法来完成这项工作？这些零件的各个特性是否必要？各个零件的成本是否同它的价值成比例？是否还有其他更好的方法来满足这个要求？能否用成本更低的工艺过程来加工这些零件？能否采用标准化的零部件，等等。

总之，通过VA/VE，不断改进产品构成，从而明确企业的真正需求，可以达到提高价值、降低成本的目的。

第三节　采购计划

采购计划是企业采购人员在了解市场供求情况，认识企业生产经营活动过程和掌握物资消耗规律的基础上，对计划期内物品供应管理活动所做的预见性安排和部署。

传统的面向库存管理的供应计划中主要包括以下指标：计划期物品需要量、计划期末物品储备量、计划期初物品库存量、计划期物品采购总量等。

一、计划期物品需要量

（一）直接计算法

直接计算法，又称定额计算法。它是用计划期的任务量和物品的消耗定额来确定物品需要量。其计算公式为：

$$F_t = T_t \times H$$

式中：F_t——计划期某种物品需要量；

T_t——使用该种物品的某种产品在计划期内的生产任务量；

H——某产品使用该种物品的消耗定额（一般是指物品消耗供应定额）。

直接计算法核算的物品需要量比较准确，凡有物品消耗定额的均可以考虑采用直接计算法。

（二）间接计算法

间接计算法是利用间接资料，即按照一定的比例、系数和经验来确定物品需要量。间接计算法包括动态分析法、类比计算法和经验估算法。

1. 动态分析法

动态分析法是对历史统计资料进行分析研究，找出计划期生产任务量和物品消耗量变化规律来确定物品需要量的一种方法。其计算公式为：

$$F_t = \frac{T_t}{T_{t-1}} \times D_{t-1} \times K$$

式中：F_t——计划期某种物品需要量；

T_t——使用该种物品的某产品在计划期内的生产任务量；

T_{t-1}——上一期使用该种物品的某产品实际完成的生产任务量；

D_{t-1}——上一期该种物品的实际消耗量；

K——计划期内该种物品的消耗增减系数。

例：某企业在计划年度制造备品配件120t，根据统计资料已知上一年实际制造备品配件 100t，实际消耗钢材 150t。由于生产工艺的改进，制造备品配件的钢材消耗平均降低 10%。求计划年度制造备品配件的钢材需要量为多少吨？

解：计划年度制造备品配件的钢材需要量为：

$F_t=\frac{120}{100}\times150\times(1-10\%)=162$ (t)

动态分析法估算物品需要量比较简单易行，在没有物资消耗定额的情况下，用动态分析法确定物品需要量比较方便。

2. 类比计算法

类比计算法是参照类似产品或同类产品的物品消耗定额来确定物品需要量的一种方法。其计算公式为：

$$F_t=T_t\times H_s\times K$$

式中：F_t——计划期某种物品需要量；

T_t——使用该种物品的某种产品在计划期内的生产任务量；

H_s——类似产品或同类产品的物品消耗定额；

K——计划期内该种物品消耗增减系数。

例：某企业在计划年度制造某种包装桶 10 万个，每个包装桶消耗 0.5mm 厚镀锌钢板 0.5 kg。由于客户要求用 0.6mm 厚镀锌钢板，这样每个包装桶增加重量 20%。求该计划年度需要 0.6mm 厚的镀锌钢板多少吨？

解：计划年度制造 10 万个包装桶需要 0.6mm 厚镀锌钢板重量为：

$F_t=100000\times0.5\times(1+20\%)=60000$ (kg) $=60$ (t)

3. 经验估算法

经验估算法是根据以往经验来确定物品需要量的一种方法。

例如，根据以往维修机器设备的经验，清洗机器零件每 10 件用 0.5 kg 煤油；大修一台车床，零件清洗用煤油 3kg 等。

经验估算法一般适用于企业生产经营中所需用的辅助材料或一些低值易耗品。

（三）预测分析法

预测分析法是利用物品实际消耗历史统计资料，分析其消耗量的变化规律，运用一定的数学模型来确定物品需要量的一种方法。预测分析法中有很多方法可以运用。在此仅介绍常用的时间序列分析法。

时间序列分析法是把观察到或记录到的一组按时间顺序排列起来的数列（实际消耗量），通过统计分析进行预测的方法。常用的有算术平均数法和移动平均数法。

1. 算术平均数法

算术平均数法是把各个时间的某种物品实际消耗量加起来，除以时期数所得的算术平均数，作为计划期某种物品需要量。

算术平均数法仅适用于稳定形态需用量的预测。

2. 移动平均数法

移动平均数法是一种基础的数学预测方法。这种方法以若干时期为计算期（例如以最近5期为计算期)，每次通过吸收新一期的数据，删除最早一期的数据，使计算期向前推移，并求出该期间内时间序列的平均值作为下一期的预测值。这就是为什么把这种方法称作“移动平均法”的原因。

例：某企业某种物品的前10期实际消耗量如表4-2所示。请分别使用算术平均数法和移动平均数法预测下一期的需求。

表4-2　某企业某种物品的前10期实际消耗量　单位：t

时期	1	2	3	4	5	6	7	8	9	10
实际消耗量	36	32	30	33	28	46	39	44	46	45

解：

(1) 算术平均数法。

第11期需求＝(36＋32＋30＋33＋28＋46＋39＋44＋46＋45)/10＝37.9(t)

(2) 移动平均数法。

我们假设移动区间为5，这样我们选择最后5期数据来作为预测下一期需求的基础数据。

第11期需求＝(46＋39＋44＋46＋45)/5＝44(t)

移动平均数法既能反映实际消耗量的变化情况，又能消除随机因素的影响，还能排除早期作用不大的数据。但该方法计算出来的需要量，同实际消耗量的变化规律来比较，比实际消耗量的变化规律有“滞后”现象，因此，对用上述公式计算出来的需要量，要根据个人经验做适当地调整，使确定的需要量更符合实际情况。

二、计划期末物品储备量

计划期末物品储备量是指为下一个计划期初企业生产经营的需要而准备的一定数量的物品。

计划期末物品储备量要根据各种物品的市场供求情况及本企业生产经营对该种物品的需求情况(或特点)来确定，一般来说，有以下几种情况：

(一) 均衡需用和均衡发放的物品

对这种物品通常用平均1日需要量乘以储备天数来确定。其计算公式为：

某种物品的计划期末储备量＝平均1日需要量×储备天数

在此计算公式中，关键是储备天数如何来确定。一般来说，如果该种物品市场资源很充裕，企业什么时候需用，到时去市场即能买到，那么，储备天数可以定得少一些。反之，如果该种物品市场资源，企业在需要用的时候，到市场去购买不一定能买到，那么，储备天数要定得多一些。

(二) 下一计划期初集中发放的物品

对这些物品要根据本企业对该种物品需用的时间、供货单位的供货情况来确定。例如，某一生产企业，它在计划期内生产多种产品，且某些产品的投产，往往在计划期内集中投产1次或2次。因此，某些物品的需用也集中在1次或2次。如果其中1次在下一个计划期初发生，那么该种物品的计划期末储备量至少要满足下一个计划期初一次投产所需用的数量。如果它需用时间不在下一个计划期初，而且供货单位又能在企业需用时保证供应，则计划期末储备量可以少留或不留。如果供货单位的生产能力有限，不能在企业需用时保证供应，则应考虑供货单位的供货能力，确定适当计划期末物品储备量。

（三）供货单位季节性供货的物品

供货单位季节性供货的物品是指某些物品由于受季节的影响，供货单位只能在某个季节生产和供货，而本企业对该种物品的需用却是常年需用时，就形成了本企业在供货企业的供货季节里，逐渐进货储存，达到一定数量后停止进货，以后陆续耗用。在这种情况下，要根据企业计划期末的时间与供货单位实际供货季节来确定。

三、计划期初物品库存量

计划期初物品库存量是指计划期开始第一天的库存物品数量，也是报告期末的物品储备量。因此，它可根据报告期的有关资料来进行计算。其计算公式为：

计划期初物品库存量＝编制计划一定时点的实际库存量＋预计期的进货量－预计期的发货量

在上列公式中，编制计划一定时点的实际库存量是指在编制计划时必须规定一个时点盘点本企业该种物品的实际库存量，既要包括本企业供应部门仓库内的库存量，也要包括本企业下属单位的库存量。预计期是指从规定盘点的那个时点起，到报告期末为止的这段时间。预计期进货量是指在这段时间还要进货的数量，它包括货款已付，但尚未验收入库的物品数量；还包括已订合同，在这段时间还要交货的数量。预计期的发放量是指在这段时间内本企业生产经营所需消耗或发放该种物品的数量。

由于编制物品供应计划一般是在计划期开始之前的一段时间进行的，所以，无论是计划期末储备量还是计划期初库存量都是一个预计的物品数量。为了使这两个预计值尽量与实际情况相符，计划中必须对这两个指标进行认真计算。

四、计划期物品采购总量

计划期物品采购总量是指企业在计划期为完成生产经营任务所需采购物品的数量。其计算公式为：

计划期某种物品的采购总量＝计划期某种物品需要量＋计划期末物品储备量－计划期初物品库存量

该计算公式实质上反映了企业在计划期为完成生产经营任务时的资源和需求之间的平衡关系。需求方面包括：计划期某种物品需要量和计划期末物品储备量；资源方面包括：计划期初物品库存量和计划期某种物品的采购总量。

第四节　物料需求计划

“物料需求计划”，是从英文“Material Requirements Planning”翻译而来，其英文缩写为 MRP。MRP 是 MRPⅡ（制造资源计划）以及 ERP（企业资源计划）的重要组成部分。通过输入主生产计划、库存信息以及产品信息，MRP 运用其逻辑，生成采购计划与加工计划。MRP 对于制订采购计划有着重要意义。

一、MRP 的重要意义

(一) MRP 与传统采购计划的区别

MRP 与传统采购及库存量管理的主要区别有三个方面：一是按产品结构将所有物料的需求联系起来；二是将物料需求区分为独立需求和相关需求；三是对物料的库存状态数据引入了时间分段的概念。

在传统的采购与库存量管理方法中，各项物料采购量的确定是彼此孤立的，不考虑它们之间的联系，因此容易造成物料的库存积压或物料的短缺现象。在 MRP 中，各种物料的采购量是通过产品结构联系起来考虑的，考虑到各种物料需求之间的相互匹配关系，使各种物料的库存在数量和时间上均趋于合理。

在传统的采购与库存量管理方法中，一般将需求分为生产需要、维修需要、技改需要、科研需要、基建需要等项，这是将需求按使用方向进行区分的。在 MRP 中，物料的需求不是按使用方向区分，它是将产品中的各种物料分为独立需求和相关需求两种。这里所指的独立需求，是指需求变化独立于人们主观控制能力之外，因而其数量与出现的概率是随机的、不确定的、模糊的。这里所指的相关需求，是指它的需求数量和需求时间与其他的变量之间存在一定的相互关系，可以通过一定的数学关系推算而得出，而不是预测的。举个简单的例子来说明独立需求和相关需求之间的区别。例如，一辆小轿车有 4 个车轮，车轮的需求属于相关需求，车轮的需求量可以通过生产小轿车的数量推算而得。如果某一汽车制造厂一年生产 50 万辆小轿车，该汽车制造厂一年共需求 200 万个车轮。而小轿车的需求属于独立需求，小轿车的需求量来自该厂的外部，包括销售合同、市场预测和其他需求。它的需求量是随机的、不确定的。

对于一个相对独立的企业来讲，其产品是独立需求，而生产过程中的在制品及原材料是相关需求。如前面举的小轿车和车轮的例子，小轿车是独立需求，车轮是相关需求。那么，是不是所有的车轮都是相关需求呢？其实不是，因为车轮有些用于生产小轿车配套设施，还有一些用于汽车维修。用于汽车维修的车轮不属于相关需求，而属于独立需求。因为它的需求量变化是独立于人们的主观控制能力之外的，其数量与出现的概率是随机的、不确定的。

在传统的采购和库存量管理方法中，仓库的材料账上只记录某年某月某日进多少或出多少，以及结存多少。当计划员在做采购计划时，先要看一下当时的库存量是多少，是否能满足计划期的需求，如果能满足需求，就可以不用采购了，如果不能满足需求，根据计划期的需求量和现有库存量提出适当的采购量，以补充库存和满足计划期的需求量。在这里采购计划是凭计划员的经验来做的。在 MRP 中，把产品所需的各种物料分为独立需求和相关需求，并分别加以处理。独立需求的物料在主生产计划中考虑，相关需求的物料需求量和需求时间，由 MRP 系统决定。在 MRP 系统中，对物料的库存状态数据引入了时间分段的概念，也就是说，在 MRP 系统的库存状态数据记录中，可以清楚地看出在什么时间有多少库存量，在什么时间库存量为零或负数。计划员可以知道在什么时间要进货，进多少货就能满足需求。这样就能做到既保证生产的需求，又不产生多余积压的物料。

（二）MRP 的基本思想是围绕物料转化组织制造资源，实现按需准时生产

企业的生产过程是将原材料转化为产品的过程，对于加工装配式生产来讲，如果确定了产品销售量和顾客需要的时间，就可以确定产品出厂的数量和出厂的时间，接下来可按产品的结构，确定产品的所有零件和部件的数量，并可以按各种零件和部件的生产周期，反推出它们的投入和产出的时间。物料在转化的过程中，需要各种制造资源，如机器设备、人和资金等，有了各种物料的投入和产出的时间和数量，就可以确定所需各种制造资源的需要数量和需要时间，这样就可以围绕物料的转化过程来组织制造资源，实现按顾客需要准时生产。按照 MRP 的基本思想，企业从销售产品到原材料采购，从自制零部件的加工到外协零部件的供应，从工具和工艺装备的准备到机器设备的维修，从人员的安排到资金的筹措和运用，都要围绕 MRP 的基本思想进行，从而形成了一套新的方法体系，它涉及企业的各个部门，每一项活动。因此，MRP 是一种新的生产方式。

（三）MRP 是电子计算机应用于生产管理的结果

MRP 产生于 20 世纪 60 年代，当时的计算机技术处于第二代（晶体管），初期的 MRP 将产品计划转化为零部件生产加工计划和订购计划，它计算出为完成生产计划的要求，应生产哪些零部件？生产量是多少？什么时间下达零部件生产任务？应采购哪些原材料？采购量是多少？什么时间下达采购计划？采购的物料什么时间到货等问题。初期的 MRP 能根据有关数据计算出相关物料需求的准确时间和数量，对制造业的生产管理有重要意义。

MRP 是按反工艺顺序来确定零部件、毛坯直到原材料的需要数量和时间，这种想法并不新颖，一般管理人员都能想到。过去，用手工作业方法编制采购计划时，一台产品往往由成千上万种零部件构成，在短时间里是不可能完成如此众多的零件、部件、毛坯、原材料等的需要数量和需要时间准确确定的，只有在计算机的帮助下才能完成。

二、MRP 的前提条件和基本假设

（一）MRP 的前提条件

MRP 系统的运行有三个前提条件，即主生产计划、物料清单和库存记录。

MRP 系统的第一个前提条件是要有一个主生产计划。主生产计划是驱动 MRP 的一整套计划数据，它反映出企业打算生产什么？什么时间生产？生产多少？主生产计划必须考虑销售合同、市场预测、原先未完成的订单、可用物料的数量、现有的生产能力、管理方针和企业目标等。主生产计划只考虑最终项目，这里所讲的最终项目，可能是产品，也可能是处于产品结构中最高层次的装配件，这些装配件可根据总装计划装配成不同的产品。主生产计划考虑的时间范围，即计划期长度通常为 3～18 个月。主生产计划的形式通常用一个按时区列出各最终项目产出的矩阵表示，如表 4－3 所示。

表 4-3　主生产计划的形式

产品代码	时间（周）											
	1	2	3	4	5	6	7	8	9	10	11	12
10000	100	120	120	120	120	120	120	120	120	120	120	120
20000	140	150	150	150	150	150	150	150	150	150	150	150
周小计	240	270	270	270	270	270	270	270	270	270	270	270

MRP系统的第二个前提条件是必须有一个通过物料代码表示的物料清单（Bill of Material，BOM）。物料清单是一种产品结构文件，它不仅罗列出某一产品的所有构成项目，同时也要反映出这些项目之间的结构关系，即从原材料到零件、部件，直到最终产品的层次隶属关系。用常见的电子挂钟为例来加以说明，电子挂钟由机芯、钟盘、钟框和电池组成，其中钟盘由长针、短针、秒针和盘面组成；盘面又由盘体和印有数字的字膜组成等，逐层分解，一直到底层的所有原材料和外购件。还要说明每项物料的计量单位、所需数量、外购或自制等，如表 4-4 所示。

表 4-4　物料清单

层次	物料号	物料名称	计量单位	数量	类型
1	11000000	机芯	件	1	B
1	12000000	钟盘	件	1	M
2	12100000	长针	件	1	M
3	12110000	铝材	g	8	B
2	12200000	短针	件	1	M
3	12110000	铝材	g	6	B
2	12300000	秒针	件	1	M
3	12110000	铝材	g	3	B
2	12400000	盘面	件	1	M
3	12410000	盘体	件	1	M
4	12411000	塑料 A	g	2	B
3	12420000	字膜	件	200	M
4	12421000	薄膜	g	0.5	B
1	13000000	钟框	件	1	M
2	13100000	塑料 B	g	120	B
1	14000000	电池	件	1	B

注：表中的 B 表示外购件，M 表示自制件。

MRP 系统的第三个前提条件是要有完整的库存记录。也就是说，在 MRP 系统控制下的所有物料都要有相应的、分时段的库存记录。

（二）MRP 的基本假设

实施 MRP 系统，除了满足上面 3 个前提条件外，还要满足以下 5 个假设条件。

第一个假设条件是必须保证物料清单和库存记录文件的数据正确无误。因为，输入计算机的数据不正确，那么，通过计算机运行的计算结果也是不正确的，这种结果对管理一点用也没有。

第二个假设条件是所有物料的订购和加工提前期是已知的，至少是可以估算的。在一般情况下，编制计划时每项物料的提前期，都应该是一个固定的数值。虽然提前期的数值可以变更，如生产技术的改进使加工提前期缩短了，或者因供应商的变更使订购提前期加长或缩短了。但是，绝对不允许一项物料的提前期，同时具有一个以上的数值。因为 MRP 系统无法处理提前期未定的物料。

第三个假设条件是所有物料都要经过库存登记，即每项物料都要有入库和出库登记。这样，生产过程的每个阶段实质上是通过库存信息来监控的。

第四个假设条件是在计算物料需求时间的时候，假定用于构成某个“父项”的所有“子项”都必须在下达“父项”的订货时到齐。因此，“子项”的需求均在“父项”订货下达时发生。如电子挂钟由机芯、钟盘、钟框和电池构成，那么，电子挂钟为“父项”，机芯、钟盘、钟框和电池为“子项”。顾客若要求在第 6 周期供应 100 台电子挂钟，企业同意在第 6 周期供货，并与顾客签订了合同。电子挂钟的生产任务下达时，机芯、钟盘、钟框和电池的需求才发生；如果电子挂钟的生产提前期是 2 个周期，那么，机芯、钟盘、钟框和电池必须在第 4 周期都到齐，以满足装配电子挂钟的需要。

第五个假设条件是假定每项物料的消耗都是间断的。例如，某“父项”由 10 个“子项”构成，那么在 MRP 系统进行计算时，就恰好分配出 10 个，并假设它们一次性消耗掉。

三、MRP 的逻辑流程图和一般工作程序

（一）MRP 的逻辑流程图

MRP 逻辑流程图如图 4－2 所示。从 MRP 逻辑流程图 4－2 中可以看出，它和其他管理信息系统一样，都有输入、处理和输出三个过程。MRP 的输入信息有主生产计划、产品信息和库存信息。主生产计划根据销售合同、市场预测和其他需求等来确定。产品信息是指前面介绍的物料清单，它是计算机可以识别的产品结构数据文件，也是 MRP 的主导文件。库存信息是指前面介绍过的库存记录，它表示物料的可用量。物料可用量不同于手工管理的库存台账，它是一种动态信息。主生产计划、产品信息和库存信息是 MRP 的三项基本输入数据，它们都是过去手工计划管理中没有用到的新概念。过去，没有主生产计划，只有年度生产计划、生产作业计划等；没有物料清单，只有物资消耗定额；在库存记录中，过去只记录某一时点的库存量，而 MRP 系统的库存记录是加上时间坐标的，也就是说所有库存状态数据都是与具体的时间联系起来的。

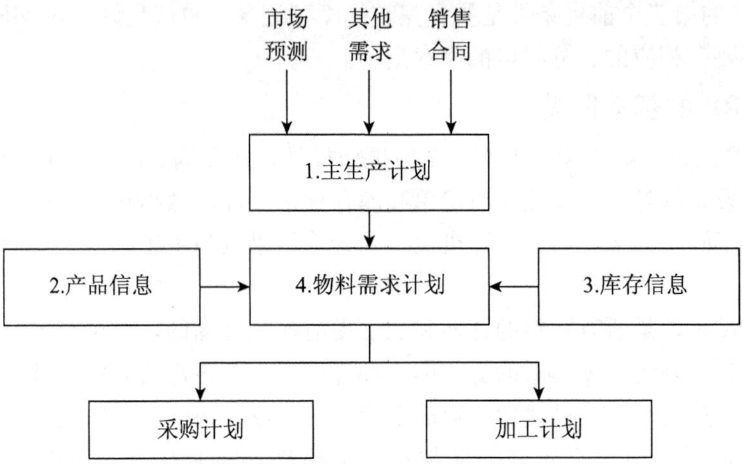

图 4-2　MRP 逻辑流程

MRP 的数据处理和运算方法回答了三个问题：需要什么？需要多少？什么时间需要？也就是回答了物料需求的时间和数量的问题。

MRP 的输出信息有采购计划和加工计划。

（二）MRP 的一般工作程序

举一个结构简单的产品例子来说明 MRP 的一般工作程序。假如，有一种 A 产品，它的产品结构如图 4-3 所示。A 表示本企业生产的产品，B、C 表示本企业加工生产的零部件，D、E 表示外购件。

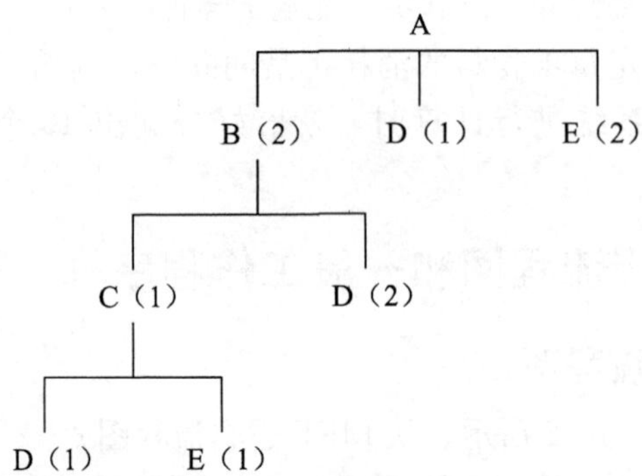

图 4-3　A 产品结构

顾客要求本企业在第 6 周期供应 100 台 A 产品，第 10 周期供应 200 台 A 产品。

本企业当前的产品和零部件的库存量，以及订购和加工提前期，如表 4-5 所示。

表 4-5　　各种产品库存及生产订购提前期

产品或零部件	A	B	C	D	E
库存量	30	180	110	200	300
订购或加工提前期	2	1	1	1	1

现在，要计算出在什么时间将外购件 D 和 E 采购进来，采购多少 D 和 E 才能满足加工生产的需要，然后，既满足顾客要求的在第 6 周期供应 100 台 A 产品，第 10 周期供应 200 台 A 产品的需要，又能使产品 A 和零部件 B 和 C，以及外购件 D 和 E 的库存为零。MRP 系统具体的运算过程，如表 4－5 所示。

从图 4－3 中可以看出，产品 A 由 2 个 B、1 个 D、2 个 E 组成；本企业加工生产的零部件 B 由 1 个 C、2 个 D 组成；本企业加工生产的 C 由 1 个 D、1 个 E 组成。

从表 4－5 中可以知道，产品 A 当前的库存量是 30 台，加工生产提前期是 2 个周期；零部件 B 和 C 当前的库存量分别为 180 件和 110 件，加工生产提前期为 1 个周期；外购件 D 和 E 当前的库存量分别为 200 件和 300 件，订购提前期为 1 个周期。

从表 4－6 中可以看出，在产品 A 的一行中包括需要量、库存量、收到量、加工生产量四个项目，其中第 6 周期需要量为 100，第 10 周期需要量为 200，表示企业在第 6 周期必须要完成 100 台 A 产品、第 10 周期必须要完成 200 台 A 产品来满足顾客的需要。库存量在第 1～5 周期为 30，第 6 周期的库存量为 0，因为到第 6 周期的时候，原先的 30 台库存 A 产品可以用来满足第 6 周期需要 100 台 A 产品的一部分，所以，这时的库存就为 0；库存量用完后，第 7～10 周期的库存量均为 0。收到量表示在某一个周期必须收到的产品（或零部件、外购件）数量，在第 6 周期的收到量为 70，第 10 周期的收到量为 200。因为第 6 周期有库存量 30，加上收到量 70，一共 100 台 A 产品，正好满足顾客的需要，第 10 周期收到 200 正好能满足顾客的需要。生产量在第 4 周期为 70，因为在表 4－3 中，已经知道生产产品 A 的提前期是 2 个周期，所以，要想在第 6 周期收到 70 台产品 A，必须在第 4 周期开始加工生产 A 产品，否则将无法满足顾客的需要，同样，在第 8 周期显示的生产量为 200，即在第 8 周期开始加工生产 A 产品。在零部件 B 一行中，也有需要量、库存量、收到量、加工生产量四个项目，在第 4 周期的需要量为 140，这是因为在产品 A 的结构图中显示，1 个 A 是由 2 个 B、1 个 D、2 个 E 组成，第 4 周期产品 A 的加工生产量是 70，就需要 140 个 B 来保证，同样，第 8 周期产品 A 的加工生产量是 200，就需要 400 个 B 来保证；库存量第 1～3 周期均为 180，到第 4 周期满足了 140 的需要量后，还剩余 40，所以第 4 周期的库存量为 40，一直到第 7 周期均为 40，到第 8 周期库存量为 0，因为原有的 40 要满足第 8 周期需要量的一部分，此时的库存量为 0，一直到第 10 周期均为 0；收到量在第 8 周期为 360，因为在此时收到 360，加上原有库存量 40，一共 400 正好满足需要量；生产量在第 7 周期为 360，因为零部件 B 的加工提前期为 1 个周期。零部件 C、外购件 D 和 E 的运算与产品 A 和零部件 B 基本相同，在此就不一一加以说明了。

表 4－6　　MRP 系统运算　　单位：件

产品或零部件	项目＼周期	1	2	3	4	5	6	7	8	9	10
A	需要量						100				200
	库存量	30	30	30	30	30	0	0	0	0	0
	收到量						70				200
	加工生产量				70				200		

续 表

产品或零部件	项目 \ 周期	1	2	3	4	5	6	7	8	9	10
B	需要量				140				400		
	库存量	180	180	180	40	40	40	40	0	0	0
	收到量								360		
	加工生产量							360			
C	需要量							360			
	库存量	110	110	110	110	110	110	0	0	0	0
	收到量							250			
	加工生产量						250				
D	需要量				70		250	720	200		
	库存量	200	200	200	130	130	0	0	0	0	0
	收到量						120				
	订购量					120	720	200			
E	需要量				140		250		400		
	库存量	300	300	300	160	160	0	0	0	0	0
	收到量						90		400		
	订购量					90		400			

从表 4-6 中可以看出，外购件 D 在第 5、6、7 周期分别订购 120 件、720 件、200 件；外购件 E 在第 5、7 周期分别购买 90 件、400 件，既可满足加工生产的需要，又能使产品和零部件的库存为零。

四、小结

MRP 是一种以顾客为中心的新生产方式，它与传统的生产方式不同。因此，MRP 环境下的采购管理与传统的采购管理也不相同。因为采购与库存控制是紧密相连的两个环节，在本章中将 MRP 和传统的采购与库存量管理相互比较，阐述了 MRP 环境下采购管理的特点：首先，MRP 是按产品结构将所有物料的需求联系起来考虑；其次，MRP 是将企业中的需求分为独立需求和相关需求；最后，MRP 对物料的库存状态数据引入了时间分段的概念。

MRP 系统能实现按顾客需求准时化生产，按顾客需求将产品按其结构逐步分解，通过计算机运算，很快地编制出生产加工计划和采购计划。随着社会生产力的发展和科学技术的进步，MRP 系统的信息集成逐渐扩大，不仅把企业内部的生产、财务、销售、采购、工程技术等子系统结合在一起，而且向供应链管理（SCM）扩展。

要实现 MRP 环境下的采购管理，必须要改变传统的采购观念，树立新的采购观念，即采购已从为补充库存而采购转变为为订单而采购；从单纯地保证生产需要转变为参与生产和保证生产；采购作业要更加强调制度化和程序化；采购计划的编制采用滚动计划；同供应商的关系，从单纯的买卖关系转变为长期合作的关系；从供需双方各自管理转变为供需双方共同管理等。对具体的采购作业活动来讲，有些环节要根据 MRP 系统的要求做出相应地调整。

第五节　采购预算

一、采购预算概要

企业大多都要编制正式或非正式的预算。预算是以财务术语表示的计划，用于安排和控制企业的运作。典型的预算以一年为期限，实际支出通常是以月度预算监控。要确认各种负面变化（如成本超过计划），一旦出现这种情况，管理部门将采取行动，将这一变化减少到最低限度。如果这种变化是必需的，那么就要修订预算以响应新的环境。

在大多数企业中，产品和服务的采购开支在总成本中占有相当大的比例（制造企业中采购成本占总成本的比重平均大于 60%）。采购供应部门在不超出预算的情况下满足采购需求的能力，对企业成本、关键利润目标以及竞争力都有相当大的影响。由于这一原因，在考虑采购产品和服务预算时，采购供应部门的介入是非常重要的。设法满足一个你根本没机会去施加影响的不切实际的预算，是一件非常糟糕的事情。

公司的预算通常是在各职能部门需求预算的基础上起草的。我们规划这些需求预算，是为了支持相应的职能工作计划。要考虑为此目的所需要的资源，包括人员、办公设施、设备、供给品等。对产品和服务的采购成本也要进行预算。因此，有效的各职能预算显然是采购供应规划所需的信息资源。然而，公司预算不可能包含所需的所有信息。所以，需要在采购供应和其他各职能之间进行大量的讨论。

预算信息并不总是精确的。由于预算是在着手计划活动之前就准备好了的，因此很可能仅仅是估计的。例如，如果一个组织出现了意想不到的销量增长，那么为支持生产而购买的投入品的成本也将高于预算。对于诸如新建筑物或计算机系统等资本项目的预算也是建立在初步估计基础上的。在项目完成之前，我们无法得知最终成本的所有细节。

一项预算被拟定得越精确越好。采购供应部门应促使其他职能部门为其提供有关外部开支项目的尽可能详细的资料，因为这将有助于其更好地理解公司的整体需求。与此同时，采购供应部门也要帮助其他职能部门规划它们的外购需求并估算其成本，这样可使预算尽可能地切实可行且行之有效。

随着时间的推移，采购人员应积极主动地与不同的职能部门定期沟通，了解它们的计划和预算是否仍然准确或已发生了变化。

根据企业财务管理需要，每一项部门的预算都应分别列支业务性和资本性支出。业务性预算表示正常的商业运转所需的费用，而资本性预算则表示对新资产的投资。

二、业务性需求的预算

业务性需求是保持组织日常运转所需要的产品，如生产线上的零部件、维修性供给或办公用品，这些产品一般会在一年内被使用或消耗掉。

采购供应部门通过提供有关费用的历史统计资料，可以帮助职能部门规划其未来的需求。一份报告所显示的上一年度对某一特定功能所采购的产品以及这些产品的成本将有助于该职能部门在更具体的层次上编制计划。

通常而言，采购预算通常由采购计划（即采购的数量）和采购品项单价两个因素决定。采购计划可能通过前几节的方法来确定。关于采购品项单价，采购供应部门可以通过其对供应市场状况的了解以及与供应商的联系来确定，通常有以下几种选择。

（一）利用当前价格

该方法适用于低价值产品，且价格是稳定的或是协议价格。

（二）调整当前价格

该方法适用于购买者具有对供应市场价格走势进行预测的专门知识，或需要量的变化将对价格产生影响的情况。

（三）从供应商处得到预算价格

该方法适用于预算和实际价格之间的任何变化都将对公司的成本产生重大影响的较高价值的产品。

（四）谈判价格

如果我们确切了解使用量水平，如公司已经签订了一项销售固定数量产品的合同，那么采购供应部门便可以同供应商就相关的投入品和材料的价格进行谈判。实际的价格将被用于相关的预算。

三、资本性需求的预算

（一）资本性需求预算基础

资本性需求是组织日常运转中不被消耗掉的固定资产，其使用寿命大于一年。例如影印机、运货车辆、机器设备和建筑物等。

成本预算是资本项目流程的组成部分。只有所涉及的成本被确认是合理的，一项大的费用开支才会被批准。正是由于这一原因，采购供应职能应确保自己是项目团队的初期成员。除非企业在评估相似的项目成本方面有相当丰富的经验，否则采购人员应到供应市场去确认可能的成本。

具有许多年寿命周期的典型的资本项目，除了采购价格之外，还需承担与此相关的其他大量成本。如一座建筑物需要照明电，需要维护和清洁。

对于一项既定的资本性需求，需要在低采购价格但支付昂贵运行成本的产品与高采购价格低运行成本产品两者之间进行选择，在这两个极端情况之间可能还有多种选择。企业所做出的抉择将影响其资本性预算，也会影响随之而来的业务性预算。

（二）寿命周期成本

从企业长期利益出发，在规划资本性项目采购时所引出的问题是“寿命周期成本是什么?”“寿命周期成本”公式如下，其方法如图 4－4 所示。

寿命周期成本＝获取成本＋所有权成本

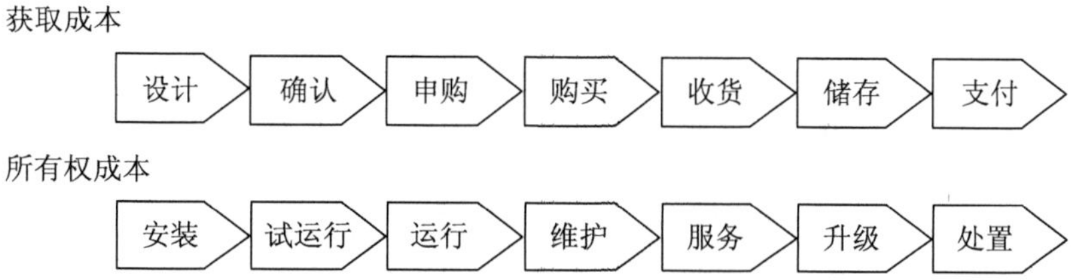

图 4-4　寿命周期成本法

最佳的长期性方法就是最小化寿命周期成本。然而，在出现短期财务压力支持最低采购价格之时，最小化寿命周期成本的方法或许是不可行的，即为达到最低寿命周期成本而选择较高的采购价格需要额外的资金时，这种选择是不可行的。

寿命周期成本也称为所有权总成本。企业应该追求基于所有权总成本的绩效改善。有的企业为了追求成本的降低，往往片面地追求价格的降低，这将导致得不偿失的后果。产品价格降低，导致产品质量下降，供应商交货意愿不强从而交货延误以及后续维持成本高企等问题。所以，企业采购成本的下降，应基于所有权总成本的视角，这样才真正地对企业绩效改善有所助益。

（三）资本品采购对业务性支出预算的影响

正如我们在前面所看到的，由于存在着与资本品采购相关的运行费用，这将影响一项或多项业务性支出的预算。例如，一台大型电机的采购在今后的 20 年里每年将需要几千美元的电费（即运行费用）。运行费用一般列入适当的业务性支出预算中。

预算和计划的目的是作为控制的手段。对于已有的采购需求信息，采购供应部门应利用预算对其活动进行不间断的监督与控制。采购人员应定期与内部客户保持联系，以明确需求信息是否已经改变。对变化了解得越早，在不产生负面影响的前提下进行调整以适应变化的机会越大。这也是采购人员为什么必须与用户进行早期交往，而不是等到这一变化被告知时才行动的原因。

思考讨论题

1. 企业采购满足需求偏差图中各个区域表示什么含义?
2. 需求管理对企业有什么贡献?
3. 采购部门在明确需求时的重要贡献是什么?
4. 明确需求的基本方法有哪些，各适用什么情况?
5. 明确需求的战略杠杆是什么?
6. 供应计划指标体系包括哪些内容? 各指标之间存在着一种什么样的关系?
7. 应用 MRP 系统需要掌握哪些基础资料?
8. MRP 的基本运算逻辑是什么?
9. 采购预算应如何制订?
10. 什么是寿命周期成本?

本章案例

集团模式采购计划管理系统新论

采购计划系统的应用使采购计划的制订更加科学简单，既提高了企业管理水平，又减少了库存积压，降低了资金占用，对于保证生产正常进行具有非常重要的意义。

一、集团模式采购计划管理情况介绍

山东某集团由四个子公司组成，公司经营产品类似，整个集团的采购额度每年有 2 亿元左右。集团成立采购部以后，一直进行比质比价管理，采购流程十分规范。由于集团成立时间短，特别是采购的大宗物资可以进行集中采购，所以集团决定对采购工作进行统一管理。但四个子公司分布比较分散，采购计划的提报十分麻烦，另外采购计划的控制也不好执行。由于采购额度巨大，控制不好会造成很大的经济损失，集团决定和艾思维软件合作，利用信息技术改进采购计划的管理工作。

首先对集团采购工作流程进行了分析调整，对采购物资进行了分类。根据企业的实际情况把采购物资划分为以下三种情况。

第一种情况是主要原料，根据合理化库存进行采购，各公司不用提报采购计划，集团采购部制定每种原料在各公司的合理库存，自行采购。这些原料有十多种，但由于生产是连续进行的，所以主要原料的正常供应对于保障生产是很重要的，在资金方面也要优先照顾。

第二种情况是各公司相同的物料需求，由于企业正处于不断发展的阶段，使用 MRPⅡ中对采购计划的要求来进行管理还有一定的难度，公司便制订了适合企业发展的工作流程，如图 4－5 所示。

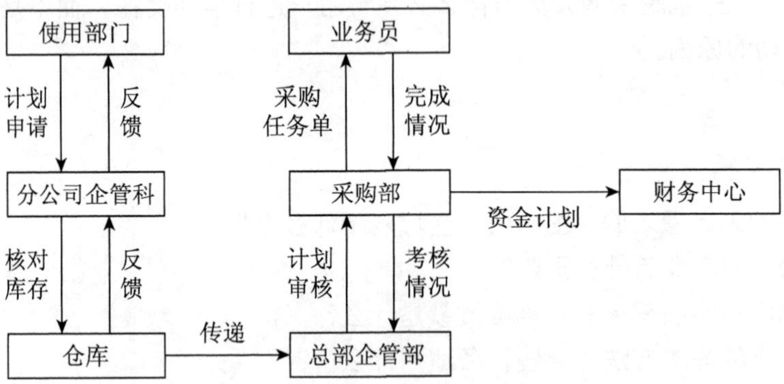

图 4－5　某公司采购计划流程

第三种情况是各公司自己进行零星物资的采购，主要是生产急需物资和非生产性小额物资，但每月要把采购情况形成报表，提供给集团采购部进行抽查，确保采购的质量和采购成本。

第一种情况涉及的材料种类少，但数量大，主要采用 Excel 报表进行传递，分公司仓库管理员及时把每种原料的库存录入报表中，发送到总部。采购部进行汇总，直接下达采购任务单。

第三种情况由分公司自行采购的部分，采购计划的管理由分公司企管科进行汇总，也以 Excel 的形式进行传递。

最麻烦的是第二种情况，包括采购计划的提报、审核、传递、综合平衡、分配、考核等过程，为了使全过程脱离手工操作，促进数据共享和传递，我们自行开发了采购计划管理系统。系统采用 VB（程序设计语言）开发，数据库采用 SQL Server（关系型数据库管理系统），采用 C/S（软件系统体系）结构。

二、集团采购计划管理系统基本流程

采购计划是整个企业供销链系统的重要组成部分。采购计划也是供销链系统的入口，及时准确的采购计划，对降低库存、避免出现物料短缺、保证生产的正常进行具有重要意义。根据公司现行的比质比价管理办法，保证公司的采购质量得以提高，采购成本得以降低，同时给采购计划的制订也提出了一些特殊要求，结合质量认证，整个计划管理工作也更加程序化。

采购计划分为月计划和临时计划，月计划一般在前月的 24 日前提报，先由各部门把采购计划提供给企管部，企管部根据公司的实际情况进行审批，然后汇总提供给分公司仓库，仓库管理人员将现有库存情况进行统计整理，录入计算机。有的分公司有库存管理系统，可以结合起来使用。

在计划的录入过程中，系统根据公司名称和时间自动生成计划编号和序号，不用人工录入。公司对常用物品进行了代码化，在输入采购物品名称时，只要敲上几个字母就可以自动生成汉字的物品名称，省去了录入汉字的烦琐。每一种物品都有一个助记码，可以自己根据情况定义。临时计划的提报步骤与月计划的提报相同，如果有大型的设备需要提报计划的话，需要专门的提报单。

计划经过审核无误后，就可以发送了，计划的发送主要是把计划传送到企管部，只需按一下“发送”按钮，然后就可以把数据库文件复制到服务器上了，无须发传真、打电话，准确快捷。数据首先进行压缩然后自动复制，数据库文件以分公司的名字命名。

企管部对收到的采购计划进行审核，选择分公司后，所有未审核的计划全部列出，审核的目的是根据集团目前的资金情况和各公司的物资库存情况进行综合平衡。如果能够进行调剂的就不把计划下发到采购部，另外，由于资金或项目建设对一些不需要购买的物资进行控制。对需要购买的物资进行 A、B、C 分类（主要依据物资对生产的重要程度和紧急程度），方便对采购部门的考核。在这个过程中，企管部可以进行更改计划，但修改后的计划必须反馈给分公司。

采购计划传递到采购部后，采购计划就生效了，同时财务中心可以看到采购计划的分布情况。采购资金的汇总情况可以自动生成，报表主要按分公司、按物资 ABC 分类进行汇总，这样财务中心对采购资金的整体情况就能了如指掌了。

采购部对接收到的采购计划进行分配，把计划落实到每一个业务员，在操作过程中比较简单，因为计划在录入过程中包含了物资的种类，这样在分配计划时可以按物资种类进行排序，例如把五金类的交付给业务员甲，办公类的交付给业务员乙。

采购完成以后，在物资入库时根据采购计划编号和序号进行登记，详细记录入库日期，以便对供应采购计划的完成情况进行统计。然后，采购部根据采购计划的完成情况对业务员进行考核，企管部根据采购物资的使用情况对分公司进行考核。

采购计划系统的应用使采购计划的制订更加科学简单，提高了企业管理水平，减少库存积压，降低资金占用，对于保证生产正常进行具有非常重要的意义。

三、集团模式采购计划管理系统的特点

采购计划管理系统经过试运行，现在已推广到四个分公司。系统在应用过程中通过对应用情况的了解，可以看出整个系统具有以下几种特点。

(1) 适合刚刚成立集团企业的单位，要求对采购进行集中管理，特别是产品类似、采购业务类似的集团企业。

(2) 系统录入简便，具有提示功能。为了适应同种物资、不同规格的采购计划的录入，系统可以一次添加几行相同的记录，然后修改其规格。录入提报的计划一般按照需用部门进行录入，只要录入一次需用部门就可以利用系统的“拖曳”功能把所有的需用部门自动填上。

(3) 考虑了操作中的失误和各级部门的权限。计划录入完成以后，可能有错误，并且仓库管理员根据目前的库存情况应当修改一些物资的采购数量，录入人员可以对部门提报的计划进行修改。分管经理也可以对提报的计划进行一次修改，保证采购数量既满足需求，又不造成过剩积压。

(4) 方便了计划的传输。通过建立的网络可以把分公司审核后的计划发送到总部企管部进行类别划分，整个传输过程只需要两分钟，不再需要专人上报。

(5) 计划的类别划分和采购任务的分配简便，只需输入 A、B、C 进行拖曳（和在 Excel 中的操作类似），在计算机中进行划分比手工划分更快更方便。采购计划到达采购部后，应把采购计划变为采购任务单下发到各业务员，系统按物资类别调入没有分配的采购计划，操作员根据业务员的分工，确定每一项采购任务由哪个业务员来完成，最后按业务员打印出采购任务单。

(6) 查询方便，责任明确。采购计划发送以后，计划提报人或部门经理都不能修改了，只能查询。查询可以根据需用部门、提报日期进行查询、打印。查询还可以考核提报单位提报的物资数量和规格是否准确可靠。

(7) 统计分析功能强大。系统可以自动汇总各部门提报计划的所需资金，传送到财务中心。月底系统可以对采购计划整体情况和采购任务完成情况进行考核汇总。

四、集团模式采购计划管理系统的应用经验

采购计划管理系统是一种信息系统，要求数据的准确性。规范化是准确性的前提，没有规范就谈不上准确。数据的及时性、准确性和完整性是计算机管理系统的基本要求。这里，“及时”是指必须在规定的时间进行和完成数据的采集和处理，“准确”就是必须去伪存真、符合实际，“完整”是指要满足系统对数据项规定的要求，没有疏忽遗漏。软件的功能再强，也难以分辨数据的真伪，最多只能做些逻辑判断，如日期的先后、字段或数字的位数、是否大于或小于某个值等。在系统开发过程中，采取了必要的措施，保证各项数据的准确与完整。

为了保证数据的准确，公司多次强调要认真操作，不能马虎，特别是注重核对工作。

大家在录入时可能出现错误，系统给予修改的机会，但实际操作过程还是出现了大量的不该出现的错误。所以在系统的推广过程中对于细心操作强调的是最多的，也是最重要的。

计算机在企业所发挥的作用是长期的、潜移默化的，不像一些产品马上能创造效益。可公司实施采购计划系统以后，大家体会到了它带来的方便，也体会到它带来的烦恼，例如系统出现故障时无所适从。甚至有人产生了抵触情绪，使系统的推广工作受到了影响。公司通过及时修改系统满足使用者的要求，努力征求部门负责人的支持，从而使系统得到了大家的认可。

采购计划系统是库存管理的继续，是采购管理的前提，应用好对于其他系统都是一个促进。采购计划管理系统的实施，使工作效率得以大大提高，特别是利用计算机网络传输，在上报时录入一次就可以，避免了重复书写和复印。企业可以利用更多的时间进行分析和预测，而不是把大量的时间用在计划的抄写和审核上。以前在采购计划的传输过程中经常出现错误，经常打电话联系核对。现在采用了计算机管理，避免了错误的出现，减少了大量的费用。利用系统来统计分析，例如统计各分公司计划提报的项目、分类明细、资金统计，分析临时计划的比例和项目，控制了临时计划的数量，促进了采购工作的进行。另外，利用计算机进行采购计划的管理，工作流程更明确了，各部门的责任也更明确了，出现问题易于查找分析。

总之采购计划系统的应用使采购计划的制订更加科学简单，提高了企业管理水平，减少库存积压，降低资金占用，对于保证生产正常进行具有非常重要的意义。

资料来源：http：//e.chinabyte.com/256/2068756.shtml；天极网；作者：石运伟.

中原油田压力表采购案例研究

一、案例背景

压力表广泛应用于油田采油、钻井、炼化方面油气水的压力测量，是前线工作者普遍使用的一种计量器具。中原油田每年对压力表的需求量在2万元左右，采购金额约200万元。

中原油田地下压力大、震动大等复杂的使用环境对压力表的材质和工艺提出了较高要求，而中原油田由3家油田内部改制企业供应商生产供应的压力表，包括普通压力表、耐震压力表、耐震电接点压力表、减压器等却“不堪重负”，使用中，压力表频繁出现质量不稳定、易损坏、使用寿命短、返修率较高的问题。小小压力表一度成了中原油田的烦恼。压力表“不给力”，一方面是由于供应商之间争夺市场竞争激烈，打起价格战；另一方面是由于近年来材料价格“涨声一片”。内外受压导致供应商生产的压力表质量得不到保证。例如，压力表主要由接头、弹簧管、表针等零件组成。为了降低生产成本，本该是使用纯铜材料的弹簧管，变成了不锈铁的；连接压力表到管线上的接头，按国标应该是144g，供应商为了节省成本减少到了七八十克。在近两年物资供应服务征求意见中，使用单位对压力表质量问题反馈较多，主要包括压力表使用寿命较短、计量误差较大、配件易损坏、漏油等。压力表的质量问题给使用部门带来诸多不便。频繁更换压力表，不仅加大了一线工人的工作量，也影响了生产的正常运行。

二、细致调查

中原油田物资供应处组织技术监督处、技术监测中心、使用单位等的相关人员，到采油一厂至六厂现场调查压力表使用情况。经过调研他们发现压力表的问题集中在7个方面：压力表使用寿命短，一块压力表只能用1～3个月；压力表的弹簧管质量不过关、指针不归零、误差大、尺寸不达标；压力表的机芯容易腐蚀，压力不稳定；压力表的接头连接柱过短，不好安装；压力表包装简单，在运输过程中容易受到碰撞；压力表表壳易腐蚀，密封不严，漏油；耐震压力表看不清刻度。针对这些问题，中原油田组织使用单位、质量检验部门、技术部门、生产厂把压力表拆开，研究到底是怎么回事。

经过比对，他们发现，偷工减料、工艺落后是最主要的问题，本该是纯铜的压力表机芯变成了不锈铁的；要求纯铜实心的、10扣以上丝牙、长度不少于35mm的接头变成了空心的、6扣丝牙、长度仅有25mm，铜材还是发乌的；压力表弹簧管等敏感元件质量不过关，弹性不好，不到表复检时间就会出现较大计量误差；注入耐震压力表的硅油质量不达标，硅油变质混浊，看不清表盘刻度；压力表的壳体密封不严，造成压力表漏气等。

三、严格定标准

在以上调查的基础上，2011年1月，中原油田参照国标，由技术监督处组织，物资供应处、技术监测中心、采油厂等组成技术评审组，对压力表进行了技术评审，结合中原油田自己的情况制定了“中原油田压力表产品技术要求”，详细规定了压力表配件的尺寸及配件的材质等。例如，他们按照油田实际的操作要求，要求供应商的压力表接头重量达到175g。以前的压力表接头非常短，扳手操作很不方便，不小心就容易拧断。压力表接头按要求加大重量以后，压力表接头变长，即使大一号的扳手也能很方便地操作，这样压力表的使用寿命就延长了。供应商必须按照“中原油田压力表产品技术要求”制造产品。同时，中原油田还制定了压力表入库验收检验标准，明确了技术标准、技术参数、检验标准和检验方式。

四、效果分析

经过半年多到一年的尝试之后，中原油田压力表的质量得到了基本控制。2010年普通压力表Y100 0-1.6MPa签约价为28.08元/只，检测费为35元/只。油田在用压力表实际使用寿命平均不到三个月，一个压力检测点一年至少需要4只压力表，使用费用为112.32元；技术监测部门至少需要检测压力表4次，检测费用为140元；仪表工需要安装压力表4次。从供应总成本看，一个压力检测点综合费用为252.32元，而且技术监测部门需检测4次，仪表工需安装4次。2011年整改后的普通压力表Y100 0-1.6MPa将材质、配件进行提升，签约价44.19元/只，检测费为35元/只。最少使用寿命为一年，一个压力检测点一年需要1只压力表，使用费用为44.19元；压力表检测周期为6个月，技术监测部门一年需检测2次，检测费用为70元；仪表工需要安装2次。从供应总成本看，一个压力检测点综合费用为114.19元，而技术监测部门仅检测2次，仪表工安装2次。按照工区一点压力检测点综合成本减少50%左右，基层工人和技术监测部门的工作量减少50%，中原油田采油厂所有的检测点一年可节约综合成本110万元以上，尤其是对高温、高压等特殊环境的检测点，加强了一线生产环境的安全性。

总而言之，供应商的积极性提高了，成本降低了，工人安装次数减少了，技术监测部门检测次数减少了，压力表质量稳定了，工区安全系数提高了，计量更准确了，决策也更正确了。从 2010 年 10 月推广，到 2011 年 9 月，回访中，压力表反映问题的声音慢慢变成了表扬的声音。

资料来源：中原油田压力表采购案例研究 [J]. 石油石化物资采购，2012 (5).

第五章　供应商管理

供应商管理是采购供应管理中的一项重要工作，甚至可以说采购管理就是管供应商。企业能够有多大发展，一个重要要素就是企业与哪些供应商进行合作以及如何进行合作。供应商管理的具体内容包括三个方面，第一，业务交易之前的供应商认证；第二，业务交易之中的业务与关系管理；第三，业务交易之后的供应商绩效管理。

通过本章学习，你将能：

①掌握供应商认证的方法与流程；

②正确处理与供应商的关系；

③能够对供应商的绩效进行考核。

第一节　供应商认证

进行供应商认证对所有企业来说都是一个关键的业务环节，它对于确定哪些供应商最适合完成某特定采购任务是很重要的。如果没有按照需要认真、系统地对供应商进行评价，那么企业所选择的供应商无法圆满完成供应任务的风险就会增加。

尽管并不是所有的企业都进行供应商认证，但随着交易规范性的发展，企业越来越倾向于在交易之前对供应商进行评估。企业当然不希望与一个不了解的供应商进行交易，如果这样做，交易过程中将充满风险。当前，一些优秀企业在交易之前必须对供应商进行认证，如果向一个没有通过认证的供应商下达订单，那是不可想象的事情。由此可见，供应商的认证对企业而言至关重要。

一、供应商认证的意义

供应商认证具有以下意义。

（一）了解供应商生产经营过程，降低交易风险

如果与供应商进行长期合作，企业不仅要考虑所采购的产品与服务，更重要的是要了解供应商在一个什么样的条件下为公司提供产品和服务。供应商良好的管理生产经营过程，是给企业提供优质服务的保障。

（二）制订供应商发展计划的基础

供应商不一定能够满足企业的全部需求，所以有时要结合供应商的具体情况对供应商进行适当的培养、发展，以提高供应商的能力。开发供应商哪些方面的能力以及如何开发，这要结合供应商的认证来进行。

（三）建立供应商绩效评价的基础

在与供应商进行交易的过程中，企业还要不断地对供应商进行绩效考核与评估，对于优秀的供应商给予激励，对于不良的供应商给予淘汰。而供应商的认证为事后的考核建立了基础。

（四）防止交易过程中不道德行为的发生

采购过程中，商业道德是一个敏感的问题。如果交易之前进行供应商认证，将很好地预防这个问题。采购人员通常只能够从认证合格的供应商处采购，这样就降低了不道德交易的可能性。如果供应人员一定要从非认证供应商处采购，那他一定要有充足的理由。另外，经过认证的供应商也不会轻易向采购人员进行贿赂，一旦出现问题，他们将丧失继续向企业供货的资格。

二、供应商认证的方法与流程

（一）供应商认证的方法

对供应商进行认证评估的方法虽然有多种形式，但究其根本，那就是“加权综合评分法”。加权综合评分法是指规定衡量供应商的各个重要标准（如产品质量、价格、服务等），并根据企业的目标设定各项标准的权重，然后根据调研的资料，分别评估各供应商的加权得分，选择得分高者为通过认证的供应商，并进行适当分级，采取不同的交易策略。

（二）供应商认证的流程

1. 成立供应商认证小组

在对供应商进行认证之前，应首先成立供应商认证小组。供应商认证小组应包括不同部门成员，除采购供应部门之外，主要有质量管理、工程、生产以及财务等部门。认证小组成立后应确认对供应商认证采取的形式和认证的指标体系。

2. 确定供应商评审的主要指标

对于不同采购类型的供应商评审的指标也不同，因此应该针对供应商的实际情况和本单位所采购物品的特性，对所要评审的供应商制订具体的评审指标。

3. 识别与筛选供应商

首先要尽可能多地识别供应商，然后设定一定的标准对识别的供应商进行筛选，可以减少工作量，提高工作效率。

4. 供应商的深入调研

对筛选后的供应商要进一步调查，了解供应商的管理机构设置情况，各个部门之间的分工及汇报流程；考察供应商质量控制与管理体系、生产工艺、顾客服务、环境体系等内容。深入调研应根据预先设置的评分体系，进行子系统的评价，以便将来能够评估出相应的分值。

5. 加权评分

供应商评审的最关键的一个环节是对供应商进行综合评分。针对每个评审项目，权衡彼此的重要性，分别给予不同的权数。评审小组决定了供应的评审内容及权数后，可根据供应商反馈的调查表以及实地调查的资料，编制出供应商的资格评分表。

6. 将认证情况反馈给供应商

对供应商进行认证的最终结果应反馈给供应商，让供应商明确自己的不足之处，以便进行改进与提高。

7. 供应商认证跟踪

对供应商进行认证后，要进行跟踪。供应商的认证不仅仅是审查和评估的过程，而且也是一个反馈与跟踪的过程，要随时监测供应商的执行情况，不断督促供应商进行改进。总之，供应商的认证是一个长期的、动态的过程，是通过评估来确认和培养供应商的过程。

三、供应商选择的标准

企业试图实现的目标决定了进行供应商评价时需要了解的内容。供应商评价所包括的内容及实施方式取决于企业的目标、企业所从事业务的特性及复杂性，以及企业希望与供应商建立的业务关系的类型。通常，对供应商的认证标准从根本上来源于卓越采购管理系统中的采购关键绩效指标“QCDSIM”，这里我们从短期合作的标准以及长期合作的标准等方面来考虑。

（一）供应商选择的短期标准

选择、评价供应商的短期标准一般是商品质量合适、价格水平低、交易费用少、交付及时、整体服务水平好。采购单位可以通过市场调查获得有关供应商的资料，把获得的信息编制成一览表，并就这几个方面进行比较，依据比较结论做出正确决策，如表 5－1所示。

表 5－1　　供应商一览表

商品名称：　　　品种规格：　　　计量单位：

供应单位	质量	价格	地址	运费	其他费用	生产情况	交付情况	服务措施	附注

1. 商品质量合适

采购物品的质量是否合乎采购单位的要求是企业生产经营活动正常进行的必要条件，是采购单位进行商品采购时首要考虑的因素。一方面，质量次且价格偏低的商品，虽然采购成本低，但实际上导致了企业的总成本的增加，因为质量不合格的产品在企业投入使用的过程中，往往会影响生产的连续性和产成品的质量，这些最终都将会反映到企业总成本中去。另一方面，质量过高并不意味着采购物品适合企业生产所用，如果质量过高，远远超过了生产要求的质量，对于企业而言也是一种浪费。因此，对于采购中质量的要求是符合企业生产所需，要求过高或过低都是错误的。

2. 成本低

对供应商的报价单进行成本分析，是有效甄选供应商的方式之一。不过成本不仅仅包括采购价格，而且包括原料或零部件使用过程中或生命周期结束后所发生的一切支出。采购价格低对于降低企业生产经营成本、提高竞争力和增加利润，有着明显的作用，因而它是选择供应商的一个重要条件，但是价格最低的供应商不一定就是最合适的，因为在产品质量、交货时间上达不到要求，或者由于地理位置过远而使运输费用增加，因此总成本最低才是选择供应商时考虑的主要因素。所谓总成本包括获取成本、作业成本和处置成本。

获取成本包括下列几项：

①开发成本，即寻求、查访、评选供应商的支出，应包括订单处理的费用；

②采购价格，即与供应商谈判后购入的成本；

③运输成本，如果是从国外采购，供应商以 FOB 报价，买方还需要支付运费，甚至保险费；

④检验成本，即进料检验所需支付检验人员的工资以及检验仪器或工具的折旧费用。

作业成本主要包括：

①仓储成本，包括仓库租金、仓管人员工资、仓储设备的折旧费用等；

②操作成本；

③维修成本。

3. 交付及时

供应商能否按约定的交货期限和交货条件组织供货，直接影响企业生产和供应活动的连续性，因此交货时间也是选择供应商所要考虑的因素之一。企业在考虑交货时间时，一方面要降低库存数量，另一方面也要降低断货停工的风险，因此要审慎考虑交货时间，以决定其是否能成为公司合作的对象。影响供应商交货时间的因素主要有：

①供应商从取得原料、加工到包装所需的生产周期；

②供应商生产计划的规划与弹性；

③供应商的库存准备；

④所采购原料或零部件在生产过程中所需经历的供应商数目与阶层（上下游）；

⑤运输条件及能力。

供应商交货及时性一般用合同完成率或委托任务完成率来表示。

4. 整体服务水平好

供应商的整体服务水平是指供应商内部各作业环节，能够配合购买者的能力与态度，如各种技术服务项目、方便采购者的措施、为采购者节约费用的措施等。评价供应整体服务水平的主要指标有以下几点：

①处理订单的速度及正确性。

②采购流程、生产流程、会计流程、后勤支援系统等，企业交易各流程的弹性与健全程度。企业的作业流程越健全，越具有弹性，就越能履行合约的承诺，越能满足采购方的需求。

③公司内部人员的责任心与服务水准。

④保修、培训、维护以及修理等。

5. 履行合同的承诺与能力

企业在进行采购时，确定供应商有无履行合同的承诺与能力时要考虑以下几点。

①要先确认供应商对采购的项目、订单金额及数量是否感兴趣，订单数量大，供应商可能生产能力不足，而订单数量少，供应商可能缺乏兴趣；

②供应商处理订单的时间；

③供应商在要采购的项目上是否具有核心能力；

④供应商是否具有自行研发产品的能力；

⑤供应商目前的设备闲置状况，以了解其接单情况和生产设备的利用率。

（二）供应商选择的长期标准

选择供应商的长期标准主要在于评估供应商是否能提供长期而稳定的供应、其生产能力是否能配合公司的成长而相对扩展，供应商是否具有健全的企业体制、与公司相近的经营理念、其产品未来的发展方向能否符合公司的需求，以及是否具有长期合作的意愿等。另外，关于健康安全与环境（HSE）等方面的要求也日益重要。

1. 供应商的财务状况是否稳定

供应商的财务状况直接影响到其交货和履约的绩效，如果供应商的财务出现问题，周转不灵，将会造成自身供货不足，甚至出现停工乃至破产的严重危机。因此，供应商的财务状况是考虑供应商长期供货能力的一个重要指标。虽然企业不容易判断一家供应商的财务状况，但是可以利用资产负债表来考核供应商一段时期营运的成果，观察其所拥有的资产和负债情况；通过损益表，考察供应商一段时期内的销售业绩与成本费用情况。如果供应商是上市公司，还可以利用公司的年度报表中的信息来计算各种财务比率，以观察其现金流动情况，应收应付账款的状况、库存周转率、获利能力等。

2. 供应商内部组织与管理是否良好

供应商内部组织与管理是关系到日后供应商服务质量的因素。供应商内部组织机构设置是否合理影响着采购的效率及其质量，如果供应商组织机构设置混乱，采购的效率与质量就会因此下降，甚至由于供应商部门之间的互相扯皮而影响到供应活动能否及时地、高质量地完成。另外，供应商的高层主管是否将采购单位视为主要客户也是影响供应质量好坏的一个因素。如果供应商的高层没有将买方视为主要客户，在面临一些突发状况时，便无法取得优先处理的机会。

除此之外，还可以从供应商机器设备的新旧程度及保养状况，看出管理者对生产工具、产品质量的重视程度，以及内部管理的好坏，另外还可以参照供应商同业之间的评价及其所属产业的地位；对客户满意程度的认知、对工厂的管理、对采购原材料来源的掌握、生产流程的控制，也是评估供应商内部管理时的管理指标。

3. 供应商是否具有核心竞争力

评价供应商是否具有核心竞争力的标准包括供应商质量发展的潜力、供应商成本要素的高低等。比如：

（1）研究与发展（R&D）投资。一个公司在R&D方面的投资数额以及研发效果的质量，可以说明该公司是否致力于产品革新，是否尽可能将最好的产品提供给市场。

（2）知识产权。如果一个公司拥有很多注册专利以及产品专利权等，也可以说明该公司居于很强的技术领先地位。当企业需要在高科技领域提高自己产品的差异化程度，因而需要采购目前市场上最先进的产品或服务时，供应商是否处于技术领先地位对企业就更为重要。

（3）供应商的员工是否具备产品设计及生产管理方面的资质和经验。例如，当要设计一个化工生产程序或机械系统时，供应商拥有多少具备工程师资格的员工？总的来讲，供应商拥有的专业技术人员数量越多，技术资质水平越高，则提供最佳设计和生产加工效果的可能性就越大。

4. 供应商HSE是否达标

随着社会进步，健康安全环境也日益为社会所关注。供应商如果在HSE方面不达标，将给采购方带来巨大的舆论压力，甚至产生灾难性后果。供应商是否给员工提供了良好的工作条件，生产过程中是否存在安全隐患，生产过程是否污染环境，是否使用了违禁材料，产品是否可回收利用，这些要素也要在供应商评估过程中充分考虑。

（三）供应商综合管理水平认证的基本内容

1. 供应商的基本情况

供应商认证的基本情况包括以下几点。

（1）企业的经营环境，主要包括企业所在国家的政治、经济和法律环境的稳定性，进出口是否有限制，货币的可兑换性，近几年来的通货膨胀情况，基础设施情况，有无地理限制等内容；

（2）企业近几年的财务状况，主要包括各种会计报表、银行报表、企业经营报告等；

（3）企业在同行业中的信誉及地位，主要包括同行对企业产品质量、交货可靠性、交货周期及灵活性、客户服务及支持、成本等各项的评价；

（4）企业近几年的销售情况，包括销售量及趋势、人均销售量、本公司产品产量占行业总产量的比例；

（5）企业现有的紧密的、伙伴型的合作关系，包括与本公司的竞争对手、与其他客户或供应商之间的关系；

（6）地理位置，主要包括与本公司的距离和通关的难易程度；

（7）企业的员工情况，主要有员工的教育程度、出勤率、流失率、工作时间、平均工资水平、生产工人与员工总数的比例等。

2. 供应商企业管理的情况

对供应商企业管理情况的认证要考虑以下因素。

（1）企业管理的组织框架，各组织之间的功能分配，以及组织之间的协调情况；

（2）企业的经营战略及目标、企业的产品质量改进措施、技术革新的情况、生产率及降低成本的主要举措、员工的培训及发展情况、质量体系及是否通过ISO9000认证、对供应商的管理战略等。

3. 供应商的质量体系及保证情况

供应商质量体系及保证的主要内容有以下几点。

(1) 质量管理机构的设置情况及功能；

(2) 供应商的质量体系是否完整，主要包括质量保证文件的完整性与正确性、有无质量管理的目标与计划、质量的审核情况、与质量管理相关的培训工作如何等；

(3) 企业产品的质量水平，主要包括产品质量、过程质量、供应商质量及顾客质量投诉情况；

(4) 质量改进情况，主要包括与顾客的质量协议、与供应商的质量协议、是否参与顾客的质量改进、是否参与供应商的质量改进、质量成本控制情况、是否接受顾客对其质量的审核等。

4. 供应商的设计、工程与工艺情况

这部分主要包括以下几点。

(1) 相关机构的设立与相应职责；

(2) 工程技术人员的能力，主要包括工程技术人员受教育的情况、工作经验、在本公司产品开发方面的水平、在公司产品生产方面的工艺水平、工程人员的流失情况；

(3) 开发与设计情况，主要有开发设计实验、试验情况、与顾客共同开发的情况、与供应商共同开发的情况、产品开发的周期、产品及工艺开发程序、对顾客资料的保密情况等。

5. 供应商的生产情况

供应商生产情况认证的主要内容包括生产机构、生产工艺过程及生产人员的情况。具体情况包括以下几点。

(1) 生产机构的设置情况及职能；

(2) 生产工艺过程情况，主要有工艺布置、设备/工艺的可靠性、生产工艺的改进情况、设备利用率、工时利用率、工艺的灵活性、作业指导情况、生产能力等；

(3) 生产人员的情况，主要有职工参与生产管理的程度、生产的现场管理情况、生产报表及信息的控制情况、外协加工控制情况、生产现场环境与清洁情况等。

6. 供应商的企划与物流管理情况

这项内容主要有以下几点。

(1) 相关机构的设立情况；

(2) 物流管理系统的情况，主要包括物流管理、物料的可追溯性、仓储条件与管理、仓储量、MRP 系统等；

(3) 发货交单情况，主要包括发货交单的可靠性、灵活性、即时供应能力、包装及运输情况、交货的准确程度；

(4) 供应商管理情况，主要有供应商的选择与审核情况、供应商绩效考评的情况、供应商的分类管理情况、供应商的改进与优化情况等。

7. 供应商的环境管理情况

供应商的环境管理情况主要包括以下几点。

（1）环境管理部门的设置及其管理职能；

（2）环境管理体系，主要有环境管理的文件体系、环境管理的方针与计划等；

（3）环境控制的情况，主要有环境控制的运作情况、沟通与培训情况、应急措施、环境监测情况、环境管理体系的审核情况。

8. 供应商对市场及顾客服务支持的情况

供应商对市场及顾客服务支持的情况主要包括以下几点。

（1）相关机构的设置情况；

（2）交货周期及条件，主要有正常交货的周期、紧急交货的周期、交货与付款的条件、保险与承诺；

（3）价格与沟通情况，主要包括合同的评审、价格态度与降低成本的态度、电子邮件与联系手段、收单与发货沟通的情况；

（4）顾客投诉与服务情况，主要包括顾客投诉的处理程序、顾客投诉处理的情况与反应时间、顾客的满意程度、售后服务机构、顾客数量及伙伴顾客的数量等。

四、供应商识别与筛选

企业在识别供应商时，应该更积极主动，而不是通过供应商自己送上门。企业主动地发现适合自己的供应商越多，选择优秀供应商的机会也就越多，同时增加了企业在谈判中的砝码。

（一）供应商识别所使用的信息源

以下类型的信息源可以帮助企业进行供应商识别。

（1）贸易与工业目录以及采购指南，包括综合的（例如按国家划分的，如 Kompass 系列）和专业的（按行业部门划分的，如化工业等）。

（2）区域性贸易和行业期刊，包括有关公司的新闻报道和供应商的广告。

（3）企业应该经常参加的专业行业交易会和展览会，以及这些活动参与者的名单目录。很多时候，这类展览会都会同时组织供求双方的见面会。

（4）通过供应市场调查所选择的国家的商会、贸易和行业协会以及出口贸易促进会。他们会非常热情地促进其所在国企业的出口销售。

（5）位于上述国家的采购协会，该协会的会员正在采购的项目可能与企业从当地供应商处采购的项目一样。

（6）其他国家设置在企业所在国的官方贸易代表。

（7）互联网上的信息，包括提供以上所提到的所有信息源使用权的网站。很多网站都包括企业名录、贸易机会、商务新闻以及一些供应商自己的网站。

（8）企业的商务伙伴，包括相关产品和服务的其他采购商和供应商。企业自己的销售人员可能也会从商务联系与接触中获得一些有关供应商的信息。

通过从商业周刊和互联网上搜索有关供应商的信息，企业不仅可以对一个完全陌生的供应商有所了解，还可以很容易地获得企业感兴趣的相关新闻（如新的投资、兼并和收购以及财务状况等）。

企业还可以访问供应商的网站。这可以使企业获得更多的有关供应商主要活动、所有者、任务陈述、重点发展的市场区域、政策以及给顾客提供的服务等方面的信息。企业还可以了解供应商是否从事电子商务，以及电子商务的运作方式。供应商的网站还可以决定该供应商给企业留下了什么样的第一印象，比如是否很严肃认真、试图建立何种企业形象等。

在互联网上查找有关供应商信息的最简单的方法是使用互联网搜索引擎，这只需要简单地在搜索窗口键入供应商的名字。通过这种方法，企业可以得到多种多样的有关供应商的信息。

通过上述各种信息源以及通过与不同供应商进行接触，可获得各种信息。在此基础上，企业可以编制出最初的、范围广泛的潜在供应商名单，这些潜在供应商将是企业进行进一步研究的对象。

(二) 供应商的筛选

供应商评价过程是非常复杂和费时的，对供应风险和费用支出都很高的关键型采购项目进行的供应商评价更是如此。对于这些采购项目，企业需要对潜在供应商的能力和积极性进行深入彻底的评价。很明显，企业不可能对大量供应商都进行这样的评价。因此，在着手进行更全面地分析之前，企业应尽量将所有不可能满足企业采购需要的供应商剔除。

同样，从另一个极端的角度来说：如果企业正在采购的是常规型产品，那么将会出现大量的潜在供应商。但是，由于这类采购项目的风险和支出都很低，不值得企业花费大量的精力，因此，企业只想对其中的一小部分进行评价，快速地将大部分不符合要求的供应商剔除。这样一来可以使企业只保留供最后挑选的候选供应商，企业也就可以非常快速地完成供应商评价工作。

简而言之，供应商筛选的目的是：快速确定供应商是否值得被全面评价，将被评价的供应商数量降低到便于管理的数量，以避免在根本不可能被选中的供应商身上浪费时间。

供应商筛选过程中很重要的一点是，选择那些所需相关信息一般很容易获得的筛选标准。从这一点来说，企业必须认识到供应商筛选不是一个一次性的过程。相反，企业很可能首先根据一系列初步的标准和信息进行第一轮筛选，其次再进行第二轮或第三轮筛选。每一次筛选，企业都应该挖掘出一些更深入的信息源，最后扩展筛选标准以包含更多其他因素。

五、供应商深入调研

对供应商进行正式评价前的最后一个步骤是，搜索企业所需的评价供应商能力和积极性的信息，所需要的各类相关信息与我们在本节前面研究的评价标准有关。但是，由于将要进行的采购项目类型不同、企业希望与供应商建立的关系类型不同，企业希望获得的信息类型的变化也很大。

企业可以通过很多种渠道获取这些信息。这些信息源可以被归纳为以下几个类别。

①已公开的信息源；

②供应商调查问卷；

③拜访供应商；

④供应商的客户证明人。

（一）已公开的信息源

企业可以通过众多的很容易获得的出版物获取有关供应商的信息。其中一些出版物是书面形式的，但是现在越来越多的是可以通过互联网获得的或者 CD－ROM（只读光盘）这样的电子版获取的信息源。不要忘记使用我们在前面提到过的互联网搜索引擎。

使用已公开的公司信息所需花费的精力是最少的，但是也存在一些问题。例如：获取的信息量有限；信息不会被经常更新；针对每个供应商可获得的信息不同，很难在供应商之间进行比较；所获得的大部分信息都是有关供应商能力方面的，几乎没有关于供应商积极性方面的信息，而积极性在供应商评价中也是非常重要的。

对于一般的采购项目所进行的最基本的供应商评价，这些公开的信息就足够了。

（二）供应商调查问卷

准备一份调查问卷交给被评价的供应商去完成，是企业可以选择的获取信息的一种方法。问卷中问题的设计原则是，要能确保供应商的回答能够使企业按照已经确定的标准进行评价。从理论上讲，对于企业可以获取什么样的信息并不存在限制，因此相对于公开信息，这种方法更灵活、更具体。

（三）拜访供应商

除了发放供应商调查问卷外，企业另一个选择是直接去拜访供应商。如果能够做到有计划地进行供应商拜访，再辅之以合适的工具，那么这就是一个全面的供应商调查方法。虽然这是一个既费时又需要大量资金投入的选择，但是它可能产生最好的效果。如果企业希望与供应商之间建立合伙关系，就最应该使用这种方法。从另一个角度讲，如果企业正在进行的是常规型项目的采购或者杠杆型项目的现货采购，那么就完全没有必要使用这种方法了。

很显然，只有当供应商对企业的业务非常感兴趣的时候，企业才能使用这种方法。

（四）供应商的客户证明人

企业可以通过供应商的证明人获得对有关供应商业绩的某些特定问题有价值的、独立的看法，如供应商是否能够对客户的质疑做出很好的反应，是否能够按照约定日期交付货物等。当供应商确信没有其他方法可以证明这些方面的业绩的时候，这些证明人会非常重要。

六、供应商的评估

供应商的评估，就是结合评估标准与掌握的供应商信息，对每一个供应商进行评分。

如何设定评价标准的权重与企业采购项目的供应目标有关。供应目标的优先级别取决于采购项目的性质以及该项目对企业的影响。例如，对于一些采购项目，享有最高优先权的供应目标可能是获得合适的设计和质量，而成本可能只是第二位要考虑的因素。这是因为这个采购项目的设计和质量会对企业的竞争力以及盈利能力产生重要的影响，而成本则具有很强的灵活性。

在其他情况下，成本有时又会成为极为重要的因素。例如，在采购需要支付大量资金的标准产品时就是如此。然而在另一些情况下，由于产品供不应求，企业最关心的可能是要确保产品的可获得性。当采购的是需要供应商售后支持的项目（如机械等）时，供应商的响应将成为企业关注的重点。

企业应该在明确采购要求和供应计划的最初阶段，就制定出供应目标。将供应目标与供应市场条件的评价结合起来，企业就可以制定出有效的供应策略，包括确定与采购项目的一个或几个供应商之间应建立何种关系等。现在企业就可以利用这些结果和优先级别设定评价标准的权重了。供应商能力评价示意如表 5－2 所示。

表 5－2　　供应商能力评价示意

供应商能力评价—测量设备						
评价标准及权重	供应商 A		供应商 B		供应商 C	
	得分	加权得分	得分	加权得分	得分	加权得分
1. 技术性能						
测量精确度（10）	4	40	1	10	2	20
2. 可靠性						
平均故障间隔期（3）	3	9	2	6	3	9
检修停工率（3）	3	9	2	6	2	6
设备耐用性（4）	4	16	2	8	3	12
3. 交付	…	…	…	…	…	…
4. 服务	…	…	…	…	…	…
5. 成本	…	…	…	…	…	…
加权综合得分	…	…	…	…	…	…

综合得分高的供应商是企业今后交易的首选合作伙伴。

七、供应商的分类

供应商认证的结果要进行分类，大的方面分为合格的供应商与不合格的供应商。而合格的供应商又可能分为多种。有的企业结合企业及行业情况，将供应商分为一星级至五星级供应商。下面是供应商分类。

（一）可信任的供应商

可信任的供应商是指那些已经令采购企业满意地完成了试订单交货，从而比“被认可的供应商”更让企业信任的供应商。换句话说，就是已经在实践中证明了其能力和积极性的供应商。

（二）首选供应商

首选供应商一般是指比“被认可”和“可信任”的供应商更让企业满意的供应商。根据以往绩效，它们已经显示出了始终如一地按照企业在质量、交货、价格和服务等方面的要求提供供应服务的能力。它们积极地对企业的意外要求（如数量和规格方面的变化等）

做出反应，而且在处理服务问题时的效率也很高。它们主动提出更好的解决方案，寻找更好的满足企业需要的方法，并就将要出现的、可能会影响产品供应的问题事先提供有关信息。

（三）认证供应商

认证供应商是指，为了建立一个更全面的公司质量管理体系，其整个企业的质量控制体系已经与采购企业的质量管理体系（在采购企业标准基础上）合为一体的供应商。这种方法通过消除重复劳动，并确保使用标准质量控制程序和信息源，以帮助企业降低与质量相关的成本。

（四）丧失资格的供应商

丧失资格的（或“黑名单”）供应商是无法满足采购企业在供应商评价过程中制定的标准的供应商，或者没有履行以往合约的供应商。使一个供应商丧失资格仅仅是在该供应商进行了最大努力却不能改正相关问题时，企业能够使用的最后手段。

八、认证供应商时应注意的问题

（一）单一供应商与多家供应商

单一供应商是指某种物品集中向一家供应商订购，这种购买方式的优点是供需双方的关系密切，购进物品的质量稳定、采购费用低，缺点是无法与其他供应商比较，容易失去质量、价格更为有利的供应商，采购的机动性小，如果供应商出现问题则会影响本企业的生产经营活动。多家供应商是指向多家供应商订购所需的物品，其优缺点正好与单一供应商相反。

（二）国内采购与国际采购

选择国内的供应商，价格可能比较低，由于地理位置近，可以实现及时生产（Just In Time）或者零库存策略。而选择国际供应商则可能采购到国内企业技术无法达到的物品，提升自身的技术含量，扩大供应来源。

（三）直接采购与间接采购

若是大量采购或者所需的物品对企业生产经营影响重大，则宜采用直接采购，从而避免中间商加价，以降低成本。如果采购数量小或者采购物品对生产经营活动影响不大，则可通过间接采购，节省企业的采购精力与费用。

第二节　供应商关系管理

一、供应商关系的演变

供应商关系在很大程度上影响着企业生产的稳定性、连续性，产品的质量、性能和规格品种。供应商关系随着经济的发展也不断演变着，如表 5－3 所示。

表 5-3 供应商关系的演变

	20 世纪 60—70 年代	20 世纪 80 年代	20 世纪 90 年代至今
特征	竞争对手	合作伙伴	探索/全球平衡
市场特点	许多货源，大量存货，买卖双方是竞争对手	合作的货源，少量存货，买卖双方互为伙伴，实现“双赢”	市场国际化，不断调整双方伙伴合作关系，在全球经济中寻求平衡与发展
采购运作	以最低价买到所需产品	采购总成本最低 供应商关系管理 采购专业化 整体供应链管理 供应商参与产品开发	供应商策略管理 “上游”控制管理 共同开发与发展 供应商优化 信息、网络化管理 全球“共同采购”

(一) 传统的供应商关系

传统的供应商关系就是简单的交易型关系，也可以称为买卖关系。这种关系的理念就是以最低的价格来获取企业所需的最好的物品，是一种买卖双方讨价还价的交易，供需双方存在的是竞争性的关系，采购方通常将供应商视为对手。这种关系主要有以下特点。

①采购方常常同时向若干供应商购货，通过供应商之间的竞争获得价格上的好处，同时也保证供应的连续性；

②买方通常在供应商之间分配采购数量对供应商加以控制；

③买方和供应商保持的是一种短期合同关系。

(二) 环境的变化

随着社会经济和技术的发展，供应市场在过去的几十年中发生了深刻的变化，具体体现为：

①技术的飞速发展，产品开发周期越来越短、技术手段不断更新；

②经济全球化、市场国际化的趋势加深；

③公司、企业结构不断变化；

④各种新型资源出现，并且资源利用率不断提高；

⑤知识、信息的应用日趋强化；

⑥顾客消费不断趋于理性化；

⑦政治因素与经济市场的相互影响不断扩大。

(三) 新形势下的供应商关系

由于供应市场的深刻变化，工业企业的采购受市场导向的趋势更加明显，为了在日益变化的市场中争取主动地位，获得稳定的原材料和零部件的供应保障，他们必须了解供应市场的结构与变化，洞察市场的动向。与此同时，采购活动也相应地开始采取以减少供应商数量以及集中精力于核心活动，也就是发展少数伙伴型供应商的策略。减少供应商的数量，发展少数伙伴型供应商的策略要求工业企业将主要的时间、精力与技巧放在少数供应商身上，而不是去应付所有的供应商。这样，企业的采购活动就能有效地优化供应商的结构、提高供应商的供应质量和供应配套的保障能力，同时大大降低成本、缩短产品开发周期，从而最大限度地利用供应商的能力。

二、供应商细分

供应商细分是指在供应市场上，采购者依据采购物品的金额、采购商品的重要性以及供应商对采购方的重视程度和信赖性等因素，将供应商划分成若干个群体。供应商细分是供应商关系管理的先行环节，只有在供应商细分的基础上，采购方才有可能根据细分供应商的不同情况实行不同的供应商关系策略。供应商细分主要有以下几种方法。

（一）80/20 规则

供应商细分的 80/20 规则的基础是采购物品 80/20 规则，其基本思想是针对不同的采购物品应采取不同的策略，同时采购工作精力分配也应各有侧重，相应地对于不同物品的供应商也应采取不同的策略。可以将供应商依据 80/20 规则进行分类，划分为重点供应商和普通供应商，即占 80%价值的 20%的供应商为重点供应商，而其余只占 20%采购金额的 80%的供应商为普通供应商。对于重点供应商应投入 80%的时间和精力进行管理与改进。这些供应商提供的物品为企业的战略物品或需集中采购的物品，如汽车厂需要采购的发动机和变速器，电视机厂需要采购的彩色显像管以及一些价值高但供应保障不力的物品。而对于普通供应商则只需要投入 20%的时间和精力跟进其交货。因为这类供应商所提供的物品的运作对企业的成本质量和生产的影响较小，例如办公用品、维修备件、标准件等物品。

在按 80/20 规则进行供应商细分时，应注意几个问题：

①80/20 规则细分的供应商并不是一成不变的，是有一定的时间限度的，随着企业生产结构和产品线调整，需要重新进行细分；

②对重点供应商和普通供应商应采取不同的策略。

（二）供应商分类模块法

供应商分类模块法是依据供应商对本单位的重要性和本单位对供应商的重要性进行矩阵分析，并据此对供应商进行分类的一种方法。可以用图 5-1 表示。

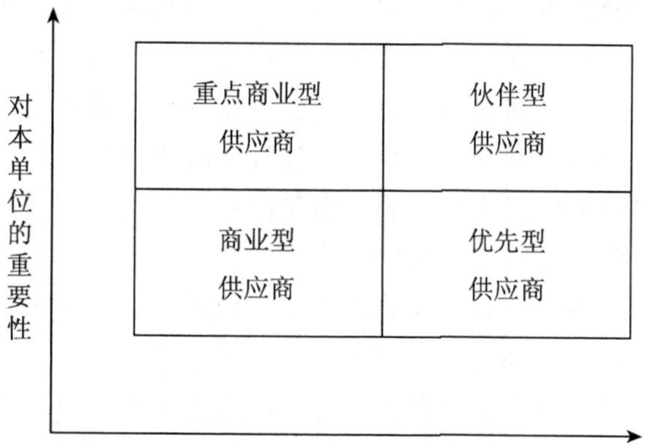

图 5-1　供应商分类模块法

在供应商分类的模块中，如果供应商认为本单位的采购业务对于他们来说非常重要，供应商自身又有很强的产品开发能力等，同时该采购业务对本公司也很重要，那么这些采购业务对应的供应商就是“伙伴型供应商”；如果供应商认为本单位的采购业务对于他们来说非常重要，该项业务对于本单位却并不是十分重要，这样的供应商无疑有利于本单位，是本单位的“优先型供应商”；如果供应商认为本单位的采购业务对他们来说无关紧要，但该采购业务对本单位却是十分重要的，这样的供应商就是需要注意改进提高的“重点商业型供应商”；对于那些对于供应商和本单位来说均不是很重要的采购业务，相应的供应商可以很方便地选择更换，那么这些采购业务对应的供应商就是普通的“商业型供应商”。

(三) 供应商关系谱法

供应商关系谱法是将供应商分为不可接受的供应商、可接受的潜在供应商以及五级不同层次的已认可的供应商，如表 5－4 所示。

表 5－4　　供应商关系谱法

	层次	类型	特征	适合范围
供应商关系	5	自我发展的伙伴供应商	优化协作	长期伙伴关系
	4	共担风险的供应商	强化合作	战略品项采购
	3	运作相互联系的供应商	公开、信赖	框架协议采购
	2	需持续接触的供应商	价格博弈	杠杆品项采购
	1	已认可的、触手可及的供应商	现货买进关系	零星日常采购
	—	可考虑的供应商	新出现，有一定核心能力	潜在供应商
	—	不可接受的供应商	不能满足基本需求	不合适

第 1 个层次，供应商为“触手可及”的关系，因采购价值低，它们对本单位显得不很重要，因而无须与供应商或供应市场靠得太紧密，只要供应商能提供合理的交易即可。处理同这类供应商的关系可采取现货买进方式。

第 2 个层次，供应商要求企业对供应市场有一定的把握，如了解价格发展趋势等，采购的主要着力点是对供应市场保持持续接触，在市场竞争中买到价格最低的商品。

第 3 个层次，供应关系必须做到双方运作相互联系，其特征是公开、互相信赖。一旦这类供应商选定，双方就以坦诚的态度在合作过程中改进供应、降低成本。通常这类供应商提供的零部件对本单位来说属于战略品，但供应商并不是唯一的，因而本单位有替代的供应商可选择。这类供应商可以考虑长期合作。

第 4 个层次，就是成为一种共担风险的长期合作关系，其重要的特征是双方都力求强化合作，通过合同等方式将长期关系固定下来。

第 5 个层次，是互相配合形成的自我发展型供应商关系。这种关系意味着双方有着共同的目标，必须协同作战，其特征是为了长期的合作，双方要不断地优化协作，最具代表性的活动就是供应商主动参与到本单位的产品开发业务中来，而本单位也依赖供应商在其产品领域内的优势来提高自己产品开发的竞争力。

（四）按供应商的规模和经营品种分类

按供应商的规模和经营品种进行供应商细分，常以供应商的规模作为纵坐标，经营品种作为横坐标进行矩阵分析，如图 5－2 所示。

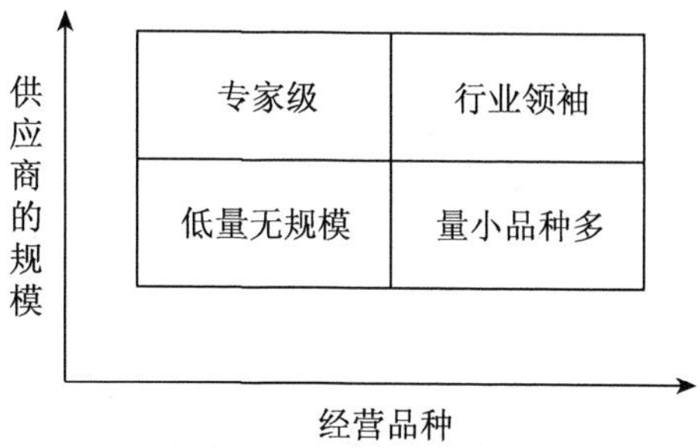

图 5－2　按供应商的规模和经营品种分类

在这种分类方法中，“专家级”供应商是指那些生产规模大、经验丰富、技术成熟，但经营品种相对少的供应商，这类供应商的目标是通过竞争来占领广大市场。“低量无规模”的供应商是指那些经营规模小、经营品种也少的供应商。这类供应商生产经营比较灵活，但是增长潜力有限，其目标仅是定位于本地市场；“行业领袖”供应商是指那些生产规模大、经营品种也多的供应商，这类供应商财务状况比较好，其目标为立足本地市场，并且积极拓展国际市场。“量小品种多”的供应商虽然生产规模小，但是其经营品种较多，这类供应商的财务状况不是很好，但是其潜力可培养。

三、长期的伙伴关系

（一）长期伙伴关系的含义及特点

长期伙伴关系是指企业与供应商之间所达成的最高层次的合作关系，它是指在相互信任的基础上，由双方为共同的、明确的目标而建立的一种长期的、合作的关系。成功的供应商伙伴关系要求具有很高水平的相互协调、相互信赖、共享信息、共担风险、共用技术与革新，同时需要企业高层管理者的合力支持。长期伙伴关系有如下特点。

①双方之间是一种长期的、相互依存的关系；

②这种关系是以合约的形式确定的，且各个层次都有相应的沟通；

③交易双方有着共同的目标；

④相互信任、公开地配合，共担风险。

企业发展与供应商的长期伙伴关系具有十分重要的意义。通过与供应商建立长期伙伴交易关系，可以缩短供应商的供应周期，提高供应的灵活性；可以降低企业的原材料、零部件的库存水平，降低管理费用、加快资金周转；提高原材料、零售部件的质量；可以加强与供应商的沟通，改善订单的处理过程、提高材料需求准确度；可以共享供应商的技术与革新成果，加快产品开发速度，缩短产品开发周期；可以与供应商共享管理经验，推动企业整体管理水平的提高。

不同的企业由于自身条件不同、所处的企业环境不同，对与供应商建立长期伙伴交易关系的目的也不同，但是总的来说，主要是提高产品质量、保证材料和零部件的供应、缩短交货周期、降低库存水平、控制生产成本、取得供应商的技术支持。

（二）如何建立长期伙伴关系

与供应商建立长期伙伴关系首先要得到公司高层领导的重视与支持。最高管理层要意识到供应商管理是整个公司业务管理中最重要的有机组成部分，要决心支持采购等部门发展供应商的长期伙伴交易关系，其次才能开展具体的工作。

建立长期伙伴交易关系要经过以下几个步骤：

首先，采购部门要在对供应市场调研的基础上会同有关部门对采购物品进行分类分析，根据预先设定的对伙伴型供应商要求制定供应商分类模块，确定伙伴型供应商对象。

其次，根据对供应商伙伴关系的要求明确具体的目标及考核指标，制订出达成目标的行动计划。这些行动计划必须在公司内部相关部门及层次进行充分交流并取得一致，要完全取得供应商的参与认可，并经双方代表签字。

再次，通过供应商会议、供应商访问等形式针对计划实施进行组织和进度跟进，内容包括对质量、交货、降低成本、新产品、新技术开发等方面的改进进行跟踪考核，定期检查进度，及时调整行动。

最后，在公司内部还要通过供应商月度考评、体系审核等机制跟踪供应商的综合表现，及时反馈并提出改进要求。

对供应商伙伴关系总体计划应至少每年检查调整一次，更重要的是公司应将对伙伴型供应商能力的利用纳入到公司的中长期战略计划中去。

一般来说，供应商伙伴关系都是由顾客驱动的，这就是说开展供应商伙伴型关系管理的公司通常在管理等方面都要优于供应商，这样才有足够的影响力去说服供应商参与到诸如“即时供应”之类的改进活动中来。也有一些情况，相对于一些大的供应商，如钢铁、化工企业，采购方的顾客管理水平、生产规模往往相对不如供应商，在这种情形下作为顾客的企业就必须认真改进自己，提高自己的综合水平和产品的市场占有率，才有可能同那些大的供应商建立起“双赢”的伙伴关系。

与供应商建立长期伙伴交易关系时，一方面要提高自身的管理水平与能力，另一方面还要促进供应商提高水平与能力，为此往往需要经历很长时间的实践与努力。建立起供应商长期伙伴交易关系仅仅意味着工作的开始，更重要的是要在供应商管理过程中维护、改进、发展伙伴关系，同时不断优化整体供应商的结构和供应配套体系。

供应商伙伴关系的管理最终必须程序化、规范化，要将供应商分析、供应商选择、目标与计划的制订、供应商改进项目的实施与监测、供应商关系的评估以及有关人员在供应商关系管理中的职责等用程序性文件的方式固定下来，作为供应商管理的一部分。供应商关系的特点与发展要求如表 5－5 所示。

表 5－5　　供应商关系的特点与发展要求

供应商类型	商业型供应商	优先型供应商	伙伴型供应商	
			供应伙伴	设计伙伴
关系特征	运作联系	运作联系	战术考虑	战略考虑
时间跨度	1 年以下	1 年左右	1～3 年	1～5 年
质量	按顾客要求并选择	顾客要求； 顾客与供应商共同控制质量	供应商保证； 顾客审核	供应商保证； 供应商早期介入设计及产品质量标准； 顾客审核
供应	订单交货	年度协议＋交货订单	顾客定期向供应商提供物料需求计划	电子数据交换系统
合约	按订单变化	年度协议	年度协议（>1 年） 质量协议	设计合同； 质量协议等
成本/价格	市场价格	价格＋折扣	价格＋降价目标	公开价格与成本构成； 不断改进降低成本

第三节　供应商的绩效管理

一、供应商绩效管理的目的与基本原则

（一）供应商绩效管理的目的

供应商绩效管理的主要目的是确保供应商供应的质量；同时在供应商之间进行比较，从而继续同优秀的供应商合作，淘汰绩效差的供应商。供应商的绩效管理同时也是了解供应商存在的不足之处，将不足之处反馈给供应商，可以促进供应商改善其业绩，为日后更好地完成供应活动打下良好的基础。供应商绩效评估与前面的供应商资格准入评估有所相似，只不过这时已经与供应商进行了交易，从而掌握了更为真实客观的第一手资料。

（二）供应商绩效管理的基本原则

（1）供应商绩效管理必须持续进行，要定期地检查目标达成的程度。当供应商知道会定期地被评估时，自然就会致力于改善自身的绩效，从而提高供应质量。

（2）要从供应商和企业自身各自的整体运作方面来进行评估，确立整体的目标。

（3）供应商的绩效总会受到各种外来因素的影响，因此对供应商的绩效进行评估时，要考虑到外在因素带来的影响，不能仅仅衡量绩效。

二、供应商绩效评价的指标体系

为了科学、客观地反映供应商供应活动的运作情况，应该建立与之相适应的供应商绩

效评价指标体系。在制定评价指标体系时，应该突出重点，对关键指标进行重点分析，尽可能地采用实时分析与评价的方法，要把绩效度量范围扩大到能反映供应活动时间运营的信息上去，因为这要比做事后分析有价值的多。

供应商考评指标很多，不同的公司因做法不同所用的考评指标也各异，当然这些指标也主要来源于“QCDSIM”，这里我们概括归纳为四大类：质量指标，供应指标，经济指标，支持、配合与服务指标。

（一）质量指标

质量指标是供应商考评的最基本指标，包括来料批次合格率、来料抽检缺陷率、来料在线报废率、来料免检率等。

①来料批次合格率＝（合格来料批次÷来料总批次）×100%，来料批次合格率是最为常用的质量评价指标之一；

②来料抽检缺陷率＝（抽检缺陷总数÷抽检样品总数）×100%；

③来料在线报废率＝［来料总报废数（含在线生产时发现的）÷来料总数］×100%；

④来料免检率＝（来料免检的种类数÷该供应商供应的产品总种类数）×100%。

此外，还有的公司将供应商体系、质量信息、供应商是否使用、如何使用SPC（统计过程控制）于质量控制等、是否通过了ISO9000认证或供应商的质量体系审核是否达到一定的水平也应纳入考核的内容。还有些公司要求供应商在提供产品的同时要提供相应的质量文件，如过程质量检验报告、出货质量检验报告、产品成分性能测试报告等。

（二）供应指标

供应指标是同供应商的交货表现相关的考核因素，其中最主要的是准时交货率、交货周期、订单变化接受率等。

①准时交货率＝（按时按量交货的实际批次÷订单确认的交货总批次）×100%；

②交货提前期（交货周期）：自订单开出之日到收货之时的时间长度，常以天为单位；

③订单变化接受率：是衡量供应商对订单变化灵活性反应的一个指标，指在双方确认的交货周期中可接受的订单增加或减少的比率。

订单变化接受率＝（订单增加或减少的交货数量÷订单原定的交货数量）×100%

值得一提的是，供应商能够接受的订单增加接受率与订单减少接受率往往不同，前者取决于供应商生产能力的弹性、生产计划安排与反应快慢以及库存大小与状态（原材料、半成品或成品），后者主要取决于供应的反应、库存（包括原材料与在制品）大小以及因减单带来的可能损失的承受力。

此外，有些公司还将本公司必须保持的供应商供应的原材料或零部件的最低库存量、供应商的后勤（Logistics）体系水平、供应商所采用的后勤系统（MRP、MRPⅡ或ERP）、供应商本公司是否实施“即时供应”（JIT供应）等也纳入考核。

（三）经济指标

供应商考核的经济指标总是与采购价格与成本相联系。与质量及供应指标不同的是，质量与供应考核通常每月进行一次，而经济指标则相对稳定，多数企业是每季度考核一次，此外经济指标往往都是定性的，难以量化。具体考核点有以下几点。

（1）价格水平：往往同本公司所掌握的市场行情比较或根据供应商的实际成本结构及利润率进行判断。

（2）报价是否及时、报价单是否客观、具体、透明（分解成原材料费用、加工费用、包装费用、运输费用、税金、利润等以及相对应的交货与付款条件）。

（3）降低成本的态度及行动：是否真诚地配合本公司或主动地开展降低成本活动，制订改进计划、实施改进行动，是否定期与本公司检讨价格。

（4）分享降价成果：是否将降低成本的好处也让利给顾客（本公司）。

（5）付款：是否积极配合响应本公司提出的付款条件要求与办法，开出付款发票是否准确、及时、符合有关财税要求。

有些单位还将供应商的财务管理水平与手段、财务状况以及对整体成本（Integral Cost 或 Total Cost）认识也纳入考核。

（四）支持、配合与服务指标

同经济类指标一样，考核供应商在支持、配合与服务方面的表现通常也是定性的考核，每季度一次，相关的指标有反应与沟通、表现合作态度、参与本公司的改进与开发项目、售后服务等。

（1）反应表现：对订单、交货、质量投诉等反应是否及时、迅速，答复是否完整，对退货、挑选等是否及时处理。

（2）沟通手段：是否有合适的人员与本公司沟通，沟通手段是否符合本公司的要求（电话、传真、电子邮件以及文件书写所用软件与本公司的匹配程度等）。

（3）合作态度：是否将本公司看成是重要客户，供应商高层领导或关键人物是否重视本公司的要求，供应商内部沟通协作（如市场、生产、计划、工程、质量等部门）是否能整体理解并满足本公司的要求。

（4）共同改进：是否积极参与或主动提出本公司相关的质量、供应、成本等改进项目或活动，或推行新的管理做法等，是否积极组织参与本公司共同召开的供应商改进会议、配合本公司开展的质量体系审核等。

（5）售后服务：是否主动征询顾客（本公司）的意见、主动访问本公司、主动解决或与预防问题。

（6）参与开发：是否参与、如何参与本公司的产品或业务开发过程。

（7）其他支持：是否积极接纳本公司提出的有关参观、访问事宜，是否积极提供本公司要求的新产品报价与送样，是否妥善保存与本公司相关的文件等不予泄露，是否保证不与影响到公司切身利益的相关公司或单位进行合作等。

思考讨论题

1. 供应商认证的过程包括哪些内容？
2. 供应商认证的标准有哪些？
3. 为什么要进行供应商筛选？
4. 深入研究供应商信息的方法有哪些？

5. 供应商关系是如何演变的?
6. 如何进行供应商细分?
7. 如何理解长期交易伙伴关系?
8. 供应绩效评价的指标有哪些?

本章案例

亚星集团分承包方选择和评价管理方法

亚星集团分承包方的选择和评价对于工业企业来说很有借鉴意义。其具体做法如下。

为了对分承包商进行选择与评价，各部门都要各负其责。生产使用部门负责提供在线设备、备件使用情况；设备科、设备材料科、生产使用部门评议合格分承包方；设备材料科提报合格分承包方评议报告；评出的分承包方由设备处审核，上报主管副总经理。

亚星将分承包方的评议分为两类：一类是在线设备、备件的分承包方，另一类是新选分承包方。其工作程序如下：

1. 建立在线设备、备件的合格分承包方档案

对于主要转动设备、关键静止设备及主要备件的分承包方进行评议和确认。评议的主要内容有：业务状况、质量保证能力、供货能力、生产部门的使用情况。经过评议确认合格的分承包方名单，报主管副总经理审核，经常务副总经理批准，建档实施。

2. 建立新选分承包方的设备采购档案

在线设备中关键和选型设备采购、技术改造、新产品开发设备采购，需要选择分承包方时，要经过以下几个步骤。

(1) 对候选分承包方评价。评价的主要内容有：候选分承包方提供的设备、备件能否满足本公司的生产技术要求；候选分承包方提供的设备、备件能否满足本公司的时间要求；候选分承包方的质量保证体系对其提供的设备、备件能否满足质量要求；候选分承包方提供的产品价格是否合理。

(2) 合格分承包方的选择。亚星对合格分承包方的选择有两种方法，一种是设备招标，另一种是评议和考察。

设备招标由主管副总经理组织开展的，首先确定招投标单位的名单，针对每台设备，由总工办、设备处、生产使用部门推荐国内有名望的、有经济实力的几个厂家，经总工程师审核，上报副总经理批准，作为招标的分承包方单位。确定名单以后，由总工处、设备处、生产使用部门组织对推荐的分承包方进行实际考察，并写出考察报告，上报总工程师、主管副总经理审批。在招标会议前一个星期，将设备有关的技术要求、图纸等技术文件传递给分承包方，以便他们对设备进行工艺设计、价格评估，做好招标前的准备工作。准备工作就绪后，招标会议按招标程度进行，评出中标的分承包方，即合格的分承包方。

分承包方的评议和考察是由总工处或生产技术处牵头，设备使用部门、设备科、材料科负责评选和考察。根据国内同行业所用设备的情况、行业报刊及其他渠道的信息，确定

候选分承包方名单，经常务副总经理同意后进行考察。考察候选分承包方的内容有生产规模、销售状况；生产技术装备、生产上关键设备现役状况；质量保证体系的完整性、可靠性、分承包方有已有用户对质量、价格及供货的意见。对候选分承包方调查后，参与人员负责评审，由组织调查活动的部门写出调查报告。上报主管副总经理，经常务副总经理批准入档。

资料来源：根据企业物资采购管理暨推广亚星经验指导手册整理.

舍弗勒的紧急求助函

舍弗勒是一家来自德国的家族企业，它是全球范围内生产滚动轴承和直线运动产品的领导企业，也是汽车制造业中极负声誉的供货商之一。舍弗勒于 1995 年开始在中国投资生产，20 多年来，舍弗勒已成为中国汽车和工业领域重要的供应商和合作伙伴。这样一家优秀的公司，却也遇到了麻烦。

2017 年 9 月 14 日，舍弗勒集团大中华区 CEO 张艺林发布“紧急求助函”：舍弗勒零部件“滚针”原材料的唯一供应商——上海界龙金属拉丝有限公司（“界龙”），2017 年 9 月 11 日，因环保方面的原因，被上海市浦东新区川沙新镇人民政府实施“断电停产、拆除相关生产设备”的处罚决定，从而导致滚针断货，影响舍弗勒的轴承生产，下游 49 家汽车整车厂的 200 多款车型从 2017 年 9 月 19 日陆续全面停产。舍弗勒认为，如果贸然找替代供应商，可能出现质量事故，将导致自动变速器爆裂等安全事故。即便短期内找到替代供应商，也不会有整车厂允许他们使用未经技术认可和质量体系认证的供应商。舍弗勒还称，切换供应商需要 3 个月时间，滚针的供货缺口估计将会超过 1500t，理论上造成中国汽车产量 300 多万辆的减产，相当于人民币三千亿元的产值损失。舍弗勒因此向有关政府部门寻求帮助，希望在不违反相关环保法律法规的前提下，允许界龙能继续为舍弗勒提供 3 个月的冷拔钢丝服务，以获得切换供应商的时间。

对此，中华人民共和国环境保护部回应称，“300 多万辆车减产，人民币三千亿元的产值损失”确实引起了社会各界人士的担忧，但其求助的背后原因却有待考究。舍弗勒称求助的缘起竟是该企业的滚针原材料供应商“由于环保方面的原因”被“断电停产，拆除相关生产设备”。但事实却是，据浦东区政府和浦东环境保护以及市容卫生管理局官方网站的信息，早在 2009 年，界龙就被列入浦东新区重点企业环境保护监督管理名单，2017 年度浦东新区级重点监管企业名单将其列为“重点监管排放废水企业”。多年来，该公司多次受到政府财政资金支持进行节能改造。2013 年浦东新区节能降耗专项资金支持 5.5 万元，2014 年上海市燃煤（重油）锅炉清洁能源替代专项扶持资金支持 64 万元，2014 年浦东新区燃煤锅炉、窑炉清洁能源替代市、区两级财政补贴合计 246.4 万元。然而，这些重点监管和财政支持似乎并没有取得成效。因无环评审批手续，在 2016 年 12 月中央环保督察期间，界龙被列为环保违法违规建设项目“淘汰关闭类”。2016 年 12 月和 2017 年 3 月，川沙新镇两次告知企业停止生产。2017 年 9 月 4 日，川沙新镇再次书面告知企业立即停止生产，如不予配合，将采取“断水、断电”措施。目前，企业已停产并自行切断了生产电源。所谓“十万火急的突发事件”，不过是舍弗勒及其供应商长期以来对环境保护的漠视使然。

后来，舍弗勒又在其官方微博发布最新声明，表示该集团已经在第一时间和客户、政府以及供应商等多方面进行了接洽沟通，现在已调动全球资源妥善处理供应链事宜，目前对主机厂整车生产影响可控。

资料来源：根据 2017 年网络新闻资料整理.

第六章　询比价与谈判

询比价与谈判是采购过程中的一个重要的活动，它最终确定企业与哪个供应商进行交易。狭义的采购就是指询比价（获取与选择报价）。获取报价，有诸多不同的方式，而选择报价也有不同的方法，谈判在这个过程中也非常重要。

通过本章学习，你将能：

①掌握各种获取报价的方法；

②对报价进行科学的评估；

③掌握采购谈判技能。

第一节　获取报价

报价是指供应商主动或应采购方邀请向公司提出成交条件的表示。报价的法律术语是要约，还有一些其他的类似术语，如发盘、报盘、出价、投标以及提案等。但要注意的是，供应商的报价不仅仅是价格，而是全面的成交条件。报价中除了价格之外，还包括质量、交付以及服务等条件。报价过程中也会涉及一些法律因素，例如正式给出的要约就不许随意地撤销。而我们以为是探讨性质的一个电子邮件，供应商或许会认为你已经接受了报价，这些法律因素在公司获取报价时要给予特别的关注。

在进行采购时，我们首先应邀请供应商给我们进行报价，获取报价的方式有多种方法，这些方法依其程序的正式性和严格性程度而有显著的不同。

正式性有三个衡量标准。

（1）书面形式比口头形式正式。

（2）有规定程序比没有规定程序正式。

（3）采购授权等级控制严格。

在决定针对不同采购项目所使用的方法和程序时，公司必须在采购决策的相应责任、行为与整个过程的管理成本之间进行平衡。例如，要保证对高价值采购所涉及的整套相关文件进行适当的审计。

根据正式性的不同，我们将获取报价的方法分为三种，包括非正式方法、询价—报价法以及正式招标法。另外，随着网络的出现，一种新型获取报价的方法应用得越来越广泛，已经成为获取报价的重要工具，那就是通过电子市场的方法。

一、非正式方法

这种方法用起来很简单，即通过电话向一两个供应商询价，并且可以立即订购。之后你可能会发一份简短的传真或邮件来确认订单，不过唯一有效的交易记录常常只是供应商的发票。另一个简单的选择是可以通过互联网浏览几家供应商的网站，查询公布的说明及其价格明细，并与你认为最合适的供应商直接进行在线订购。

这种方法的主要优点是能够使公司花费最少的精力和成本，而且不会有过程的延误。

以下情况适合使用非正式方法获取报价：

(1) 当处理订单的管理成本构成采购成本的主要部分，如采购价值本身相当小时，通常使用非正式方法。

(2) 如果双方互相了解并相互信任，这种方法也非常有效率。例如，可用于那些与你有经常性业务往来或有定期合同（框架式或固定合同）的供应商。

(3) 非正式方法适用于日常项目采购，即那些低价值低风险的物品。

(4) 非正式方法也适用于紧急需求，此时快速的行动在价值上远远超过了通过严格的程序获得更好价格所带来的利益。

二、询价—报价法

询价—报价法介于非正式方法和正式招标法之间。当公司希望与经挑选的有限数量的供应商进行交易时通常使用这种方法。

这种方法有以下一些特征：

(1) 包括向那些供应商发出书面的（或电子的）询价，请他们提供报价。供应商随后会回复一个书面报价单（通过邮寄、传真或 E - mail)，并以此让买方从技术和商业的角度来评估。

(2) 对供应商报价的评估以明确界定评估标准为基础，评估的结果及供应商选择应有文件可查并经相关的技术和采购人员签字认可。

(3) 除非需求是低价值的，否则买方或许会希望在确定最终采购决策之前与一个或多个能给出最好报价的供应商就采购交易进行谈判。

如果要求不同的供应商报价，那么应承诺对他们的报价进行公平和公开的评估。如果公司被供应商察觉到有不公平的操作，如准备的报价被轻率对待或者未给予平等考虑导致他们浪费不必要的时间和精力，就会损害公司的形象。其结果是回复你询价的供应商会越来越少，这将不可避免地减少你的供应选择。

与上述非正式方法相比，较正式的询价—报价法适合于下列情形：

(1) 采购比较复杂，不能期望采购人员记住口头允诺的每一件事情。

(2) 采购的物品是非标准的，且不同的供应商会提供略有差别的产品，需仔细评价和比较。

(3) 支出水平比较大，基于更多供应商竞争而产生有利的报价，这方面的收益要超过评估多种报价所付出的精力和成本。

(4) 存在一定的供应风险，这种风险需要备有文件证明以使得今后在这一点上出现任何问题时都不会产生误解。

询价—报价方法是企业获取供应商报价的最普遍的方式。与非正式方法相比，它涉及更多的成本和时间。然而它又比正式招标法成本更低且更快捷。

三、正式招标法

正式招标法是获取与选择供应商报价的最正规的方法。它以很广泛的和文件化的方式向可能的投标人传递需求信息，然后按规定的方法记录和评估供应商报价。

（一）正式招标何时适用

很明显，正式招标法是最复杂和高成本的采购方式。因此，它仅用在这样的情形，即从成本效率的角度以及公司所期望的来自利益相关者的看法证实是必要的。

与上述两种方法相反，正式招标法适用于下列情况：

（1）采购相当复杂（如大型建筑项目）且采购过程应以文件的形式较好地记录，以保证管理控制和内部反馈及估价的需要。

（2）采购价值非常高，且公司政策要求有充分的采购理由以及执行程序都是可行的——包括所要求的任何审核。这样的报告可能必须要经过公司董事会或股东的批准。

当只有一个或少数几个供应商时，正式招标法是不适用的。在这种情况下，简单直接的谈判更快捷也更有成本效率。另外，在市场条件或产品变化迅速，或者需要快速行动的场合，招标方法也是不适用的。

（二）正式招标的主要特征

1. 正式招标程序的公开性

正式招标程序的公开性有时也指透明性，是指整个采购程序都在公开情况下进行。公开发布投标邀请，公开开标，公布中标结果，投标商资格审查标准和最佳投标商评选标准要事先公布，采购法律也要公开。美国采购学者亨瑞芝将招标程序的公开性比喻为“如在金鱼缸中”（In a Goldfish Bowl），人人都可洞察一切。

2. 正式招标程序的竞争性

正式招标就是一种引发竞争的采购程序，是竞争的一种具体方式。正式招标的竞争性充分体现了现代竞争的平等、信誉、正当和合法等基本原则。正式招标作为一种规范的、有约束的竞争，有一套严格的程序和实施方法。通过正式招标程序，可以最大限度地吸引和扩大投标人的竞争，从而使招标方有可能以更低的价格采购到所需的物资或服务，更充分地获得市场利益，有利于采购经济效益目标的实现。

3. 正式招标程序的公平性

所有感兴趣的供应商、承包商和服务提供者都可以进行投标，并且地位一律平等，不允许对任何投标商进行歧视；评选中标商应按事先公布的标准进行；投标是一次性的并且不准同投标进行谈判。所有这些措施既保证了招标程序的完整，又可以吸引优秀的供应商来竞争投标。

（三）正式招标的形式

公司所使用的正式招标方法，其严格和正式的程度将取决于公司的特殊需求和内部的政策及指导方针。正式招标法有着不同的分类，通常使用的形式如下。

（1）公开招标，即任何符合最低规定标准的供应商均可投标。

(2) 限制性招标，即只有有限的供应商被招标，这些供应商已经事先通过了评估和/或资格审查的程序。

(3) 两段式招标，适用于没有获得供应商的先期投入就不能最终确定采购说明的场合，包括技术提案和包括商务部分的最终提案两个阶段。

《中华人民共和国招标投标法》将招投标分为“公开招标”和“邀请招标”两类。公开招标，是指招标人以招标公告的方式邀请不特定的法人或者其他组织投标。邀请招标，是指招标人以投标邀请书的方式邀请特定的法人或者其他组织投标。

四、利用电子市场获取报价

利用互联网进行的电子商务操作为通过电子市场进行采购提供了一系列的选择。通过互联网采购有助于接触更大范围的供应商并加速和简化实际操作。因此，利用互联网可以提升主要购买者促进竞争的目标，缩短供应提前期并减少管理成本。

（一）电子目录

印刷在纸张上的产品目录或产品清单提供了各供应商所能供应的产品规格、价格以及通常附有的插图说明。纸制目录的缺点是它们经常会过时，甚至有时尚未正式出版就已过时，因此，他们在动态变化的市场中提供信息的速度过于缓慢。而电子目录则解决了这个问题。

对电子目录最简单不过的理解，就是B2B（企业对企业）的电子市场本身就正是在线的电子目录。电子目录可以定义为一种网页，它提供了供应商销售和供应产品和服务的有关系统，并且它也支持在线订购和支付。电子目录对采购方和供应方都是有益的，其优点如下：

(1) 在买方和卖方之间很容易实现双向通信交流。

(2) 通过电子目录可以改进供应商服务，也可以向采购方通报他们从其他地方很难知道的产品，这样，采购方和供应商之间的合作关系得到进一步发展。

(3) 有了电子目录，供应商可以通过调整价格和重新包装产品来响应市场的变化和需求。

(4) 实质性地消除了使用者从查目录提出采购申请到订单正式下达的缓慢进程，这是因为：在需要批准场合，审批可以在线进行，通知和确认都可以由电子邮件来传递；在授权使用者自行采购的场合，订单无须采购部门进一步干涉而自动生成。

(5) “自行其是”的或“合同之外”的采购将大大减少，因为通过电子目录从合同供应商那里进行采购，比起走出正规的系统到外面去采购更简便、更快捷。

（二）反向拍卖

1. 反向拍卖的含义

在反向拍卖中，进行采购的组织机构公告他们想要买的货项以及他们为之愿意支付的价格，而供应商在规定的时间段内就该货项给出一个最好的价格。例如，一个组织机构想要采购1000件铸件，供应商针对其公布的规格、给出一个可能的最低价格。为此进行反向拍卖，宣布铸件的尺寸、质量、性能和运输方面的要求，通常也要宣布喊价的减幅。然后供应商进入市场，在拍卖中喊价。根据一致同意的拍卖规则，赢家当众宣布。

在反向拍卖终结时，采购方和供应商双方就都受到这次销售的约束了。假如设定了保留的价格，但没有达到，那么进行采购的组织机构可以决定哪个是胜出的投标价格。在规定时间里供应商的减价可以多于一次。除了供应商的名称和密封的反向拍卖标书外，所有的标书可供任何人读看。大多数在线拍卖场所都使用自动投标代理或“委托代理投标器”。它们代表供应商的利益进行了招标。

2. 反向拍卖的适用情况

大多数反向拍卖用于现货购买，这样省去了选择供应商、征询报价和比较收到的报价这些费时的非现场处理工作。有许多供应商参加的市场应向采购方提供一份编辑好的供应商名单。要采购的组织机构在他们自己的工作场所实施反向拍卖时，如果他们希望有些预期的供应商参与就应该先邀请他们。反向拍卖在下述情况特别适合。

（1）在市场的规模和提供某一产品的卖家的意愿不太确定的情况下。

（2）在所采购的货项的数量特别大而且它的规格有可能制定得十分清楚的情况下。

（3）对某些服务，例如汽车租赁、运输服务和宾馆住宿等。

一般来说，最低价的反向拍卖只能用于对生产产品的规格和供应商的选择不太注重的场合，它不适合于需要协作谈判，或相当认真谈判的复杂产品或项目。

3. 反向拍卖的指导方针

下面关于反向拍卖的指导方针是由美国联邦技术服务机构所编写的。

（1）当用反向拍卖来决定价格时，采购过程的变化并不大。采购的过程并不因为采用反向拍卖而需要变动，它仅仅是达到公正和合理价格的不同方法而已。

（2）反向拍卖并不适合所有的采购，重要的是要知道何时采用它是合适的。

（3）在选择一个供应商之前应评估多个竞标者的实力。许多订约人都具有反向拍卖的技术，他们中每个人都能提供不同级别的服务和定价。合适的供应商是能以合理的价格来提供合适级别服务的那个供应商。

（4）应意识到可能会获得不同级别的服务。这中间要研究另外一些竞拍者的市场，如果竞拍者是来自国际上的，应当请翻译来协助工作。

（5）当选择一个订约人来提供反向拍卖技术时，应意识到有不同的收费结构。例如，共享基于初始价格和最终价格之间差异的节约，或是基于许可证协议的费用。

（6）采购金额越大，时间就越能压缩，因此也越能节约。假如采购的数量以及估算的总值很大的话，就有可能得到较大的价格压缩余地。

（7）假如有竞争的话，那么采用反向拍卖就会得到较大的节约。

（8）在线呈送标书应体现出是有充分准备的和高品质的。

（9）参加竞拍的人应该从主持反向拍卖的人那里接受一定的培训。培训应尽可能地简单和尽可能地接近进行拍卖的时间。模拟反向拍卖也是有益的。在反向拍卖时可以准备一个可随时接通的电话，这样可以减少参加竞拍的人和做合同的职员的紧张心理。

（10）做合同的职员应关注整个反向拍卖过程。做合同的职员是成功拍卖的关键，应从头到尾地出席竞拍过程。

(11) 确保技术规格书是“子弹打不穿似的”无可挑剔。技术规格应尽可能地详细，这样，竞拍人能在在线竞拍过程中公平竞争。有关销售和货物交付的细节也应陈述清楚。

(12) 考虑把规格细分到针对所采购的货项的批次逻辑组合。为装备一个办公室的采购合同可以是一揽子方式的，或者可以把它细分成为办公家具和办公设备等不同的类别。

(13) 确保在反向拍卖结束时从拍卖主持人那里接收到的文件对下一步做合同是合适的。最少需要有一张清单，包括竞拍者的身份、化名、标书数量、标的总量、竞拍时间以及在整个拍卖过程中是否一起保持着联系。

(14) 做合同的职员在拍卖前应设立好反向拍卖的规则。一旦规则建立起来，最重要的是大家要严格地遵守规则、服从规则。

(15) 运用语言才能要求以最后的拍卖价再额外地多采购10%～20%的数量。当拍卖完成后，采购方由于反向拍卖而节约了资金，往往还有剩余的资金。然而，中标者并不一定要以最后的拍卖价销售多于规定以外的产品。但通过保留以最后的拍卖价再额外地多采购10%～20%的权力，剩余的资金可以用于采购额外的数量，而这些数量又能在同一订单中处理。

(16) 反向拍卖仅仅是一种定价机制而已，在做合同时不要排斥应用最佳价值准则。因此，也应考虑竞拍者的技术管理和过去的工作表现等因素。

(17) 考虑只邀请小公司来参加拍卖，因为小公司更珍惜这种机会。

4. 反向拍卖的优点

反向拍卖对买方和卖方都会受益匪浅。对买方的益处有以下几点。

(1) 作为一个竞争的结果，它的节约超过正规的谈判中所能获取的节约。一般而言，拍卖过程能将供应商的出价降低11%，节约的范围在10%～40%。

(2) 减少了从订货到交货的采购提前期。

(3) 对供应商很公平，与供应商广交朋友。

(4) 能较快形成全球供货的基础。

(5) 有关市场的信息来源加强。

(6) 对征询报价（Request For Quatation，RFQ）和征询项目建议书（提案）的行政管理更有效。

(7) 在互联网上实施的拍卖通常是完全不署名的，所以时间就无须花在会见供应商的代表上。

反向拍卖对于卖方的益处有以下几点。

(1) 为进入曾经是一个封闭的市场提供机会。这一点对小公司尤为重要。

(2) 减少了谈判的时间。

(3) 拍卖提供了获取市场定价信息的一个极佳的来源。

(4) 拍卖给出了清晰的提示，即为赢得生意和业务什么是必须做的。

5. 反向拍卖的缺点

对反向拍卖的异议有以下几点。

(1) 反向拍卖是基于赢—输策略的。

(2) 反向拍卖可能造成买方和卖方的合作关系向负面偏移，因为供应商（卖方）感到被剥削了，而且得到采购方（买方）的信任更少了。

(3) 无论是对供应商还是采购方，在经济方面的表现都有长期的负面影响。某些供应商可能在很长的时间都不能承受价格急剧地下降；不能在低价位的水平上竞争的供应商，可能会从采购方确认的供应商名单中退出，导致采购方供应商名单人数缩减。

(4) 为确保采购到正好所需的商品和服务，需要花大量时间去准备详尽的技术规范书。

第二节　评估报价的方法

有多种方法可以用来评估供应商报价，评估时应考虑与每一种方法相关的不同的标准。在本节，我们将讨论以下几种评估报价的方法，包括最低价格法、最低所有权总成本法以及综合评分法。

从根本上来讲，评估报价的方法只有一种，那就是综合评分法（加权评分法），综合考虑质量、交货、服务以及成本等方面的要素，选择最适合企业的报价。但为了减少工作量和不必要的麻烦，有的时候，我们对价格或成本以外的要素只做简单评估，而重点关注价格评估，这样就提高了评估报价的效率。

一、最低价格法

利用最低价格作为评估报价的主要标准并不意味着提供最低价格的供应商就会自动入选。如果那样，就会忽视一些关键问题，如质量或交货时机等。因此，首先要检查供应商的报价是否符合某些最低需求标准，只有满足或超过这些标准才能依其提供的价格进行评估。成功的应该是那个提供符合最低标准且价格最低的供应商。

如果已经进行了供应商评价，就可以筛选出那些不能满足公司需求的供应商。而只有那些能满足规定的最低需求的供应商才会被要求提供报价。这样，就对那些已经提交报价的供应商进行了考察并确保他们财务稳定、有足够的能力、有可接受的环境政策等。在这样的情况下，评估报价时仅需少数附加标准，如供应商能满足说明要求吗，供应商能按要求的时间表交货吗等问题。

最低价格是评估报价的最简单的标准，是对最低需求直接回答是或否，并进行直接的价格比较。它适用于公司致力于使采购价格降至最低的情形，即很可能是采购后成本可以忽略的情形。在需求相对直接且能以公认的标准或广泛认可的说明进行采购的场合，最低价格是理想的方法。

在一个报价明显低于其他报价的场合（无论是采购价格还是所有权总成本），需要判断报价低是由供应商过失造成的，还是由可疑的交易引起的，或者是正常原因引起的。其可能性包括：

(1) 供应商因不完全了解需求而不能给出正确的价格范围，这在执行的过程中不可避免地会产生问题。

(2) 一个不道德的供应商在执行合同时为快速达到目的可能故意定低价格来赢得交易，但在合同实施进程中会偷工减料。

(3) 同样地，供应商可能会给初始需求制定很低的价格以期在后续的交易（如一个设备的零配件）中获得收益。

(4) 供应商的报价可能是真实的，但制定特别低的价格是为了进入新的市场或削减过多的存货等。

在行动之前有必要向相关的供应商证实这种反常的低报价。如果理由看起来并不真实，那么就应该拒绝这个报价。

二、最低所有权总成本（TCO）法

这种方法也要考查供应商对某些最低需求的满足程度，与上述最低价格方法相同。但如果他们能满足并超出这些标准，此时评估报价的标准则是公司的所有权总成本。

然而，如果报价符合并超出了最低标准，它也只是从纯财务的角度被评估的。如果打算把非财务的因素如操作简便等也考虑进来，用后面将讨论的加权评分法比较好。

（一）使用最低所有权总成本法的难点

公司将关注的焦点从采购价格转向所有权总成本常常是困难的，其中的一些原因如下。

(1) 管理的重点或许侧重于短期的财务绩效——如满足当年的预算。虽然较低所有权总成本在长时期内对公司更有利，不过这常常会涉及较高的采购价格，并且在短期会产生不利的影响。

(2) 最低所有权总成本法在使用时比最低价格法更加复杂，这会阻碍一些公司使用这种方法。

(3) 最低所有权总成本的成本要素常常由公司的不同部门产生，这在某些时候会构成用所有权总成本标准来评估报价的障碍。

（二）最低所有权总成本法的构成

最低所有权总成本法试图量化所有与特定采购相关的成本和收入，也就是所谓的“从摇篮到坟墓”的方法，即从获得物品的时刻开始直到全部使用或处置的时刻为止的所有成本。

某些成本可能是“负的”，即有现金流入，如设备在二手市场售出或在生命周期结束时报废。同样，不同的设备由于产出水平不同通常会产生不同的收入，如用于生产线上的机器或者用来送货的车辆。

现在我们来研究最低所有权总成本的一般构成。其中的某些成本只与采购设备相关。

1. 采购成本

采购成本包括下列要素：设备的价格、公司职员执行采购所花费的时间费用、通信费用；文件费用、送货费用、安装费用、试运行费用、随主订单采购的零件费用、初始的人员培训费用等。

2. 运营成本

这些成本发生在设备生命周期的正常运转期间，包括以下方面：设备操作责任人员的费用；培训操作人员的经常性费用；必要的消耗（电、煤气、水、蒸汽等）；消耗品的费用（如送货车辆所需购买的燃料、发动机润滑油、火花塞、轮胎等）。

3. 预防性维护成本

设备的采购价格包括供应商在一定时期内提供的预防性维护费用。但如果超过了这个期限，公司将不得不承担这笔费用。通常应考虑以下费用：零配件的采购和存货；雇用和培训维护人员；进行维护所需的特殊工具和设备；停工期费用，如果预防性维护期间设备需要停止正常服务，由于停产所导致的费用；如果维护不是公司自己进行而是包给了供应商或第三方，必须确定此项服务的年度费用。

4. 修理成本

修理成本包含的要素基本上与上述预防性维护的成本相同。但由于故障发生的性质和频率是不可知的，这些费用通常难以量化。不过有时根据供应商“平均故障间隔”（MTBF）的数据进行估计是可行的，或者可以利用同一供应商在相同条件下运转的设备过去出现的故障频率进行估计。

5. 处置成本

处置成本，如涉及有毒产品的设备（包括现场清理费用），是相当大的。另外，如果设备有转卖或报废残值则处置费用为负。例如，公司想通过二手车市场的出售来处置已达报废年限的送货车辆。

6. 资金成本

资金成本包括采购设备所申请的贷款利息的支付。

7. 其他成本

其他成本包括保险，如保护设备免遭丢失或损坏、防止公司因设备使用而引起的诉讼和索赔等。

（三）最低所有权总成本法的适用

最低所有权总成本方法适用于下列情形：

（1）在采购完成之后仍有很大的继续运行的相关成本的场合，此时，如果对需求的供应目标已经锁定，最低所有权总成本应是适当的成本度量方法。

（2）在采购价格和其他成本诸如运行成本存在交替损益（效益悖反）的情况。

三、综合评分法

这种方法是依据反映供应商相对重要性的一系列“加权”标准对其进行评分，全部得分最高的供应商将被授予合同/订单。

重要的是要认识到，在这个方法中，成本应与全部其他标准一样对待。但人们发现做到这一点常常是困难的。如果全部得分最高的供应商并不是成本最低的，总会存在忽略得分而选择最低成本的可能。因此，在开始这一方法之前，应确保对供应商的选择是建立在对许多相关标准进行全面评价的基础上，成本仅仅是标准之一。

这种方法适用于下面的情形。

(1) 当成本不构成占支配地位的考虑因素以及在简单的“是/否”标准受到极大限制而不能反映供应商报价的不同要素的价值时。

(2) 在总需求未知或供应商无法据此报出精确价格时。这或许是这样的情形：正在选择定制设备的供应伙伴、提供的设备要跨年度以及设备的准确的说明型号还未可知等。

第三节 采购谈判

一、采购谈判

采购部门最重要的活动之一是与供应商谈判采购合同或协议。采购部门当然不是公司中进行谈判的唯一职能部门。但是，谈判是采购过程中一个关键的部分。谈判是通过面对面或电子方式进行正式沟通的过程，由两个或多个当事人就一个或多个问题寻求协议。谈判正越来越成为团队的而不是个人的活动。因此，谈判的参与者除了要具备有效的谈判者所需的知识和技能之外，还必须学会在谈判时以团队的方式工作。谈判过程包括管理时间、信息以及相互依赖的个人和组织之间的力量。每一方都对另一方有需求，进而认识到要满足这种需求往往需要妥协和让步。如果没有让步，大多数谈判会陷入僵局或不能达成协议。然而，僵局不一定意味着谈判失败。有可能是谈判双方差异太大而不能达成协议。在这种情况下，不达成协议实际比接受一个糟糕的协议好得多。

还有，谈判的重要方面是要认识到谈判过程不仅仅包括企业间的关系，还包括个体之间的关系。在谈判中处理人际关系是谈判过程的一个重要组成部分。谈判的中心内容包括每一方都试图说服另一方做出最有利于自己的事。谈判中包含一些技巧，这可以通过正确的训练和练习而得到学习与提高。好的谈判并不枯燥，谈判的实践可以提高人的技能。

采购过程中有两个阶段需要进行谈判：一是在签约之前，谈判的目的是为了达成交易，形成协议；二是在签约之后，当出现争议时，谈判也是解决争议的一个重要工具。

对于每次谈判，通常包括准备、会谈以及谈判后三个阶段。

二、谈判准备

谈判准备包括收集谈判信息，并据此制订谈判计划，包括谈判的目标以及谈判的策略。

(一) 谈判信息的收集

1. 收集相关信息

要分析自己和对手的优劣势，需要收集信息。如果买方和卖方原先有过采购合同的谈判，这个过程就不那么困难。在这种情况下，买方可能已经对许多重要问题有了答案。比如对供应商来说重要的问题是什么？意见不同的领域有哪些？谈判规则里有没有我们想要改进的地方？

如果买方并不了解供应商，那么应到哪里去收集所需信息呢？公司中与该供应商打过交道的人是一个可能的信息来源。这些信息有助于识别该供应商的重要问题是什么，提供背景信息，甚至会提供参加谈判人员的信息。信息可能来自公司的技术人员、销售人员、采购人员或者制造人员等。

2. 识别实际情况和问题

制订谈判计划要求区分实际情况和问题。谈判双方将对什么是实际情况，什么是问题较早达成一致。实际情况是现实或真实的情况。在谈判中，这些是不必讨论的条件。实际情况可以清晰地描述。相反，问题是要在谈判中解决的条款或主题。例如，确定价格和交货日期都属于问题范围。谈判问题的确认非常重要，因为正是在这些问题上，需要双方达成协议。除了价格，谈判双方还可以讨论许多问题。计划过程要确认双方想通过谈判而解决的主要问题。

3. 认识对方的需求

谈判中的买方和卖方在许多方面互为镜像。各方面都想达成有利于长期成功合作的协议。当买方收集供应商信息时，重要的一点是，确认这些问题对供应商非常重要。例如：供应商想在其行业内保持市场份额与数量，因而得到一份完全的采购合同而不是一部分合同，可能是该供应商的一个重要谈判目标。

对供应商最重要的问题可能并不是对买方最重要的（反之亦然）。当一方的问题或要求对对方不重要时，双方容易达成一致。例如：一个买方的生产进度体系要求该供应商在夜间生产所需产品，夜间交货。如果供应商有夜班，就很容易满足夜间交货的要求。因此，双方能在此问题上达成一致。作为回报，供应商现在可能希望买方就一个或多个对供应商重要的问题提供方便。给予和所得对谈判都是重要的，但每一方都不能期望自己总是占优势。

4. 分析各方的优势和劣势

有经验的谈判者依靠调研与经历来了解对方。这意味着了要解什么对另一方是最重要的。这也意味着要在谈判开始前了解对方的人员与历史。当一家买方公司第一次和供应商谈判时，买方只有经过调研才能充分了解该供应商，对各方做分析需要评价相对的优势和劣势。这个过程能够影响在谈判桌上采用的战略和策略。买方并不总是对供应商有影响力。很多时候，供应商由于财务规模或者对合同没有很大的需要而处于比买方有利的位置。

了解供应商的生产体系非常重要。有了这种认识，买方就能够确认供应商是否使用经济有效的技术流程；可以估计供应商的成本结构，从而确认一个公平合理的价格；可以确定供应商对数量、收益和人工成本变化的敏感性有多大。

5. 判断谈判中的力量

谈判的一个重要部分是谈判中各方的力量关系。力量是影响其他个人或组织的能力。如果 A 方能够让 B 方做出直接有利于 A 方的事，就说明 A 方比 B 方有力量。在历史上，我们可以看到使用力量的积极作用，也可以看到使用力量的破坏性。在谈判中，谈判各方会使用力量来影响谈判结果。买方对供应商的奖励或惩罚说明了力量的使用，这会影响到谈判的结果。

个人或组织在谈判中使用的力量有多种来源，力量的使用可以成为谈判战略的一部分。但是，我们必须认识到不同的力量会对谈判和关系产生不确定的短期影响和长期影响。一些力量有损于长期关系，而另一些力量只是专门知识或获得信息的结果。买方必须理解使用力量的利益和损害，必须了解使用具体的力量来源可能对关系产生的影响

研究人员总结出了个人或企业采用的 6 种主要的力量类型，包括信息、奖励、胁迫、合法性、专业以及影响力。当说服和谈判都不能让对方同意某个成交位置的时候，谈判者就可以诉诸使用力量。在适当的环境下，另一些谈判者可以把使用力量作为其谈判战略的优先策略。

(1) 信息力量。

掌握信息是谈判中最常用的力量形式。它依赖于使用事实、数据和其他论据的说服力。谈判中信息的使用不一定意味着完全公开信息与共享信息。一方可以通过仅提出支持某个成交位置的信息来操纵局势；另一方也可以通过仅提出相悖的信息来反驳对方。使用力量时，一方可以通过操纵信息来控制或限制另一方可得的选择。

(2) 奖励力量。

奖励是指一方能够向另一方提供对其有价值的东西。大额采购合同就是奖励，特别是在供应商重视这笔业务的时候。奖励只有在对方珍视它的时候，才会成为一种力量的来源。占供应商总业务量很小的采购合同不足以说服供应商接受买方提出的特定成交位置。

(3) 胁迫力量。

胁迫力量和奖励力量有某种联系。如果一方能给予奖励力量，那么也可以采取胁迫力量。但是，胁迫力量比奖励力量有更多消极的含义。它包括惩罚—财务的、物质的或精神的惩罚。例如，如果供应商不同意特定的要求，买方就威胁单方面降低价格。

是否使用胁迫力量常常与持有力量的一方对另一方是否遵从的判断有关。反复使用胁迫力量会对长期关系产生破坏性影响，也很可能在将来力量结构发生变化以后，对方会采取报复。在经济恢复期，当供给市场开始紧张，供应商就可以采取报复行为，它可以大幅度提高价格，不向特定的买方提供优质服务，甚至取消物料供应。这些行为都是报复的形式。

(4) 合法性力量。

个人所占据的职位而不是这个人本身是法定力量的基础。例如，经理和行政公职人员群体是具有法定力量的职位。当个人实施法定力量的时候，他们之所以这样做是因为他们觉得他们的职位赋予了他们这种权利。

(5) 专业力量。

专业力量与信息力量有关系，是信息力量的特殊形式。信息力量和专业力量包含对知识的掌握。一方面，当一个人为讨论，如谈判，做了调研与准备，就显示了信息的力量。另一方面，专家被看作在某一学科积累和掌握了大量知识的人。专业知识力量能够在谈判中减少另一方拒绝某个成交位置的可能性，从而影响其他人。此外，由于专家知识的程度，非专业人员可能较少向专家挑战。

(6) 影响力力量。

这种力量来自基于个人品质和特点的吸引力。这些特质可能是物质的，也可能包括诚

实、感召力、友善和敏感等品质。影响力的基础是非影响者想博得影响者的好感。这样，影响者就具有了可以在谈判中使用的力量。在谈判中，一方对影响者的感受可能和另一方地影响者的感受没有关系。一些具有影响力的人甚至不知道这种力量的存在。在谈判中，当影响者知道对方认同并喜爱该影响者的时候，影响力最易取得成功。

在谈判过程中，力量的持有者会在某种程度上使用力量。谈判者必须小心，不能滥用力量或者冒险破坏关系，从而在以后招致报复，或者减小力量的价值。在大多数谈判中，最有效的力量通常是合法性力量、信息力量和专业力量。这些是采购专业力图掌握的基本力量源泉。它们是在各方达成协议以后共同工作的动力源。

（二）谈判目标的制定

1. 确定具体的谈判目标

在收集完信息之后，要制定具体的谈判目标。目标是未来通过工作力图实现的愿望。采购谈判的基本目标是就所要采购的产品或服务达成协议。对于稀缺资源，达成一致的希望不大，双方就不必进行谈判了。这并不意味着所有的谈判都会成功，由于主要问题的成交位置没有重叠，许多谈判最后以僵局告终。但是，在谈判真正开始之前，通常双方相信他们能够达成协议。如果双方不这样认为，他们就不会浪费时间与精力来准备谈判了。谈判的一个重要目标是在买卖双方之间以公平合理的价格达成协议。以一个具体的买方为例，其为谈判准备的目标包括：

①每单位价格 10 元。

②采购提前期 4 个星期。

③次品率从 500PPM（件/百万）改进到 50PPM。

④与合格的供应商建立稳固而持久的关系。

不是所有的目标都同等重要，因此，买方必须确认每个目标的重要程度。有的公司把它的谈判目标分成“必须实现”和“预备实现”两类。这就把各目标的重要性区分开了。

2. 为每个谈判问题设定一个成交位置

谈判各方必须要为每个即将讲座的问题设定一个成交位置，这个成交位置应当具有某些弹性。因此，谈判者应当建立一系列的成交位置——通常是有最低可接受结果、最理想结果以及最有可能的目标成交位置。

成交位置的交叠部分称为谈判区域，这是谈判过程的核心。图 6 - 1 说明了采购价格的谈判区域。

在图 6 - 1 A 表示，双方很可能不能达成一致，除非一方或双方修改其成位置或成交位置范围。卖方的最低卖价远高于买方的最高买价。在图 6 - 1 B 表示，买卖双方的成交位置存在交叠，可能达成协议。买方愿意支付的最高价格是 11.45 元/单位，卖方愿意出售的最低价格是 11.15 元/单位，双方很可能在这两个数字间的某处达成协议。

一方是否会修改甚至放弃对所谈判问题的最初成交位置，受许多因素影响。这包括各方对合同的渴望，或者可以得到新的或更优的信息并且该信息威胁到最初成交位置，或范围的精确性，或者一方在一个问题上的重大支持了另一方修改成交位置或妥协，或者双方之间力量关系的转变。

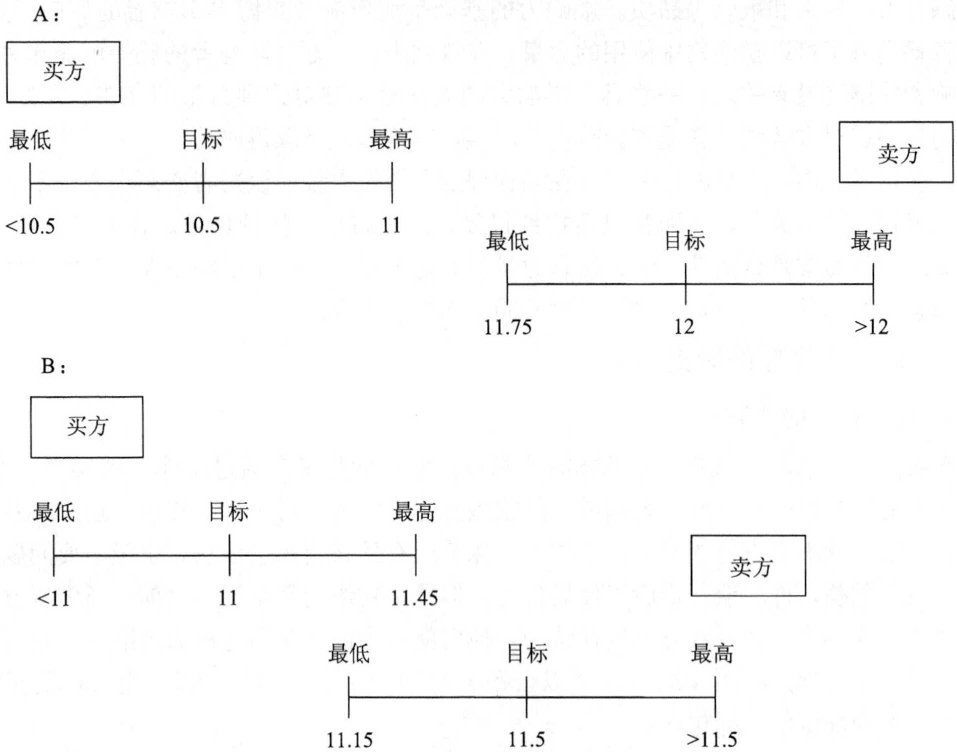

图6－1 采购价格谈判区域

(三) 确定谈判的策略

1. 谈判的基本原则

(1) 应尽量扩大总体利益。

在谈判中，谈判双方首先应一起努力扩大双方的共同利益，然后再讨论和确定各自分享比例，也就是谈判界常说的“把蛋糕做大”。有的人一听说开始谈判，就急于拿起刀要去切蛋糕，以为蛋糕就这么大先下手为强，于是在蛋糕的切法上大伤脑筋。事实上，这种做法并不明智，成功的谈判结果并不总是不计代价赢来的，甚至谈不上“赢”这个字，而是双方各有所得，即“双赢”。

谈判的作用，在很大程度上取决于能不能把蛋糕做大，通过双方的努力降低成本，减少风险，使双方的共同利益得到增长，最终使双方都有利可图。项目越大，把蛋糕做大的可能性就越大。

(2) 应善于营造公开、公平、公正的竞争局面。

在类似于项目谈判的谈判中，应避免出现谈判选择伙伴单一、“一棵树上吊死”的现象，要善于营造公开、公平、公正的竞争局面以利于扩大自己的选择余地。

实践证明：营造公开、公平、公正的竞争局面，可以赢得谈判的主动权，争取最有利的合作条件。

(3) 应明确目标，并善于妥协。

在谈判中，我们经常会发现，由于双方对同一问题的期望值存在着差异，而导致谈判进程受阻。事实上，在很多情况下，大家只要认准了最终的目标，在具体的问题上，完全可以采取灵活的态度、变通的办法，从而使问题迎刃而解。妥协有时候是让步，而在某些时候仅仅是为了求折中的替代方案。这就要求我们不应在自己的立场上固执己见，而应积极去寻找隐藏于各种立场背后的共同利益所在。

（4）注重平等互利原则。

平等互利原则的基本含义是，在谈判活动中，双方的力量不论强弱，在相互关系中都处于平等的地位；任何谈判都是自愿的活动，任何一方都可以在任何时候退出谈判或拒绝进入谈判；在商品交换中，自愿让渡商品，等价交换；谈判双方应根据需要与可能，有来有往，互通有无，做到对双方有利。

（5）重利益不重立场原则。

谈判的最基本问题不是在立场上的冲突，而是在双方需求、欲望、关注的利益方面的冲突，这些利益冲突是双方立场冲突的更深刻的根源。另外，任何利益一般都有多种可以满足的方式；而且在对立的立场背后，双方之间存在着共同利益和冲突性利益，并且所存在的共同利益往往大于冲突性利益。因此，谈判过程中应当调和的是双方的利益，而不是双方的立场。

谈判者讨论利益时应尽量具体化，具体的描述可以使你的利益显得更加可信，而且有助于增强说服力。但是应当注意，谈判者在关心自己的利益同时，也应注意到对方的利益。这也是平衡互利原则的基本要求。

（6）坚持使用客观标准原则。

所谓“客观标准”原则就是独立于各方意志之外的，不受情绪影响的标准。所谓坚持使用客观标准的原则就是在谈判中要依照客观标准，而不是根据压力来进行谈判，谈判者应当把注意力放在问题的价值上，而不是双方的耐力上。

运用客观标准的好处是，它将双方立场、观点、意志力的较量转换成双方共同解决问题的努力，变“双方是否愿意做”为“问题该如何解决”，变双方以各种方法竞争上风为彼此有诚意的沟通。

是否使用了客观标准的衡量原则是：从实质利益上看，以不损害双方各自的利益为原则；从处理程序上看，在双方决定各自要扮演的角色之前，可以先针对他们心中的“公平程度”进行谈判。

（7）坚持把人与问题分开原则。

要做到把人与问题分开处理，从总体上看，应该从看法、情绪、误解三个方面着手。当对方的看法不正确时，应寻求机会让他纠正；如果对方情绪太激动时，应给予一定的理解；当发生误解时，应设法加强双方的沟通。在谈判中，不仅要这样处理别人的“人的问题”，同样也应该处理你自己的“人的问题”。

总之，在思想上要把自己和对方看作同舟共济的伙伴，把谈判视为一个携手共进的过程；在方法上，要把对方当作“人”来看待，了解他的想法、感受、需求，给予应有的尊重，把问题按照其价值来处理。

（8）坚持提出彼此有利的解决方案原则。

提出彼此有利的解决方案，是在构思一系列可行的选择的方案中产生的。因此，第一步，必须把选择方案的“构思行为”与“判断行为”分开；第二步，必须摒弃“只寻找一种答案”的意识；第三步，必须确认共同“共有利益”，让双方“各得其所”；第四步，必须“使对方容易做决定”。

(9) 注意科学性与艺术性相结合原则。

科学性是从事谈判的理论前提，而艺术性则是谈判取得成功的重要条件。因此，在谈判过程中既要坚持科学性原则，同时又要讲究艺术性原则，两者有机结合，才能取得成功。

(10) 注意并非任何情况下都要进行谈判。

在下列情况下，你就没必要或干脆不要进入谈判：

①你没有讨价还价的能力；

②你有实施个人意志的力量或权威的倾向；

③你没有时间进行充分的准备；

④谈判可能会对你的长远目标造成损害；

⑤你力量太弱，或缺乏经验，难以同对方抗衡；

⑥你明知自己要求得不到满足。

2. 谈判策略：努力影响对方

谈判策略是在实施谈判战略时所采取的短期的计划和活动，有意造成对方成交位置的改变，影响其他人来实现谈判目标。在谈判过程中，谈判者有许多策略可以选择。谈判者采取合理策略来说服对方认可的特定成交位置。此外，谈判者必须了解对方采取了何种策略。了解对方策略可以减小在谈判中使用策略的无效性。

根据罗伯特·卡迪尼（Robert Cialdini）的方法，我们可以把几百种谈判策略大致分成六类，通过研究发现，它们显示了指导人类行为的 5 种基本社会心理原则。

(1) 交互性原则：实际上，地球上的每一群体都遵循交互性原则。交互性指的是，当我们从别人那里收到了什么的时候，我们会感到有义务还给他一些东西。在谈判中，当双方提供了让步的时候，这一原则迫使人们做出善意的回报。谈判高手深谙交互性对大多数人所产生的强有力的影响。

(2) 一致性原则：这一原则指导我们要在信仰和行动上保持一致。在谈判中，如果我们让别人同意了某事，然后又没有一直坚持下去，他们就会认为我们是不一致的和非理性的。谈判老手还知道，当某人同意了某件事的时候，他会比在他同意之前更加认可那件事。此外，一旦有了一个较小的承诺，就比较容易在后来要求一个较大的承诺。

(3) 社会证据原则：按照这一原则，我们看其他人的行为来决定什么是想要的、适当的和正确的。如果我们看着别人来决定自己的行为，有可能阻碍我们的谈判。例如：卖方可以声称一个受尊敬的公司使用了该卖方的产品，这就为买方采购其产品提供了社会证据。

(4) 喜爱原则：这一原则说明当我们和我们喜爱的人在一起时，会工作得更好，感到更愉悦。谈判高手知道，当存在亲密融洽的关系时更容易做出让步，因此，谈判高手会花时间来了解对手。

(5) 稀缺原则：卖方很早知道了稀缺对买方的影响。如果不想即刻停业，谁会因为下个月将出现供应短缺而把工厂关掉？这一观点同样应用于价格上涨。如果产品在这一价格上是稀缺的，买方最好在价格上涨以前采购。卖方知道稀缺通常会产生自身的需求。

下面给出仅是谈判策略的一小部分技巧。其中一些是属于“诡计”，并不建议在真实情况下使用它们，我们把它们展示出来仅仅是为了让买方了解它们。

（1）低开。

这一策略是指一方（通常是卖方）在接到买方的业务时，提供一个异常低的价格。这一策略也称为“开端”法。供应商知道，一旦买方向卖方做出了承诺，他通常很难转向别的供应商。

（2）诚实/开放。

密切合作的各方具备某种信任水平，能够让他们无偿分享信息。坦白的、诚实的信息分享是为了让各方都了解设计一个双方都可接受的协议所需的信息。

（3）提问。

无限制的提问在谈判中有双重目的。首先，洞察性提问可以揭示新的信息，如谈判者的真实成交位置和真正关心的问题。其次，当对方思考答案的时候，提问提供了一段放松的时间。

（4）中间休息。

这包括花时间处理新信息，当谈判进行得很糟或谈判者感到他或她做了太多让步的时候采取必要的暂停。

（5）投石问路。

使用这一策略的时候，谈判者可以问：“如果我说服了我的经理支持这个选择会怎么样，你们会配合吗?”投石问路是为了提出一些建议，检测它们是否可被接受。对这些建议的反应会影响各方是否会在这一建议上更进一步。

（6）价格上涨。

有时候卖方会说如果买方不同意特定的价格，价格很快就会上涨。这样买方会为了避免涨价而毫不怀疑地接受卖方的条款。信息完备的谈判者能够区分真实的价格改变不是卖方仅仅为了取得采购合同而采取的策略。

（7）存货有限。

这一策略把稀缺性作为说服和基础。由于不想关闭工厂，特别是在卖方对买方发出了稀缺“警告”的时候，毫不怀疑的或没有准备好的买方会再次同意在特定价格下采购。

（8）高开。

这一策略是对一个问题设置一个高或低的初始成交位置。买方可以提供一个异常低的采购价格，卖方可以提供一个异常高的销售价格。这里的逻辑性在于，一旦一方真的从极端位置做出让步，新的位置对于另一方会显得更可接受。这是一个成交位置（极端位置）与另一个成交位置对照的过程，这样新位置看起来会更让人满意。

（9）最佳/最终要约。

这一策略标志着结束对一个问题的谈判。开出最佳/最终要约的人必须准备在对方不接受该要约时结束谈判。如果最佳/最终要约被迅速修改成一个新的最佳/最终要约，这一策略就很快失效了。

(10) 沉默。

这一策略是在对方提出要约的时候不立即做出反应。大部分人，特别是在我们的文化里，对沉默感到非常不舒服。可以在有选择的时段里使用沉默作为有效的谈判策略。例如，当对方的提议会削弱我们在谈判中的地位的时候，保持沉默比承认对方提议要好。

(11) 影子报价/要约。

影子报价或影子要约是一方说谎或有意误导对方。例如，买方可以告诉卖方说，他收到了另一个供应商的报价，每单位低于5美元。如果卖方不对该价格做出相应的变动，说明他是不想和买方做生意了。卖方也可以使用这种方法。卖方可以通知买方A，说买方B准备以更高的价格采购这些物料（这些物料是稀缺的）。这是一个不道德的、冒险的策略。如果一方对影子报价或要约没有反应，那么，这一方就有效地回击了该策略。

(12) 有计划的让步。

这一策略是用让步来影响对方的行为。前面已经提到，买方以相对较小的开局让步发出一个低的初始要约（如在价格上），表示它不愿意改变初始成交位置。相反，合作性的、开放性的成交位置或可修改的要约以及相对较大的让步表示愿意灵活处理。使用有计划的让步也表示现在另一方应该做出回报或者在重要问题上做出让步。

(13) 使用力量。

使用力量的类型依赖于采购的具体状况。例如，如果买方想和供应商建立长期关系，那么就不要使用胁迫力量。自觉使用力量是一种策略，这在谈判准备过程中已经表述过了。

对一个问题使用的策略可能对另一个问题并不成功或并不适用。当对方没有做好准备、紧张、最终期限将到、没有经验、疲劳或不感兴趣的时候，策略最有效。

三、谈判会议

只有通过谈判，所有为谈判所做的计划和辛苦的准备工作以及确定的谈判目标和策略才能见到成果。计划和设计策略对于谈判来说很重要。但是想要成功，这些还是不够的。谈判会议本身也是一个要仔细合作的事情，不只是双方偶然的和随意交换观点的会议。实际的谈判可以分成下面几个阶段：开始阶段、验证阶段、建议阶段、讨价还价阶段、协议阶段。随着谈判的向前推进，每个阶段都要实现所确定的目的。

（一）开始阶段

如果你主持一个谈判，第一印象非常重要。表示尊重、有礼貌和热烈的欢迎会有助于在即将进行的会谈中创造一种良好的气氛。可以提供一些茶点，尽力使谈判对手感到轻松。闲聊旨在相互熟悉，一般性会谈有助于建立一个正确的框架。

如果可能的话，事先起草一个议程，并同所有参与者沟通。如果不是这种情况，那么在议程通过之前不要讨论任何实质性的问题。议程确定会议的基调：要讨论的问题及其先后次序。事先形成的议程在便于谈判策略运用的同时又会妨碍策略的运用。但在谈判开始阶段有议程的一方会发现自己在某种程度上处于强势地位。如果双方在开始时都提出自己的计划议程，那么要做的第一件事就是“谈判”达成一个共同的议程。

尽管协商议程是一件重要的事，应该确保你方所有关键问题都包含其中，同时在其他问题和方法上要保持灵活性。这些讨论可以为谈判确定基调，以使谈判有一个好的开端。在谈判实际开始之前协商议程时，如果可行还应该就所期望的谈判结果以及会谈时间长短达成协议。这将保证各方充分了解谈判所涉及的内容，估计每个主题讨论的时间期限，以及所希望达到的谈判结果。

（二）验证阶段

在这个阶段，双方应该验证一下他们各自的洞察力以及对一些关键问题的理解。还应该检验一下在谈判前对对方所作的假设，以及他们对于即将进行的交易的全部承诺。此时会涉及下列问题。

（1）探索共同的问题。

（2）试着去感受对方的潜在需求和利益。

（3）通过询问“什么”“为什么”以及“怎么”的问题去证实他们的需求、利益和期望。

（4）澄清感觉和假设：是你们的还是他们的。

（5）注意倾听他们的回答、阐述和询问。

（6）对他们的需求和利益表示关注。

在所有必要的澄清未确定之前，应避免给出任何肯定的建议。过早地提出建议可能会使对方有戒心，使他们感到不必要的压力甚至会使谈判偏离进程。

（三）建议阶段

谈判进程的下一个阶段是提出建议方案。在会谈之前确定谈判策略时，应该决定是否首先亮明你的立场和提议。如果已经决定这么做，你的提议必须有清晰且详尽的阐述。

但在这里，建议你最好首先让供应商先提。如果你自己还没有获得有助于形成提议的所有可能的信息，这样做是非常恰当的。或许你也希望让他们首先提议来暴露他们的“最佳”目标并以此定位你的相抗衡的提议，用这样的方法可以创造一个最能服务于你的利益的“谈判区”。

如果这不能实现，那么可尝试利用一些假设的问题（例如，如果我们做……会怎么样?）来制定暂时的提议。要积极听取他们的回答、提议和相反建议。在确信了解了他们所给出的全部暗示之前，不要打断或立即下结论。

在谈判的这个阶段，不断从新的角度进行选择并寻找解决方案是很重要的。此外，切记：定期总结；将不同的变量联系起来；依据已提出的想法和建议；通过提问来分类和定位；做足够的笔记；必要时提议暂停谈判来表明你的选择。

尽量不要：立刻拒绝提议；立刻针对他们的提议提出反对建议；使用表示愤怒的词语，如“我们需要一个公平合理的解释”或“这就是你们所能提供的全部吗”。

（四）讨价还价阶段

从提出建议到议价阶段的改变可能很突然，并且这两个阶段也有很多交叉。如果双方在提议阶段能够达成相当的共识，那么讨价还价阶段会很短。讨价还价的基本规则如下。

（1）经常尝试做出谈判条件的让步：“如果我们做这个，你们会做那个吗?”

（2）尝试在对你没有什么价值而对供应商很有价值的变量上做出让步。

(3) 无论是否可能都要关注所有的变量并将其联系起来考虑。

(4) 做一些小的让步，但关键问题上不让步。此外，要记录议价过程所作的所有让步。如果不记录，那么在谈判结束时要想回忆起所达成的协议是很困难的。

在讨价还价的阶段，最好避免出现以下情况：

(1) 被新提出的问题所困扰。

(2) 做出无计划的让步。

(3) 迷失了你的谈判目标。

(五) 协议阶段

这是达成最终协议的重要阶段。在这一阶段，总结和明确阐述所达成的协议尤其重要。这也是决定下一步的目标，以及为完成协议确定角色和任务的时候。

记住协议阶段不是工作关系的结束而是一种开始。除非双方都对协议感到满意，并清楚地了解协议所涉及的内容，否则不久就可能会出现问题。一般情况下应该寻找对双方都公平和有效益的协议。这将是双方所遵照执行的唯一的协议。所以，应该仔细查看任何对你方看似不公的协定。它可能有一些你没有意识到的陷阱。记住一句话："如果协议太好而显得不真实，那么它可能就是不真实的!"

四、谈判后续工作

谈判后应进行的工作如下。

(1) 起草一份声明，尽可能清楚地记录双方已达成一致的内容，并将其呈送到谈判各方以便于工作提出自己的意见并签名。

(2) 将达成的协议提交到双方各自的委托人那里，也就是双方就哪些事项达成协议，为什么可能是最好的协议，从该协议中可以获益什么。

(3) 执行协议，例如归置整理合同，设立联合协议执行小组。

(4) 设定专门程序监察协议履行情况，并处理可能会出现的任何问题。

思考讨论题

1. 根据正式性，获取报价分为哪些方法?
2. 各种招标方法的特点及适用情况是什么?
3. 利用电子市场方法获取报价包括哪些形式? 各有什么特点?
4. 什么是反向拍卖，有什么优缺点?
5. 评估报价有哪些方法，各有什么适用情况?
6. 最低所有权总成本包括哪些内容?
7. 采购谈判要收集哪些信息?
8. 什么是采购谈判中的力量，具体包括哪些力量?
9. 谈判的基础原则有哪些?
10. 什么是谈判策略，有哪些策略?
11. 谈判会议包括哪些阶段，各有什么特点?

本章案例

复印机合同

Kirkton（柯克顿）大学采购部门的资深采购员 Karen Masters（凯伦·玛斯特斯），正面临着一项困难的决策。复印机合同的竞争者只剩下 Excalibur（圣剑）公司和 Quick serve（快速服务）公司，Excalibur 公司给出了更为有利的报价。然而，Karen 对她与 Excalibur 公司以前的合作并不满意，她不知道这会给决策造成什么影响，必须在三天内做出决策。

Kirkton 大学及其采购部门：Kirkton 大学位于美国中西部，登记在册的学生人数超过 25000 人，有 65 座建筑物、16 个系和学院。

学校行政管理部门员工超过 2000 人。采购部隶属于行政管理部门，负责接收、管理及供应维持学校正常运转所需要的物资。

Karen Masters：Karen Masters 在六年前加入采购部，当时刚获得音乐和教育学位。除了研究生学业，还通过了总共四门注册采购经理考试中的三门。目前，她正在为了获得证书而努力。自从加入采购部以来，Karen 已经从一个普通员工被提升到了资深采购员的职位。在关于合同投标和如何确定中标方面累积了大量的经验。

投标过程：采购部门不断地招标，接收各种投标书，以最优利益为标准选择供应商。这个过程包括检查每份标书的细节，确保其符合最终使用者的需要，并确保学校能够用有限的资金获得最高的价值。要达到这些标准责任主要落在采购部门主管和资深采购员肩上。

复印机合同：Kirkton 大学校园中总共使用着 225 台复印机（这个数字不包括投币式机器或者绘图服务）。这 225 台复印机中，有近 100 台是根据一份四年期的合同从某复印机公司租借的。该合同包括每一次复印的服务和复印机的维修工作。

八年前 Kirkton 大学与 Excalibur 公司签订了一份四年期的供应复印机的合同。Excalibur 是一家大型跨国公司，在市场中占主导地位，它以每次复印大约 3.3 美分的投标价格获得了合同。但是，在合同执行期间，Excalibur 公司的表现一般。它提供的复印机是没有适应性的、简单的复印机（例如，没有放大功能等），并且不能保证及时维修。

四年后，合同期满，需要重新签订一份合同。这一次当地一家小公司 Quick serve，获得了合同。激烈的竞争和生产复印机成本的降低使 Quick serve 公司提供了复印机每次 1.9 美分的价格。另外，Quick serve 公司提供了多种规格和适应性很强的机型，其中包括 Kortex100s、4000s 和 5000s。Karen 认为与 Quick serve 公司四年的合作是非常令人满意的。除了性能优良的复印机，很强的适应性以及较低的成本，Quick serve 公司的服务代表也提供了非常好的服务。实际上，与 Kirkton 的合同是由 Quick serve 公司的总经理亲自监督执行的，他不断地给 Karen 提供关于每一台复印机服务记录的报告。而且，Quick serve 公司允许 Karen 决定何时更换同类型的复印机（即更换掉经常出故障的复印机），这是 Excalibur 公司以前坚决要求 Kirkton 大学自行解决的。

在大学与Quick serve公司履行整个合同期间，Excalibur公司不断地向其介绍该公司其他系列产品。Karen对他们的做法很反感，这可由两个例子来说明。首先，在Karen从事采购工作的六年里，公司更换了13次销售代表。由于学校订立合同和开发票程序的特殊性，Karen不得不“重新培训每一名销售代表”。其次，学校有一项严格的规定，所有采购要由采购部来完成。然而，Excalibur公司的代表有时直接与最终的使用者进行联系以影响其对于材料或者采购的需求，而Excalibur公司的代表明明知道这是违反学校规定的。

当前的投标：到截止日期，总共收到了19份对于复印机合同的投标。把范围缩小到五家公司：Tauras、Excalibur、Quick serve、Doolittle&Byers以及Plumper。经过仔细考察，又淘汰了三家公司。淘汰Tauras公司是因为它缺乏历史记录（这家公司刚成立两个月），并且不能确定其是否能够应付业务量这么大的一份合同（这份合同的业务量是它目前的业务量两倍还多）。淘汰Doolittle&Byers公司是因为它提供的标准复印机每分钟只能够复印40张，很显然这是需要大量复印的使用者所不能接受的。另外，Doolittle&Byers（杜兰特和拜而斯）公司没有计算机化的服务系统，并且也不准备安装这种系统。淘汰Plum公司是因为它的设备技术含量太低（液态的），这将产生低质量的复印件。

保留下来的两份投标来自Excalibur公司和Quick serve公司。Excalibur公司的投标包括重新装备的复印机，提供与Quick serve公司相似的服务，价格比Quick serve公司的投标价低大约20%。

Quick serve公司的投标是现在合同的延续，包括现在所使用的设备。它的投标价格与上次合同价格相同。

Karen的决策：当考虑这些影响她短期内所要做出决策的因素时，感到有些忧虑。显然，公司提供了一个在价格方面很有吸引力的投标，但是其他方面如何呢？另外，很难仅根据过去的表现就确定Quick serve公司的投标合理。公平性如何呢？作为一个有较高层次的机构，如果它所签订的合同是不公平的，很可能会造成一些附带的影响。必须权衡许多因素，并在三天后向采购部提出建议。

资料来源：米歇尔·R. 利恩德斯，等. 采购与供应管理［M］. 北京：机械工业出版社，2003.

某超市采购谈判技巧

1. 永远不要试图喜欢一个销售人员，但需要说他是你的合作者。

2. 要把销售人员作为我们的一号敌人。

3. 永远不要接受第一次报价，让销售员乞求；这将为我们提供一个更好的交易机会。

4. 随时使用口号：“你能做得更好”。

5. 时时保持最低价记录，并不断要求得更多，直到销售人员停止提供折扣。

6. 永远把自己作为某人的下级，而认为销售人员始终有一个上级，他总可能提供额外折扣。

7. 当一个销售人员轻易接受，或要到休息室，或去打电话并获得批准，可以认为他所给予的是轻易得到的，进一步提要求。

8. 聪明点，可要装得大智若愚。

9. 在没有提出异议前不要让步。

10. 记住当一个销售人员来要求某事时，他会有一些条件是可以给予的。

11. 记住销售人员不会要求，他已经在等待采购提要求，通常他从不要求任何东西作为回报。

12. 注意要求建议的销售人员通常更有计划性，更了解情况，花时间同无条理的销售人员打交道，他们想介入，或者说他们担心脱离圈子。

13. 不要为销售人员感到抱歉。

14. 毫不犹豫地使用论据，即使他们是假的；例如："竞争对手总是给我们提供了最好的报价，最好的流转和付款条件。"

15. 不断重复同样的反对意见，即使它们是荒谬的。你越多重复，销售人员就越相信。

16. 别忘记你在最后一轮谈判中，会得到80%的条件，让销售人员担心他将输掉。

17. 别忘记对每日拜访我们的销售人员，我们应尽可能了解其性格和需求，试图找出其弱点。

18. 随时邀请销售人员参加促销。提出更大的销量，尽可能得到更多折扣。进行快速促销活动，用差额销售来赚取利润。

19. 要求不可能的事来烦扰销售人员，任何时候通过延后协议来威胁他，让他等；确定一个会议时间，但不到场；让另一个销售人员代替他的位置；威胁他说你会撤掉他的产品，你将减少他的产品的陈列位置；你将把促销人员清场，几乎不给他时间做决定。即使是错的，自己进行计算，销售人员会给你更多。

20. 注意折扣有其他名称，例如奖金、礼物、礼品纪念品、赞助、资助、小报插入广告、补偿物、促销、上市、上架费、希望资金、再上市、周年庆等，所有这些都是受欢迎的。

21. 不要进入死角，这对采购是最糟的事。

22. 避开"赚头"这个题目，因为"魔鬼避开十字架"。

23. 假如销售人员花太长时间给你答案，就说明你已经和其竞争对手做了交易。

24. 永远不要让任何竞争对手对任何促销讨价还价。

25. 你的口号必须是"你卖我买的一切东西，但我不总是买我卖的一切东西"。也就是说，对我们来说最重要的是要采购将会给我们带来利润的产品。能有很好流转的产品是一个"不可缺的魔鬼"。

26. 不要许可销售人员读屏幕上的数据，他越不了解情况，越相信我们。

27. 不要被销售人员的新设备所吓倒，那并不意味他们准备好谈判了。

28. 不论销售人员年老或年轻都不用担心，他们都很容易让步，年长者认为他知道一切，而年轻者没有经验。

29. 假如销售人员同其上司一起来，要求更多折扣，更多参与促销，威胁说你将撤掉其产品，因为上司不想在销售员前失掉秩序的客户。

30. 每当另一个促销正在进行时，问这个销售人员“你在那做了什么”并要求同样的条件。

31. 永远记住这个口号：“我卖我买，但我不总买我卖的。”

32. 在一个伟大的商标背后，你可发现一个没有任何经验的仅仅依靠商标的销售人员。

资料来源：转载，http：//www. tianya. cn/publicforum/Content/no100/1/19444. shtml.

第七章　采购合同管理

采购合同使买方与卖方的交易有了法律保障。本章探讨了影响合同的法律背景、国际贸易术语、合同自身的条款构成以及合同管理的方法，以帮助采购人员能够起草一个好的合同，并对其实施恰当的管理，确保采购目标的实现。

通过本章学习，你将能：

①掌握合同管理的基本原理；

②起草合同范本；

③掌握国际贸易术语；

④对合同进行适当管理。

第一节　合同基本原理

一、合同的概念

按照《中华人民共和国合同法》的规定，合同是平等主体的自然人、法人、其他组织之间设立、变更、终止民事权利义务关系的协议。

我国法律中并不存在一个明确的“采购合同”的概念，本书的采购合同管理，含义是从采购方的角度如何签订买卖合同，并对其进行有效的管理，从而确保采购方的利益。

（一）买卖合同的概念

买卖合同，是指出卖人转移标的物的所有权于买受人，买受人支付相应价款的合同。

买卖合同是商品交换发展到一定阶段的产物，是商品交换的最基本、最重要、最有代表性的法律形式。合同法针对买卖合同所设置的法律规则，确立了在市场交易中以财产价值的流转为内容的交易形式的基本规则。买卖合同对促进商品流通，发展市场经济，满足人民群众的生活、生产需要，具有重要的作用。

（二）买卖合同的法律特征

1. 买卖合同是转移标的物所有权的合同

当事人签订买卖合同的目的，就是转移买卖标的物的所有权。在出卖人，是出让自己标的物的所有权；在买受人，是取得买卖标的物的所有权。而标的物的所有权转移与价款的交付和接受，是互为对价的关系。

2. 买卖合同是双务合同

买卖合同的当事人在各自享有合同权利的同时，还各自负担相应的合同债务，权利义务相互交错，构成典型的双务合同。

3. 买卖合同是有偿合同

买卖合同是典型的有偿合同，出卖人负担交付买卖标的物并转移标的物的所有权于买受人的义务，与买受人所负担的支付价款的义务互为对价。对价就是有偿，因此与赠与合同完全不同。

4. 买卖合同是诺成性合同

买卖合同自当事人双方意思表示一致之时起成立，并不以一方当事人标的物的交付或一定的行为作为合同的成立要件，不是实践性合同，而是诺成性合同。

5. 买卖合同是不要式合同

买卖合同不要求必要的形式，因此，口头、书面以及其他形式都可以，因此是不要式合同。

（三）合同的成立

合同的成立一般包括以下几个条件。

(1) 订约主体存在双方或多方当事人。所谓订约主体是指实际订立合同的人，他们既可以是未来的合同当事人，也可以是合同当事人的代理人，订约主体与合同主体是不同的，合同主体是合同关系的当事人，他们是实际享受合同权利并承担合同义务的人。

(2) 双方当事人订立合同必须是“依法”进行的。所谓“依法”签订合同，是指订立合同要符合法律、行政法规的要求，由于合同约定的是当事人双方之间的权利和义务关系，而权利和义务是依照法律规定所享有和承担的，所以订立合同必须符合法律、行政法规的规定。如果当事人订立的合同违反法律、行政法规的要求，法律就不予承认和保护，这样，当事人达成协议的目的就不能实现，订立合同也有失去了意义。

(3) 当事人必须就合同的主要条款协商一致。即合同必须是经过双方当事人协商一致的。所谓协商一致，就是指经过谈判、讨价还价后达成的相同的、没有分歧的看法。

(4) 合同的成立应具备要约和承诺阶段。要约承诺是合同成立的基本规则，也是合同成立必须经过的两个阶段。如果合同没有经过承诺，而只是停留在要约阶段，则合同未成立。合同是从合同当事人之间的交涉开始，由合同要约和对此的承诺达成一致而成立。

以上只是合同的一般成立条件。实际上由于合同的性质和内容不同，许多合同都具有其特有的成立要件。

二、合同中买卖双方的义务

（一）卖方的义务

货物买卖中卖方的义务主要是交付货物、移交一切与货物有关的单据、把货物的所有权转移给买方。

(1) 在当事人所指定的场所，按一定方式、及时地交货或提供服务。这意味着为了按要求完成任务，需要科学地组织安排。

(2) 转移商品所有权。所有权的转移或许可发生在签订合同时、交付时、全部付款之后。

（3）货物买卖中，单据是买方提取货物、办理报关手续、转售货货物以及向承运人或保险公司请求赔偿的必要文件。所以，卖方在交付货物的同时也有向买方提交货物单据的义务。

（4）卖方对其所售货物的质量、规格、包装、特征或适用等承担的责任，是为品质担保义务。

（5）买方在交易中有权检验货物，一旦发现货物不符合同的规定，卖方必须承担由此所产生的损失或退换货物。

（6）卖方必须保证对其所交付货物的合法性，在买方处分这些货物时，不会妨碍第三人的权利。

（二）买方的义务

货物交易中买方的主要义务是支付货款和受领货物。

（1）买方必须按合同确定的日期支付价款。包括支付金额、时间和方式。

（2）买方理应采取一切行动，以便卖方能交付货物，并有义务在卖方交付货物时接受货物，如买方无理拒收货物，由此产生的额外费用由买方承担。

三、采购合同中常见的问题

（一）适用的法律

如当事人在合同中没有选择适用的法律，每个当事人往往趋向于在合同中应用自己的法律观点，可能曲解自己的义务。如果对术语的解释产生歧义，则没有可选择的法律背景帮助确定如何解释相应的合同条款。

（二）出价策略

竞标时，供应商提出较低的价格只是为赢得合同，一旦合同被接受后，供应商就会通过各种变化和附加试图提高供应价格。买方或许不同意这些条件和附加，并认为这些工作或产品应包括在原始的价格中。这些差异导致争议，从而需要解决争议。

（三）所有权/管理的变化

由于重组，供应商（或采购方）或资产（包括合同）可能被出售给第三方。在这种情况下，至少管理部门和管理文化发生了变化。仍根据以前对管理部门的信任水平，继续履行重要的合同，实践证明，这种情况将损失惨重。

（四）变化的环境

合同可能根据一些经济标准订立（如汽油或电的价格）。由于一些无法预料的事件超出当事人的控制范围，成本会发生重大的变化，有可能因不可预料的意外使采购者受益。为避免损失，供应商可能推迟履行合同或试图替代履行。相反的情况也可能发生。典型的例子是石油产品的供应。

（五）币值波动和外汇管制

币值波动和外汇管制的变化对履行合同的当事人的现金流转有不利的影响，从而导致不履约或违约。

(六) 延期

由于国际运输问题，供应商不能及时提供商品或把商品运送到合同中要求的地方。在协同生产战略中，依据买方需要在特定地点获得供应品的重要性程度，这种延迟对买方向其客户的履约能力会造成加倍的影响。

(七) 不同的商业文化

当采购方希望严格遵守合同的条款，而供应商的商业文化更为灵活，在涉及合同的实际履行时，不协调就此产生，从而导致损失惨重。在洽谈合同时，你需要意识到这种情况。如果特定的合同是供应商的大笔销售的话，最终有可能导致采购方接受劣质物品，而供应商则可能破产。

(八) 缺乏明确说明

尤其是新产品或当供应是为买方的最终客户做的一部分工作时，所供应商品的实际特性易受变化或更改的影响。产品描述的方式缺乏明确性，将导致持续的重新设计和返工的费用。供应合同必须考虑这些风险。

(九) 语言

当事人讲不同的语言，用两种（或更多）语言（甚至用第三语言）起草合同可能会遇到这种情况，即当事人都错误地认为他们理解了彼此的意图。事实上，以一种语言表达的术语和用另一种语言表达的术语所指的意思可能是不相同的。如果没有确定哪种语言为标准，可能带来更多的风险。

虽然上述问题只是在合同签署后才产生，但必须在合同起草时就意识到这些问题，以便防患于未然。你公司应该可以预料怎么样的合同结构才能使你公司以及其他有关各方感到满意。如果公司经常出现某一特定的问题，应特别注意，这可能说明存在着妨碍公司处理这样问题的因素（可能是结构上的缺陷）。公司应密切关注公司的供应战略，并重新设计/审视公司的供应战略。这也说明在将来的采购合同中必须确保这方面问题得以适当地处理。

四、影响合同效力的法律体系

合同中权利与义务受法律背景影响，在订立合同并进行合同管理时，要考虑不同的法律体系。法律体系是比较法中用来对各种法律进行划分的概念，意指具有相同或相近的传统、原则、制度和特征等因素的法的总和。一个法律体系通常涵盖了若干国家或地区，但有时一个国家内也会存在不同的法系，如英国、美国、加拿大是典型的英美法系国家，但英国的苏格兰、美国的路易斯安那州和加拿大的魁北克则属于欧陆法系。

通常所说的法系包括英美法系、欧陆法系、斯堪的那维亚法系、中华法系、社会主义法系、伊斯兰法系、印度教法系等。其中英美法系和欧陆法系一般被认为是当今世界最重要的两大法律体系，但这两大法律体系在当今也多有交流与融合之处。

(一) 普通法系或称英美法系

普通法系（Common Law System）是一种由英格兰古代开始发展而成的法律体系。

现在除了美国、英格兰、威尔士、爱尔兰之外，所有现在或以前曾经是英国的殖民地或属土或英联邦国家，例如加拿大、澳大利亚、新西兰、新加坡、马来西亚、印度、巴基斯坦等地，均采用这种法系。中国香港在回归祖国以前紧随英国的法制，而回归祖国后根据《香港基本法》规定，继续使用普通法系。

这种法系由公元1066年英王威廉一世带领诺曼征服英格兰开始慢慢在12世纪及13世纪成形。当时英格兰王室为加强司法审判权，便派出法官巡回各地审判案件。当时有很多法律问题，都没有白纸黑字的法例规范，因此法官都是根据当地的社会风俗、习惯、道德观念和一般常理来作出判决，其中基督教圣经的教训对当时英格兰社会的道德观念也有着不多不少的影响。当这些判例一个又一个的累积起来，再加上当时的法官习惯上都会尊重和跟随以前法官（尤其是较高级法庭的法官）判案的原则，于是过了几百年，累积起来的判例便形成了适用于全国的法律。尤其是在印刷术开始普及之后，许多重要的判例都有律师用文字记录下来，然后印刷出版，每当律师接手办理新的案件时，都会翻查以往出版的判例作为依据，法官审每一件案件时也越来越详细地解释他判案的理由和分析以前的判例作为支持他判案的理据。大约到了15世纪，这种无须经过立法机关立法而成的“法律”慢慢确立，所以普通法又叫不成文法。有些法律学者甚至认为，理论层面来看，这种慢慢累积而来的“法律”就好像公义、道德这些观念一样，在一切制度还未确立以前，其实已经存在于每个人的良知里，法官的职责就好像把这些法律原则“找出来”一样，而不是“创立”法律。

（二）大陆法系或称欧陆法系

欧陆法系或大陆法系一词中的“大陆”两字其实不是指中国大陆，而是指欧洲大陆，这个法系现时主要由欧洲大陆的国家（如法国、意大利、德国、荷兰等）及其他受上列国家影响的国家（如日本）采用。欧陆法系一般称为民法法系，主要历史渊源是古时罗马帝国的法律，其后在欧洲中世纪的后期（即是文艺复兴以前，约12～15世纪），罗马法在欧洲大陆又再度受到重视。到了18世纪，欧洲大陆的许多国家都颁布了法典，尝试列出各种法律分支的规范。因此欧陆法系又叫成文法。

也有一些地方的法系，同时带有普通法系和欧陆法系的一点特色，例如苏格兰由于历史原因，虽然属于英国的一部分，但是在法律体系上，也受到欧陆法系很深的影响，在有些法律范畴中，显出欧陆法系的特色多于普通法系。又例如美国（路易斯安那州除外），虽然是百分百普通法系国家，但是为了配合近数十年来经济和科技的迅速发展，也要积极编写法典配合，而并非单纯依靠案例来发展法律。

中华人民共和国法律体系属于大陆法系（民法法系）。

（三）普通法系和欧陆法系对合同的影响

这两种法系的本质和理念有很大差异，涉及历史、文化、信仰立场、社会背景等，它们对合同的签订有较大影响。

一般来说，在普通法环境下均期望合同将详细提供双方之间的关系。在发生任何争议的情况下，来自普通法系的法官或仲裁员可能仅依据合同的措辞做出裁定。只有在有限的不明确的情况下，为了确定当事人之间的合同内容，审判员才会审查合同签署前所形成的各种文件。审判员也很少倾向去阅读当事人没有明确约定的合同条款。那些指望合同将会被如何通读的想法，就是导致在普通法合同中建立起来的那种详细描述方法的重要理由。

在民法环境中，义务的背景法规将导致更多的期待，期待背景法律弥补当事人义务的缺陷。通常，在合同条件下，为确定或理解当事人的义务，更愿意去审查签署合同前的文件。合同可能更简明扼要。

第二节　合同的起草

一、采购合同的主要内容

作为采购方，在订立合同时，一定要考虑以下三个方面的内容。

(一) 通过合同，公司想要获得什么

产品、服务或资本投资的获取是有一系列前提的。采购什么将直接影响着公司核心业务的成功。除非十分清楚想要通过合同获得什么，否则对合同起草者来说，合同的准备将会很困难。

是否所需要的东西随时可在市场上获取，或是从少数几个供应商处采购，或是供货短缺，或是按你公司的要求定制？例如，公司需要更先进的软件，就要决定是选择采购相对标准化的"非定制"软件，或是采购由外部工程师编制的半定制化或定制化软件。

这些都是起草合同前提出的具有代表性问题的例子。如上所述，它们有助于合同起草者准备协议条款。

(二) 公司想要避免什么

已经确定了公司想要什么，接着你必须明确公司想要避免什么。每个公司都有一整套战略选择。例如，有较高或较低的库存是组成部分公司战略的财务选择。一项采购的结果，因缺货或供应商变化会使生产线处于风险之中。避免低质量的投入可能是公司另一种战略，该战略决定着投入的来源，因此，也决定着缔约的途径和方法。支付预付款和以预付款保证金方式与供应商交易是公司做生意想要避免的付款方式，公司倾向于选择往来账户的结算方式，在30天之内或在90天内付款给供应商。

澄清上述问题，有助于帮助合同起草者准备合同的条款。

(三) 如果出现问题，如何保护公司利益

知道想要获得什么和避免什么后，对特定的合同来说，将产生下一个问题：如每件事情出现问题，公司有什么备选方案。如果必要的话，为公司建立起从合同中脱离出来的方法是绝对必要的。如果是方便获得的、可选择的供应资源，使合同保持较短的持续时间是有利的。履约和完成保证金是另外的处理方式，同样也包括适当的终止条款。清楚的争议解决条款可使寻求救济的工作简单化。

另外，要注意和你相对应的当事方也有从其义务中解放出来的方法。如有在合同生效前必须具备的一些条件，就会产生一个问题，谁处于最好的位置去实现那些条件？对于是

否有适于特定合同环境的任何不可抗力要素（例如不可抗力、战争、自然灾害、起义等），你也必须做出判断。

二、好合同的判断标准

采购合同需要对某些附加的问题非常敏感。在这种情况下，一些经过检验的合同起草方法仍表明是有效的。

（1）知道你要获得什么、避免什么，以及如果事情做错，你的备选方案是什么。通过这样的反思过程，在合同中处理问题的类型将变得更加明显，更高质量的文件将得到准备。

（2）了解你的供应商。如果你不能很好地了解供应商，在这种情况下起草合同会增加你的风险。你还可以从其曾使用过的人处征求意见，以便了解他们的履约方式。例如，最低出价投标人有长期意图，即低价投标得到合同，然后加压迫使买方接受附加条件。一些特殊的国家，在进行国际贸易中有特种关税。按照这样的认识来起草合同，或许最有助于你避免合同履行中的困难。

（3）有效的合同是每个当事人都获益的合同（双赢）。如果各方都对促成合同没有足够的兴趣，那么，就会增加合同失败的风险。当每个当事人都为合同完成服务，就有更大的弹性去解决分歧，强调要始终保持按时交付。长期合作关系可能从最初合同发展而来。

（4）决不允许任何人做出你怀疑其没有能力履行的承诺。在供给过多的时期，为获得合同，供应商可能自愿做出很多许诺。不过，供应商实际履行合同的能力取决于其公司的生产和分销设施，而不是取决于市场服务。

（5）避免含糊其词地起草并始终如一地使用术语。不明确的起草需要进行解释，这样，可能发生异议。尽可能地坚持使用术语起草合同，以便使所有阅读主文的人都会对义务有着相同的理解。

（6）牢记知识产权。被认为是产权的东西愈来愈变得数字化和非物质化。在考虑文件和设计的条款之前，考虑“基于知识”的资源范围（商标、版权、专利权、技术秘诀和商业秘密）是非常必要的，而这些资源可能会为公司带来战略优势。

（7）有明确的争议解决条款。尤其是在不可能使用尽可能清楚的语言时，明确的解决争议条款可以使所有各方都知道如果出了毛病可以获得救济的程序。

（8）有明确的终止条款。买方有明确的规定以终止与供应商的关系。应全面考虑终止可能出现的结果。例如，有可能必须交还所有权文件。要避免见到“协议终止”的条款，因为当考虑终止时，协议未必能马上达成。

（9）牢记文化。在国际环境条件下，意识到与供应商的文化差异有助于确保起草的合同令人满意。

三、合同的主要条款

合同的具体内容因各个交易的具体情况不同而不同。而且，在以信件、电报或电传形式签订合同时，合同的内容常常可能并不十分规范。一般而言，以国际货物买卖合同为例，其主要内容归纳如下。

(一) 合同名称等表明合同自身的情况

除合同名称外，在这部分内容中还应当包括合同号，即通常由一组数字和字母所组成的号码。

(二) 合同当事人的情况

在国际货物买卖合同中必须将双方当事人的情况规定清楚，因为只有这样，才能明确谁是合同项下权利义务的主体。通常，是通过以下各项内容来规定当事人的情况的，包括：①当事人的名称或姓名；②当事人的国籍；③当事人的注册地址或营业地点或住所；④当事人的电话、电传、电报及传真号码；⑤当事人的银行账户。

(三) 签订合同的时间与地点

为了确定当事人合同项下权利义务开始的时间，以及计算合同中所规定的一些履约期限，必须在合同中明确规定合同订立的时间。

同时，也应当在合同中将签订合同的地点规定清楚，因为在很多情况下，合同的订立地与合同的法律适用紧密相关。

(四) 合同标的的名称、种类、范围、质量、标准、规格和数量

为了明确特定合同项下的特定标的，就应当在合同中把合同标的的名称、种类和范围作明确的规定。不过，为了明确特定合同项下的特定标的，仅仅规定标的的种类和范围是不够的，还必须对合同标的的质量、标准、规格和数量加以规定，才能达此目的。

对于散装货物和其他不容易精确装运量的货物等，在规定合同标的数量时，通常需规定溢短装条款。

(五) 履行合同的期限、地点和方式

合同当事人双方履行其合同义务，都必须按照合同规定的期限、地点和方式来进行。因此，合同中必须把履行合同的期限、地点和方式做明确的规定。

(六) 价格条件及支付金额

价格条件、支付金额、支付方式和各种附带的费用支付货款是买方的基本合同义务之一。相应地，收取货款是卖方的基本合同权利之一。因此，合同中必须明确地规定价格条件、支付金额、支付方式和各种附带费用。

(七) 包装与唛头

为使卖方依一定的规则履行其交货义务，在合同中应当规定货物的包装与唛头。在规定包装条款时，应当注意到货物的特性、具体运输方式及运输时间的要求。所谓“唛头”，即“运输标识”(Shipping Mark)。在货物上喷刷唛头的目的，是为了方便货物运输、划分与移交。

(八) 运输

国际货物买卖合同很多都涉及货物的运输。合同中的运输条款主要应当规定以下内容：运输方式、装运时间与地点、目的地、转运与分批运输事项、运输中的通知和联络事项等。

（九）单证

为使卖方能够在合同规定的条件下收取货款，合同中必须规定单证条款，在以托收和信用证为支付方式的场合，尤其如此。

应当注意的是，单证条款必须与合同中的付款条件条款相协调，在采取跟单托收和跟单信用证付款方式时，尤其如此。

（十）保证

这里的“保证”，是指卖方对货物品质的保证。为确保卖方所交货物是符合合同规定的货物，在合同中应当规定保证条款。

在保证条款中，应当规定保证的内容，通常是规定卖方保证其所交货物符合一定的标准。此外，还应当规定保证的期限，以及卖方违反保证时的处理方法等。

（十一）检验与索赔

买方对货物具有检验的权利。在合同中规定检验条款的目的，就是为了规定买方行使其检验权的时间、地点、方式，以及其检验权丧失的条件等事项。因此，在规定检验条款时，一般应当把检验的时间、地点、方式和检验权丧失的条件规定清楚。

应当注意的是，检验货物是买方的一项权利。因此，在检验货物条款中应当规定由买方或者其委托或授权的第三方来检验货物。除非合同中有相反的明确规定，卖方或者其委托或授权的第三方在任何时间对货物所进行的检验，均不能取代、否定或排斥买方检验货物的权力。

（十二）不可抗力

不可抗力是许多合同中都有的一般性条款，在国际货物买卖合同中也不例外。

在规定不可抗力条款时，通常应当将不可抗力事件的内容和范围、遭受不可抗力事件的当事人应当采取的措施、第三方机构对发生不可抗力事件的证明，以及不可抗力对当事人合同权利义务的影响和后果等事项，逐一规定清楚。

（十三）法律适用及解决合同争议的方法

国际货物买卖合同中应当规定法律适用条款和关于解决合同争议的条款，以使合同能够依据于一定的法律基础之上，并在一旦发生合同争议时，根据一定的法律和采取适当的途径来解决争议。

（十四）合同使用的文字及合同效力

国际货物买卖合同可以用一种文字起草，也可以用两种或两种以上文字起草。在合同中应当规定合同所使用的文字，以及修改或补充合同的文件和履约函电所使用的文字。应当注意的是，在合同以两种或两种以上文字做成的情况下，应当规定以合同的某一种文本为准，以免因不同合同文本的条文发生歧义，而对确定合同规定的内容造成不应有的困难。

此外，在合同中还应当规定合同生效的条件、时间、有效期，以及合同效力终止的条件等事项。

(十五)其他

对于因交易的特殊情况所可能产生的特殊事项，可以在这一部分中加以规定。因此，在一些合同中，这一部分被称为合同的“特殊条款”。

第三节 国际贸易术语

一、《国际贸易术语解释通则》(Incoterms)

《国际贸易术语解释通则》是国际商会（ICC）为了解释国际贸易中最普遍使用的贸易条件而编纂的通则。它们清晰地界定了当事人各自应承担的责任和风险。该通则描述了在商品移交的整个过程中，每一种情况下的买卖双方的责任划分。《国际贸易术语解释通则》的最新版本是《2010 年国际贸易术语解释通则》，2011 年 1 月 1 日开始实施。

《国际贸易术语解释通则》提供了一个共同的标准。当事人使用一个术语时，所有当事人都知道它是基于《国际贸易术语解释通则》的意义上使用的。这有助于实现双方当事人的权利和义务，并能减少不确定的风险，尽管不能完全消除风险。

二、国际贸易术语的发展历程

《国际贸易术语解释通则》自 1936 年首次制定后被广泛应用于国际贸易中，为适应不断变化的贸易形势，先后历经 1953 年、1967 年、1976 年、1980 年、1990 年、2000 年、2010 年多次重大修改和修订。

2010 年，国际商会根据国际货物贸易的发展，考虑到运输实际操作、统一无关税区的贸易、新的协会货物保险条款、电子单据的使用以及货物安全等问题，对《2000 年国际贸易术语解释通则》进行了修订，《2010 年国际贸易术语解释通则》（International Rules for the Interpretation of Trade Terms 2010，缩写 Incoterms® 2010）在 2010 年 9 月 27 日公布，于 2011 年 1 月 1 日开始全球实施。

三、《2010 年国际贸易术语解释通则》(以下简称为《2010 通则》)的变化

(一)贸易术语的变化

1. 新增 DAT 和 DAP 两个术语

新版本增加了 DAT 和 DAP 两个全新的术语。DAT（Delivered at Terminal）是指在指定目的地或目的港的集散站交货。DAP（Delivered at Place）是指在指定目的地交货。两者的主要差异是 DAT 下卖方需要承担把货物由目的地（港）运输工具上卸下的费用，DAP 下卖方只需在指定目的地令货物处于买方控制之下，而无须承担卸货费。此次增加是通过 DAP 取代了先前的 DAF、DES 和 DDU 三个术语，而 DAT 取代了先前的 DEQ，且扩展至适用于一切运输方式。

2. 贸易术语分类的变化

《2000 通则》中的 13 种术语按术语缩写首字母分成四组，即 E 组、F 组、C 组以及 D 组。这种分类反映了卖方对于买方的责任程度。然而，《2010 通则》将这 11 种术语分成了截然不同的两类。第一类包括那些适用于任何运输方式，包括多式运输的 7 种术语：EXW、FCA、CPT、CIP、DAT、DAP 和 DDP。第二类，实际上包含了比较传统的只适用于海运或内河运输的 4 种术语：FAS、FOB、CFR 和 CIF。《2010 通则》贸易术语简介如表 7－1 所示。

表 7－1　《2010 通则》贸易术语简介

术语缩写	术语全称	适用的运输方式
EXW	Ex Works 工厂交货（……指定地点）	所有运输方式
FCA	Free Carrier 货交承运人（……指定地点）	所有运输方式
CPT	Carriage Paid to 运费付至（……指定目的地）	所有运输方式
CIP	Carriage and Insurance Paid to 运费、保险费付至（……指定目的地）	所有运输方式
DAT	Delivered at Terminal 终点站交货（……指定终点站）	所有运输方式
DAP	Delivered at Place 指定地点交货（……指定地点）	所有运输方式
DDP	Delivered Duty Paid 完税交货（……指定目的地）	所有运输方式
FAS	Free Alongside Ship	水运方式
FOB	Free on Board	水运方式
CFR	Cost and Freight 成本加运费（……指定装运港）	水运方式
CIF	Cost Insurance and Freight 成本加保险费和运费（……指定装运港）	水运方式

（二）术语的适用性

《2010 通则》正式认可所有的贸易规则既可以适用于国际贸易，也可以适用于国内贸易。

四、《2010 通则》常用术语权利义务介绍

（一）FOB

FOB——船上交货（……指定装运港），本规则只适用于海运或内河运输。

“船上交货”是指卖方在指定的装运港，将货物交至买方指定的船只上，或者指（中间销售商）设法获取这样交付的货物。一旦装船，买方将承担货物灭失或损坏造成的所有风险。在适用 FOB 时，销售商负责办理货物出口清关手续。但销售商无义务办理货物进口清关手续、缴纳进口关税或是办理任何进口报关手续。

（二）CIF

CIF——成本，（保险加运费付至指定目的港），该术语仅适用于海运和内河运输。

“成本，保险费加运费”指卖方将货物装上船或指（中间销售商）设法获取这样交付

的商品。货物灭失或损坏的风险在货物于装运港装船时转移向买方。卖方须自行订立运输合同，支付将货物装运至指定目的港所需的运费和费用。

“成本、保险费加运费”术语要求卖方在适用的情况下办理货物出口清关手续。然而，卖方没有义务办理货物进口清关手续，缴纳任何进口关税或办理进口海关手续。

五、贸易术语的选择

(一) 贸易术语的选择的一般原则

为选择合适的贸易术语，一般需要考虑以下几点：

(1) 货物类型，是散货还是集装箱货。

(2) 运输模式。

(3) 买方还是卖方有最好的运输契约。

(4) 货物运往何处。

(5)《2010 通则》是否和信用证结合在一起。

(6) 卖方是否能在目的国做清关。

(7) 买方是否能在启运国做报关。

(二) 具体贸易术语的选择

针对两大类共 11 种不同贸易术语，可以从以下两个思路来进行选择。

1. 适合任何运输方式的贸易术语的选择

(1) 如卖方仅想使其责任限于在其所在地或另一指定地点将货物置于买方处置之下，而不承担任何其他义务包括不承担出口清关手续时，可考虑使用 EXW。

(2) 如卖方愿意自己办理出口清关，且在承运人指定地点将货物交付于买方处置之下时，应考虑使用 FCA。

(3) 如卖方除承担 FCA 所必须履行的义务外，还愿意签订到目的地的运输合同时，可考虑选择 CPT。

如果卸货是货运合同的一部分，那么买方不承担此卸货费。卖方有义务告知买方其与运输公司签署的货运合同具体包括哪些内容，详细说明卸货是否属于货运安排的一部分。

(4) 如卖方除承担 CPT 所必须履行的义务外，还愿意承担到目的地的最低保险时，可考虑选择 CIP。

如果卸货是货运合同的一部分，那么买方不承担此卸货费。卖方有义务告知买方其与运输公司签署的货运合同具体包括哪些内容，详细说明卸货是否属于货运安排的一部分。卖方应该（现改为必须）办理货物至指定目的地的货物运输保险，支付保险费，且保额不低于 CIF 价的 110%。

(5) 如卖方欲在目的地指定地点交货，且愿意承担货物运送到该地点的费用（卸货费除外）和风险时，可考虑选择 DAP。

卖方必须提供正确的终点站的地址给买方，一旦货物可以提货必须立即通知买方。买方负责进口清关。如果卖方没有按时将货物送达指定地点，使得买方不能及时完成进口报关，由此产生的任何仓储费和滞期费由卖方承担。

（6）如卖方除承担 DAP 所必须履行的义务外，还愿意承担货物运送到该地点从运输工具上卸货产生的费用时，可考虑选择 DAT。

卖方必须提供正确的终点站的地址给买方，一旦货物可以提货必须立即通知买方。如果卖方不清楚目的港集散站在哪里，那么卖方应该尽量试着将条款改成 DAP。卖方必须及时通知买方，使得买方能够有时间完成进口清关和其他一些进口保险事宜。

（7）如卖方除承担 DAP 所必须履行的义务外，还愿意承担货物的进口报关和有关关税时，可考虑选择 DDP。

2. 适合水上运输方式的贸易术语的选择

（1）如卖方愿意在装运港船边交货或者获得所要交付的货物时，应考虑使用 FAS。

FAS 不再推荐作为集装箱货使用的贸易术语。因为对于集装箱货，在风险转移的时候由于集装箱是密闭的，在大多数情况下不可能当场验货。如果收货人拿到的货是破损的也不可能知道货损是在货物装上船之前还是之后发生的。

（2）如卖方愿意在装运港船上交货或者获得所要交付的货物时，应考虑使用 FOB。

FOB 不再推荐作为集装箱货使用的贸易术语。因为对于集装箱货，在风险转移的时候由于集装箱是密闭的，在大多数情况下不可能当场验货。如果收货人拿到的货是破损的也不可能知道货损是在货物装上船之前还是之后发生的。买卖双方的风险以货物在装运港口被装上船时为界。

（3）如卖方除承担 FOB 所必须履行的义务外，还愿意承担费用提供到指定目的港的运输合同时，应考虑使用 CFR。

如果卸货是货运合同的一部分，那么买方不承担此卸货费。卖方有义务告知买方其与运输公司签署的货运合同具体包括哪些内容，详细说明卸货是否属于货运安排的一部分。买卖双方的风险以货物在装运港口被装上船时为界。

（4）如卖方除承担 CFR 所必须履行的义务外，还愿意承担到指定目的港的最低保险时，应考虑使用 CIF。

如果卸货是货运合同的一部分，那么买方不承担此卸货费。卖方有义务告知买方其与运输公司签署的货运合同具体包括哪些内容，详细说明卸货是否属于货运安排的一部分。买卖双方的风险以货物在装运港口被装上船时为界。

六、适用贸易术语应注意的问题

（1）《2010 通则》不是法律而是通用规则，因此本身不具有法律效力。在合同中我们应该尽可能地将所涉及的贸易术语具体化，同时写明出处。由于 2010 年之前各个版本的《2010 通则》可以继续使用，因此买卖双方在合同中清楚写明所使用的贸易术语的版本是相当重要的。

（2）此次修订删除了 FOB、CFR 和 CIF 项下的船舷界限，但在装运港作业时的意外风险仍可能存在，那么风险如何划分的所谓临界点的问题仍不可避免。新版本意图将具体问题留待当事人自行解决，这就需要双方在订立合同时慎重考虑，必要时可在商定的基础上另行规定双方认可的风险临界点。

(3) 由于集装箱在国际物流中越发充当主流角色，很多货物即便使用海洋运输方式也往往在集装箱堆场进行交接，甚至进行“门到门”的交接。因此，新版本删除 DEQ、DES，而增加了 DAT 和 DAP。对于进出口商来说，尤其是欧盟成员国之间的进出口货物贸易，可多采用 D 组的术语以便更加明晰风险和费用，毕竟在 C 组的术语中始终存在两个临界点，即风险和费用的临界点分别在装运地和目的地。

第四节　合同管理

在合同签署之后，必须对合同进行后续的管理，以确保合同目标的落实或者根据环境及需求的变化，变更合同内容，实现公司采购目标。管理合同，包括组建合同管理团队，制订合同管理计划，监督管理合同以及一些日常合同的管理。

一、建立合同管理团队

建立支持项目进度、预算和技术绩效的合同管理团队，是进行合同管理的开始。对于不重要的合同，只需一名合同管理人员进行合同管理，而复杂的合同，一般要成立合同管理团队。在成立合同管理团队时，要考虑不同的行业以及其采购特性，但通常情况下，都会成立一个综合专业合同管理小组。这样的团队典型成员及其职能简要概括如下：

(一) 合同管理者

为团队提供企业管理技巧。管理者负责所有影响质量、成本以及进度的事情。合同的性质由合同管理者控制，同时，合同管理者要对企业、团队成员以及供应商负责。

(二) 设计者或研发工程师

通过合同管理者为供应商提供技术指导。他们将需求转化为具体规格和图表，支持对工作描述的准备，领导设计审查，监控所有与供应商的技术活动。

(三) 质量保证专家

确保供应商有可接受的质量计划，进行现场检查，对商品或服务的认可，与设计师或研发工程师协调并解决质量问题。

(四) 材料和服务体系及成本分析

支持合同管理者准备成本建议，分析和评价供应商提交的成本结构，在谈判中支持合同管理者。

(五) 现场代表

参加供应商团队会议，提供质量、工程、短缺和成本问题的现场支持。

优秀的合同管理需要通过报告、图表和会议等形式对所有经营行为进行清晰的沟通。然而，在不发生冲突的情况下，供应商也必须有与其地位相符的管理自由度。必须及时提醒注意存在问题的领域，并予以解决。合同管理者必须积极提供帮助和建议，如果有必要，还需要分离结果。

二、制订合同管理计划

在组建合同管理团队之后，团队成员要制订一个科学合理的合同管理计划。通常情况下，质量、成本及进度是合同管理的三个要素，当然，也有一些其他领域需要关注。在合同管理计划中，需要对以下领域进行重点计划。

（一）时间进度

在管理过程中，所有项目进度必须细化并确定，包括对成功完成项目很关键的里程碑。例如，承包了一个建设项目的采购者必须确定所有工作完成的日期。在打好地基之前无法筑墙，在完成主要结构后，才能开始电工方面的工作，对任何项目都是同样的道理。因此，应该建立计划和控制图表，同时规定各个里程碑完成的开始日期及完成的最后日期。

（二）预算分配

下一个任务就是为每项活动做预算，确保留出一定的应急费用，以应对不可避免的变化和无法预料的发展问题。制定预算时，应该对以前的每个季度重新回顾一下，必要时进行调整。另外，工作出现内容或部门的转换，必须重新分配预算。应该密切跟踪预算，采取书面报告的形式，确保及时发现新产生的问题。

（三）质量计划

质量保证是合同计划中要关注的另一个重要方面。质量计划是质量管理的原始文件。它表示了如何达到所需要的质量指标（即技术说明）。具体包括如下几点。

①所生产或供应物品的细节。

②应用的质量保证政策。

③质量部门是如何组织的，谁是负责人。

④使用哪些流程。质量控制的流程可包括进料、生产程序、测试程序、测试设备的确定和设备校准程序，以及在出现故障时的修理程序。

⑤将要执行哪些质量控制检查（比如视察和测试），以及这些检查的可接受标准是什么。

⑥在哪些设计和生产点上必须得到购买方的亲自认可（比如文件的批准或当场测试）。

⑦将要起草哪些质量文件，如何起草，以及怎样呈送给购买方。

质量计划应该随时更新以反映任何导致说明变化或增加说明的合同变更。

（四）风险计划

在实施合同管理计划的过程中，毫无疑问，应当将注意力集中在风险最大的地方。风险评估方面的许多工作已经在采购过程的早期阶段做过了。已经确定的风险包括：

①与你的供应商所处的特定的供应市场（比如所在的国家）有关的风险。这一类风险应该已经在进行供应市场分析的时候就确定了。

②与供应商本身有关的风险。这些风险应该已经在供应商评估和初选时确定，并在评价了所选供应商提交的报价之后得到细化。

③还有一些你希望防范的风险也应该已经写进了合同的条款和条件中。

在某些情况下，购买方可能选择了一个明显具有重大风险的供应商。例如，一个高风险的供应商开出了一个非常低的价格，而且采购方认为有利可图值得冒险，可能就会出现一些问题。在这种情况下，就必须在管理风险上投入巨大的努力。

（五）管理体系

对管理者来说，建立一套紧密的管理体系来控制合同变化是非常重要的。这一体系必须能及时恰当地发现每个变化，还应规定具体的指令，如控制变化的水平、谁有操作权限，所涉及的成本、对所有需要的团队成员恰当地反馈信息。

三、合同控制

（一）履行合同

合同控制是一个“履行”合同的过程。伴随着对绩效的最新的理解和监控，这一过程还包括制订一个绩效发展计划。合同控制还包括能够使其顺利执行所需要的行动。有时候，采购者往往消极等待，直到真正采取补救行动为时已晚，这就是时间转折点监控十分重要的原因。经理可以监控任务或进度，并在整个项目出现问题之前就开始制订修正计划。在书面化过程中必须注意控制重要事件，并将它报送给合适的人，将有助于整个合同的控制。

监控只是合同控制的一部分，一旦合同管理者接到报告，他们必须检查并采取必要的行动。合同管理团队的所有成员都应该接到处理其负责领域问题的具体报告的副本，这样，成员们可以提供支持，协助控制和指导必要的“处理”或解决出现的问题。

经常被忽视的一个方面是简单的通信方式。有时，信件是发给合同管理者的，而做出合适的回答需要团队其他成员的帮助。为了更清楚，一些合同管理者保持一个日志，在每周或两周的项目总结上公开信件和所需要的重要报告。

（二）供应商绩效审查

对供应商绩效进行审查是必要的。各种规模的大多数项目却需要采购人员对供应商进行正式或非正式的审查。当进行绩效总结时，以下基本原则很重要。

①总结应该提供供应商绩效的状态报告，包括预算、进度和技术等方面。

②一般审查是由合同项目经理执行的，有必要得到合同小组的支持。

③所有的审查应提前安排进度，应向所有的参与者提供一份进程表。

④在要求完成的日期前，应集中所有的行动项目并进行分配。不能等到下一次审查时重复某些条款，而要指定给小组的某个成员负责其日常业务。合同管理者应定期或在下次会议上总结回顾活动项目的进展状态。

⑤审查中也可能存在障碍。在审查之前，合同管理者应提醒所有参加人员可能会出现的障碍，这样一来参加人员才会提出合理的修正计划。

四、合同终止

一项重大合同的终止涉及许多方面。它不像采购订单，产品订购的收据（发票）和随后的付款就代表了合同终止。终止一项重大合同需要以下步骤：

①所有合同问题必须解决；

②所有变化必须谈判，并纳入最终文件；

③所有送交的项目（机器、数据和报告）必须已经收到；

④所有担保的（借用）设备必须已经偿还；

⑤所有工具必须返还，并指定供应商保存，以便及时进行替代部件的生产；

⑥所有分类文件必须已经归档；

⑦最后的付款已经执行。

一旦合同管理者确定所有这些项目都已完成，就应该召集合同管理团队的所有成员开一个会议。在这个会议上，每位成员都应该提交一份报告，以表明所有活动都已经完成，内容包括对供应商绩效的描述和分析。

最后，合同管理者应签署一份正式的终止文件，包括对合同履行过程中供应商的优势和劣势的陈述和讨论，并注明遇到的重大困难和通过双方可接受的方式解决的问题。如果今后发生了争议，这个文件就是重要依据。另外，以后开发新的工作和考虑潜在供应商时，这一文件也非常有用。

思考讨论题

1. 买卖合同有哪些法律特征？
2. 买卖双方在合同中有哪些主要义务？
3. 采购合同中有哪些常见问题？
4. 世界范围内有几大法律体系，各有什么特点？
5. 采购合同中有哪些主要条款？
6. 国际贸易术语中权利义务如何划分，如何选用术语？
7. 如何进行合同管理？

本章案例

全球热交换器股份有限公司

全球热交换器股份有限公司（以下简称为 GHE）的采购负责人 Deirdre Collins（迪尔戴丽·柯林斯），正面临着一项重要的采购决策。公司刚刚同一家以前没有业务往来的大客户签订了一份重要订单，生产将在几天内开始。遗憾的是，由于 GHE 的一家供应商大幅提价，威胁到这个项目的初始订价。

公司情况。GHE 成立于 1920 年，成立以来赢得了很好的声誉，目前已经成为各领域热交换器生产中处于领先地位的设计和制造商。精良的制造工艺使 GHE 的热交换系统在很多行业得到了广泛的运用，包括制浆和造纸、发电、变电和输电以及其他与加工有关的行业，有的交换系统使用了 20 多年。

在 GHE 的发展过程中经历了多种所有权形式，在行业内始终保持着领先的地位。

1991年，GHE归入Zest工业品公司，从而成为了Zest Heat Transfer集团公司中的一员。Zest是美国一家拥有超过12000名员工的大型私有公司。

GHE的设施主要分成两个主要部分：制造部分和办公部分。制造部分包括制造、机器车间、装配、检测和研究开发部门，总占地面积大约94000平方英尺，有80名雇员。办公部分由销售、采购、工程、预测、会计和管理部门构成，总占地面积大约9000平方英尺，有60名雇员。

GHE的国际知名度得益于遍及北美以及开设于澳大利亚、中国、巴基斯坦、瑞典和英国的销售处。近年来，它的一些较大的国际项目包括印度的核电设备、欧洲的输电系统、加利福尼亚的大型水泵系统以及远东的一些节能设备。

采购部门。Deirdre是GHE的一位具有十年丰富经验的老手。她同Charlie Bond（查理·宾利）一起在采购部门工作，分别对不同零件的采购负责。同时，他们还同工程部门和预测部门的主管密切合作。Deirdre认为交流是各部门之间成功协调的关键所在。

“我同工程部门和预测部门的人经常联系，因为我们想保证GHE所设计的系统具备最好的质量，并且销售的价格是合理的。这就需要我们之间进行大量的协调以使工作顺利进行。”

Deirdre同时也强调了其工作的重要性以及对于利润的影响。“我能节约的钱是不增加成本的，是净利润。采购对于盈利是非常重要的，只有节约每一分钱才能保证实现预测的计划。”

预算过程。采购决策的复杂程度取决于订购的设备是标准的系统还是定制的系统。一套标准系统通常只需要一台电动机及一种简单设计，并且能够根据GHE的产品目录进行订货。这种系统的价格相应低些（普通的标准系统大约5400美元），因此可以提供现货。

对于定制的系统来说，要进行一个复杂的预测过程。定制的系统比标准的系统要大得多，价格要贵20倍左右。定制的系统需要几台电动机，并且常常是利用特殊的材料设计和制造的。在确定订单的时候，GHE的做法是把自己的预算文件寄给客户以求得其认可。

对预算的需要一般是通过销售部门传到预算部门的。预算部门与工程部门紧密地合作以使系统设计达到客户的要求。设计完成后，预算部门同采购部门合作来提出正式的预算，然后交给销售部门，由其发送给客户认可。

GHE预算的有效期一般只有30天，30天后自行失效，必须重新进行。这个限制是行业的标准，许多供应商都提出了相似的条件。Deirdre认为GHE的周转速度是很快的，通常是客户降低了交易的速度。

“我们彼此紧密合作以确保进展迅速，从而保持业务的发展。然而，不应忘记我们的客户同样也有其自己的销售、预测、工程和采购部门，订单通过整个系统需要花费时间，因此，客户反馈信息需要一段时间。”

日本公司询价。2012年3月1日，GHE的销售主管、总工程师和总经理从东京带回了一份由日本一家大型发电厂发出的热交换系统的预算请求。预期订单是可以获利的，并且这项交易十分重要。刚从Zest派来的总经理对这项潜在的新业务感到十分兴奋，把它作为在远东市场的突破。他不断地向GHE所有重要职员强调其重要性，包括Deirdre在内。

在接下来的一个星期内，销售人员、工程部门和预测部门的人员认真地进行了预算，并把最终对零件的要求提交给 Deirdre。Deirdre 毫不费力地从长期供应商那里获取了对所需材料的估价，并把这些信息返回给预算部门。所计划的热交换系统需要很多定制的电动机、金属管以及非常昂贵的钛金属，这些加起来相当于总成本的 50%。在把适当的利润加到最终的预测成本之后，合同在当周发往东京，预计定价为 1200 万美元。

2012 年 4 月 17 日下午 3 时 13 分，Deirdre 刚刚从午餐聚会回来就被总经理带到庆祝会。因为公司前一天收到了日本人对 GHE 的预算的认可。整个公司都为这份订单和潜在的新业务感到欢欣鼓舞，这家客户给公司的未来带来了希望，前途看似一片光明。Deirdre 在办公室坐下来后读到了一份传真，如下。

FAX SENT：4 月 17 日

ATTENTION：全球热交换器股份有限公司采购主管 Deirdre Collins

Deirdre：

我个人想通知你关于最近的公开价格的变化，我方已经在新的价格目录中发布了公告（给你方的一份已发出，很快就会收到）。

你会注意到，钛金属板的价格大幅上扬 25%。3 月 3 日我方提供给你方关于这种特殊材料的预计价格，我方认为你方应该了解价格的这种变动。你方过去的订货数量很大。但我方对价格的上涨感到遗憾（这是我方不能控制的），希望它不影响我们之间未来的合作。真诚地希望我们之间长期的合作关系继续下去。

真诚的

Charles Pappas

Titania 有限公司销售主管

她紧张地看了一遍又一遍以确认没有看错。Titania 公司价格的提高将导致对日本订单的成本严重低估，并最终给 GHE 造成损失。她怀疑地摇了摇头，想知道下一步该怎么办。

资料来源：米歇尔·R. 利恩德斯，等. 采购与供应管理［M］. 北京：机械工业出版社，2003.

某热电厂诉某煤业公司

案情简介：

原告：某热电厂

被告：某煤业公司

原告某热电厂诉称，原、被告于 2000 年 3 月 29 日签订煤炭购销合同一份，合同约定由被告分别在 4 月、5 月、6 月分两次向原告供煤共 30000 吨。2000 年 4 月 15 日，被告煤抵达黄埔港口，原告于当日和次日到黄埔港口提货，被告知被告已委托他人代理接港，更改了收货人，并明确表示拒绝履行合同。故向法院提起诉讼，要求判令被告强制履行其合同义务，并赔偿因此而受到的经济损失 23 万元。被告某煤业辩称，原被告签订购销合同后，被告发现对方资产情况严重变化，涉及大量的诉讼案件，有拒不履行已生效的法律文书的情况，毫无履约能力且负债累累。同时原告既无经销煤炭资格，又向原告购买远远超过其生产用量的煤炭，隐瞒其实际情况欺骗被告与其签订煤炭合同，现被我方及时发现，根据《合同法》之不按抗辩权的规定，立即中止向原告供煤，是完全符合《合同法》规定的自救行为，请求法院确认该买卖合同无效，驳回原告的诉讼请求。

审理结果如下。

人民法院经依法审查查明如下事实：①原、被告双方于2000年3月29日签订煤炭购销合同一份，同被告分别在4月、5月、6月两次向原告供煤共30000吨。②2000年4月15日原告派人到港提货时被告知煤炭公司已更改了收货人。2000年4月16日，被告书面通知原告，怀疑原告所购之煤不完全自用，要求其采用及时结清办法准备好全部货款，或提供相应的担保，否则将无法继续履行合同。③原告某热电厂在某市有被执行案件4起，执行标的634.5万元，其场内全部发电机组和在供电局的电费结算账户已被某法院查封和冻结，主厂房已抵债给某信用社，在正常情况下年用煤量为6900吨。④原告的经营范围为：主营发电、供热，兼营含下属独立核算分支经营机构范围。庭审中，原告称其有经营资格但未能提供相关证据。法院认为原告在订立合同时隐瞒实际情况，存在欺骗行为，同时被告依法行使其不按抗辩权应得到保护，故法院判决驳回原告诉讼请求，并确认该买卖合同无效。

资料来源：孙应征．买卖合同法律原理与实证解析［M］．北京：人民法院出版社，2005.

第八章　采购与库存控制

库存管理与采购活动密切相关，采购将形成企业的原材料、零部件等库存。如果采购能够与库存控制良好的协调，将对提升企业经营绩效发挥重要作用。

通过本章学习，你将能：

①理解企业库存的类型及成因；

②掌握企业库存控制的传统方法；

③掌握降低企业库存的手段；

④理解如何进行供应链中的库存管理。

第一节　企业中的库存

库存也称存货，对企业而言是指处于非生产和消费状态的商品。过去许多年来企业保持较高的库存水平是一个普遍接受的事实，但它导致了较高的持有成本、逐渐降低的利润与市场份额。而且高库存水平通常还会掩盖许多其他问题，例如较差的物料质量、不准确的需求预测系统、不可靠的供应商送货。为了避免这些问题，采取提高安全库存水平或提高对供应商的订货数量的方法通常是更容易的。当管理者知道有足够多的库存可以满足生产和消费需要时，就会感到很安全。而当前竞争激烈的世界不允许库存管理中的浪费现象。企业更倾向于通过提升管理水平，降低库存，从而提升企业的运营效率。

一、库存的类型

对大多数制造商、批发商和零售商来说，库存代表着资产中最大的单一投资。5 类主要的库存包括：原材料和半成品；在制品；产成品；维护、修理和运营用品（MRO）；在途库存。

（一）原材料和半成品库存

这一类库存包括从供应商处采购的项目以及内部制造的直接供应生产需要的项目。原材料库存包括大宗采购的物品或处于未加工完成状态的物品。其中大宗采购的原材料库存包括大批量的化学制剂、树脂或汽油等。半成品库存则包括各种在生成最终产品时需要使用的零部件及其他物品。任何一个生产都需要持有一定的原材料和半成品库存来满足生产最终产品的需要。这类库存主要由采购来完成。

（二）在制品库存（WIP）

在任一时间点上，在制品库存是指所有加工中心内的库存数量。在制品库存是未完成的产品，也就是还没有转化成可出售的最终产品。包括下面几项。

（1）待送入另一个加工过程的库存；

（2）正在加工中心被加工的库存；

（3）由于存在加工能力的瓶颈或机器设备故障等原因在加工中心排队等候的库存。

如果在制品库存上升到一定水平，则意味着存在生产瓶颈或生产延误。一项研究发现，在大多数工厂中，36%的在制品库存处于排队等候加工状态，27%处于等待被送往另外下一个加工区或加工中心的状态，3%处于移动中，只有24%真正处于加工过程中。如果一个工作站的在制品库存造成堵塞，则计划员就必须对物料进入另外的工作站的路线进行重新设计。

（三）产成品库存

产成品库存包括已完成的各种部件或产品。它们可以被装运或满足客户的未来订货需求。根据对客户订货预测进行生产的公司应该密切关注其产成品库存的情况。产成品库存高于预期水平说明客户需求可能正在减少。产成品库存低于预期水平则说明客户需求正在增加。这两种情况都表明对客户需求预期估计不符合目前的产出水平。

当企业按照客户的预期订货进行生产时，该企业生产经营模式就是面向库存生产。它希望通过持有库存来满足未来的需求预期。当企业为了应对客户订单进行生产时，该企业经营模式就是面向订单生产。实行零库存管理的企业通常是指面向订单生产经营模式。

（四）维护、修理和运营用品库存（MRO）

MRO库存包括那些为了维持生产和运营而持有的库存。这些库存实际上不包括在产成品中，但对保证工厂的生产设备和办公设施持续运转方面却是十分重要的。

（五）在途库存

这类库存是指正在运输途中的库存或位于分销渠道中的库存。

二、与库存有关的成本

持有过多库存的不利因素之一就在于它对企业的生产资金有影响——用于业务运转的资金中包括了采购和持有库存部分所占用的资金。如果公司持有过多的库存，那么资金就会被无谓的束缚住，本来这些资金可以用在其他方面从而获得更高的收效率。订货和实际的货物运输都会产生一定的成本，关键是要识别这些成本以便进行更好的管理。

（一）单位成本

对与库存相关的成本进行量化和跟踪监测的最基本最简单的方法就是使用单位成本。我们可以从几个方面考察单位成本的计算。首先，从供应商那里或从内部的其他分厂采购到的商品都有一个单位成本，这个单位成本就是该公司所支付的商品价格。其次，产成品也有一个单位成本。这种单位成本的计算可能会更复杂一些。除了直接用于产成品生产的物料成本之外，产品中还包括折旧费用、劳动力成本以及一般管理费用。

（二）订货成本

订货成本是指与采购有关的费用，包括商务信息费、协商谈判费、差旅费、业务手续费等。这类成本的特点是与每次订购的数量关系不大，而与订购的总次数有关。

（三）持有成本

持有成本包括 3 个相互独立的部分：资金成本、存储成本，以及过期、变质和丢失成本。投资于库存上的资金本身会有一个机会成本。因为将资源应用在库存上就不能再有其他经济用途了。库存的实体存储会产生一定的成本，这包括所有与存储地点、保险费及库存维持保养等有关的成本。持有库存还会增加被盗、损坏、腐烂、过期作废的风险。

（四）质量成本

质量成本是与不合格的零部件或商品有关的成本。库存所涉及的全部成本不仅仅只有单位成本、订货成本以及持有成本。对由质量差所造成的成本进行量化有助于认清问题的原因。由于库存不当造成成本增加的例子有：实验失败、返工、低质量产出造成的损失、检查、产品丢失的损失以及担保金的费用。

三、企业保有库存的原因

库存在企业的经营中起到了重要的作用。没有库存，企业就很难建立生产渠道，提供客户服务或者进行运营。在决定是否维持库存投资时，可概括库存相关收益的一个前提是：只有当持有库存的收益高于其成本时才能持有库存。当库存被用来掩盖出现问题或是其他方面的无效率时，库存就不再产生效益。下面我们先来分析一下企业保有库存的正当理由。

（一）支持生产需要

支持生产需要是库存的一个主要原因。即使是在零库存生产的时代，几乎所有的企业都保持一定水平的生产准备库存，这包括大宗的物料供应、半成品、包装用的物料以及发货用的产成品。

生产性的库存占据了库存投资的绝大部分。正是由于这个原因，许多企业都重视开发一些系统。通过这些系统的设计来实现在一定时间内控制并减少生产性库存的数量。生产性库存的减少使得库存投资成本降低了。虽然支持生产需要仍然是持有实体库存的主要原因，但不是持有过量库存的原因。

（二）支持运营的需要

几乎每个系统都持有维护、修理与运营库存（MRO），以满足运营的需要。MRO 库存的真实成本通常得不到重视，这是因为企业不能像重视生产性库存那样跟踪监控 MRO 库存。随着时间的推移，许多系统依然不清楚 MRO 项目上的现有投资总数是多少。如果不能建立一个合适的监控系统，则库存中可能会有重复的或是过期作废的项目，甚至还有库存失窃，这些都会导致库存损失。

（三）支持客户服务的需要

有许多产品如计算机、器械及汽车等都需要维修或是零部件更换服务。如果没有足够的备用零部件库存，那么客户的要求得不到满足，风险就会加大。为了避免这种情况，一些公司维持了大量用于维修和更换的零部件，这些库存代表了主要的库存投资。

如果这些库存的水平选择不当，就会成为库存浪费或客户不满意的主要来源。准确的零部件预测和物料控制系统在持有这种用途的库存时尤为重要。

(四) 避免市场不确定性的损失

供应链对市场中的变动非常敏感，包括物料供应可获得性的变化、价格的变化。当买方预期物料价格上升时，他们通常会增加采购量以避免不确定性带来的损失。例如：当一个关键的供应商罢工时，这种防范反应是很常见的。能使买方做出这种反应的另外一种情形是它得知某产品（如木材）的潜在短缺即将发生，并且知道价格可能要增长。因为对正常商品来说，潜在的短缺意味着价格上升。在这种情况下，一方面，买方都会通过预订多于正常量的商品实现提前购买；另一方面，如果买方认为价格会下降，则它们就会即用即买。因为他们预计价格很快就会变得更低，所以目前只订购很少量的产品。

增加库存水平是为了应对短缺带来的威胁，这是一个不错的理由，至少在短时期内持有额外的物料库存是可行的。采购及供应链管理的一个主要目标就是使其保持连续不间断的运转。如果为了避免物料短缺而需要增加库存，又假设额外的物料供给不是马上就能够得到的，那么买方就应该考虑采取上述行动。

(五) 利用批量订货折扣的有利条件

供应商通常会提供批量订货折扣，以此来鼓励买方订购更多的货物。买方为了获得单位折扣可能会考虑订购 2 个月而不是 1 个月的供给量。大多数企业一度认为这些折扣是值得的，因为它们降低了每一单位的采购价格。但是，较低的采购价格未必会转化成为较低的总库存成本。总库存成本只有在订货成本的降低（大批量的采购意味着订货频率的降低）和单位商品价格的下降超过了持有过多库存的成本，才会降低。有时从保持总成本最小的角度来看，利用供应商提供的批量订货折扣并且持有较大量的库存是具有经济意义的。

(六) 降低运输成本

每次大量的订货，意味着可以使用价格更低的运输工具，并减少运输次数。这样在某种程度上会减少运输成本。

(七) 降低订购成本

保有较高库存可以增大采购批量，从而减少采购次数，最终节约采购管理精力，降低订购成本。

以上讨论的每一个原因都会导致持有一定水平的库存。不管持有库存的原因是什么，供应链管理者必须意识到总库存成本。关键是要在使库存投资尽可能最小化的同时满足竞争需要与客户需求。

四、企业保有库存的负面因素

任何关于库存的讨论都必须区分持有库存好的原因与坏的原因。几乎所有造成不必要库存的原因都是一个词的结果——不确定性。由于供应链的可变性而导致的不确定性使得无法对库存需求进行充分的计划。不确定性也是预测准确度的可变性以及物流活动不协调的结果，且后者通常会导致持有更多的安全库存作为一种保护措施。在下面的讨论将考虑可变性或不确定性的来源，如果对这些错误不加改正，就会鼓励增加库存。以下是持有错误库存的原因。

（一）糟糕的质量及物料产出

糟糕的质量及物料产出一直都是不必要库存投资的主要原因。遗憾的是，通过增加10％的物料订货或者使用安全库存来弥补供应商的质量问题比纠正这一问题的根源更容易。对许多公司来说，通过订购量多于需求量来弥补预期的供应质量的变动性和不确定性已经成为一种惯例。一定水平的物料供应缺陷是交易中可接受的部分。

物料产出的变动也是造成不必要库存的原因。物料产出是一个典型的与原材料相联系的术语。确定了原材料详细级别采购人员期望收到符合详细说明的货物。当一部分货物的等级或质量低于规定时，糟糕的质量就影响了物料产出，因此物料产出会低于预期水平。当这种情况发生时，采购人员就必须经常增加采购量以确保收到的物料中有适当数量的可用物料。这增加了库存投资但是没有任何收益。

（二）供应商交货的不可靠性

不能满足送货计划的供应商制造了送货的不确定性。为了弥补不可靠的送货，供应链的管理者经常提高安全库存的水平。送货的不确定性一般是由于供应商糟糕的供应计划或生产系统造成的，并且当从没有资源和经验来开发复杂的供货计划和控制系统的小供应商那里购买商品时，不确定性可能成为一个问题。同时，它也可能是交货不符问题或物流问题的结果。未达货物、在国际海关点的延误、恶劣的天气以及其他一些无法预料的问题都会导致送货的延误。

买方也必须为送货的不确定性承担一部分责任。供应商用合理的生产提前期评价一个稳定的生产计划。向供应商发出临时通知或是对已经确认的供应计划需要频繁改动的买方，会增加送货的不确定性。

（三）被延长的从买方到卖方的订货周期

目前，商业中一个主要目标就是缩短从识别购买需求到从供应商那里接收到货物之间的时间，即从买方到卖方之间的订货周期。当订货周期延长后，准确制订物料需求计划的能力也会减弱。6个月的订货提前期比2周的提前期会带来更多的不确定性。对被延长的周期制订计划会更困难。同2周相比，在6个月内可能会发生更多事情打乱计划。

（四）需求预测的不准确性或不确定性

不准确或不确定的需求预测是影响库存水平不确定性的一个共同来源，尤其对那些根据未来订单的预期进行生产的公司来说更是如此。提高安全库存水平通常用于弥补需求的不确定性或预测的不准确性。一些企业的预测系统很差，在这种情况下，增加库存是为了防止物料脱销。企业应该定期地通过比较预测需求与实际需求间的差异来对它们的预测系统的准确性做出评价。预测系统应该有这样一个目标：最小化预测需求和实际需求之间差异，以避免采用更高的库存水平作为保护措施。

（五）被延长了的物料运输途径

供应链各成员之间的距离较远会导致更高的库存水平和库存成本。由于供应商或买方无法控制的原因，距离较远增加了送货的不确定性。境外运输会在海关经历各种各样的延误。较远的运输距离增加了途中货物被损坏、被盗或过期作废的可能性。而且某些人（买方、采购人员或最终消费者）拥有在远距离运输途中的库存。在比较国内与国际的采购成本时，远距离的物料运输途径是一个主要的考虑因素。

（六）效率低的制造过程

拥有无效率生产系统的生产者，必须持有高出必要水平的库存，来补偿糟糕的质量或过程产出。无效的计划或生产系统意味着每台机器后面有大量处于加工过程中的库存。当库存在生产中心聚集时，无效的计划或生产系统还会造成工作区阻塞。由于较长的生产时间增加了加工过程中的库存，因此持有库存的总成本增加了。无效的生产过程也因为更糟糕的产出及质量而导致成本升高。

大多数库存浪费是管理中没有纠正的一些潜在问题造成的。当库存被用来掩盖无效运营时，是将无效作为处理事务的一部分。不能纠正这些潜在的问题，会使无效的生产商在面对成本有效的生产商的挑战时显得十分脆弱。尽管在资产负债表中库存作为一项资产存在，有经验的供应链管理者承认它是一项需要控制的资产，甚至在必要的时候可以被清除。

第二节　库存控制的传统方法

库存控制的传统方法有定量控制和定期控制两种基本类型。库存控制方法按其库存检查（盘点）制度，以及物资储备定额（包括一般意义上的合理库存量标准）、最高储备量和最低储备量等数量界限，来掌握库存量的变化动态，适时提出订购或采取其他调整措施，使库存量保持适当的水平。

一、定量库存控制的运作

定量库存控制法也称为订购点法，是以固定订购点和订购批量为基础的一种库存量控制方法。它采用永续盘点方法，对发生收发动态的物资随时进行盘点，当库存量等于或低于规定的订购点时就提出订购，每次购进固定数量的物资。

实施定量库存控制的关键在于正确确定订购批量和订购点。订购批量一般采用经济订购批量（EOQ）。经济订购批量是指一定时期储存成本和订货成本总和最低的采购批量，储存成本的高低与采购量的多少成正比，订货成本的高低与采购量的多少成反比。采购批量增大，存货就增多，会使储存成本上升，但由于订货次数减少，又会使订货成本降低；反之，采购批量减少，可使储存成本降低，但又会使订货成本上升。经济订购批量计算公式如下：

$$EOQ=\sqrt{\frac{2DB}{h}}$$

式中：EOQ——经济订购批量；

D——某种物资年度需要量；

B——每次订购费用；

h——单位物资年度储存费用（单价乘以单位物资年度储存费率）。

订购点的正确确定则取决于对备运时间的准确计算和对保险储备量的合理查定。定量控制中的保险储备量，是为了应付备运时间需要量的变动而建立的，包括不能按时到货、实际备运时间超过平均备运时间而增加的需要，也包括备运时间内实际的一日需要量超过平均一日需要量而增加的需要。

定量库存控制中固定的订购批量实际上就是两次进货间隔的合理库存量，即经常储备定额。根据经常储备定额和保险储备定额，就可确定最高储备量和最低储备量（即保险储备量）这两个数量界限，如图 8－1 所示。

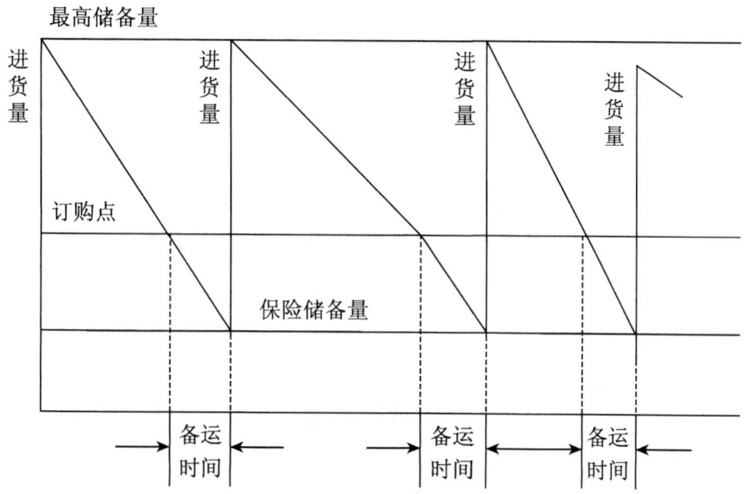

图 8－1　定量库存控制

例：某种物资每月采购总量 900 件，单价 40 元/件，年储存费率 12%，一次订购费用 20 元，求定量库存控制的经常储备定额。

解：定量库存控制的经常储备定额即为经济订购批量（EOQ），所以：

$$经常储备定额=\sqrt{\frac{2\times900\times20\times12}{40\times12\%}}=\sqrt{9000}=300（件）$$

例：企业某种需用比较均衡的物资下年度采购总量 4320 件，该种物资每件每月储存费用 6 元，一次订购费用 30 元，保险储备天数 3 天年储存费率为 12%。求该种物资下年度的经常储备定额、最高储备量和最低储备量。

解：

$$经常储备定额=EOQ=\sqrt{\frac{2\times4320\times30}{6\times12}}=\sqrt{3600}=60（件）$$

最低储备量＝保险储备定额＝每日需要量×保险储备天数＝4320÷360×3＝36（件）

最高储备量＝经常储备定额＋最低储备定额＝60＋36＝96（件）

库存定量控制的库存量变动情况如图 8－1 所示。它是以正常进货前后库存量水平分别为最低储备量和最高储备量为基础的。从图 8－1 中可看到，当实际消耗速度减慢或加快时，两次进货的时间间隔相应地延长或缩短。但只要备运时间里的物资消耗速度为预计的正常速度，进货时的库存量就总是处于最低储备量状态，进货后的库存量就总是最高储备量。若备运时间里物资消耗速度大于预计的正常速度，或误期到货，则进货时的库存量低于最低储备量，进货后的库存量低于最高储备量；反之亦然。虽然进货后的库存量不等于最高储备量，但因库存降到订购点时又提出订购，所以这些变动并不影响实际需要，且在下次正常进货后又会自动地调整到正常水平。

定量库存控制法的一种简化形式是双堆法，也称分存控制法。它是将订购点物资数量从库存量中分出，单独存放或贴以明显标志，当库存量的其余部分用完，只剩下订购点一堆时，即提出订购，每次订进固定数量的物资。也可将保险储备量再从订购点一堆中分出，称为三堆法。双堆法或三堆法简便易行，无须经常盘点，没有持续的库存记录，可以直观地识别订购点和及时组织订购。这种方法比较适于价值较低、备运时间短的物资。

二、库存定期控制的运作

库存定期控制法是以固定的检查和订购周期为基础的一种库存量控制方法。它采取定期盘点，按固定的时间间隔检查库存量并随即提出订购，订购批量根据盘点时的实际库存量和下一个进货周期的预计需要量而定，即：

订购批量＝订购周期需要量＋备运时间需要量＋保险储备量－现有库存量－已订未交量

＝（订购周期天数＋平均备运天数）×平均一日需要量＋保险储备量－现有库存量－已订未交量

在定期库存控制中，关键问题在于正确规定检查周期，即订购周期。检查周期的长短对订购批量和库存水平有决定性的影响。如前所述，检查周期（订购周期）是由预先规定的进货周期和备运时间长短所决定的。进货周期的物资需要量实际上就是两次进货间隔的合理库存量，即经常储备定额。

合理查定保险储备量同样是实施定期控制的重要问题。在定期库存控制中，保险储备量不仅要用以应付备运时间内需要量的变动，而且要用以应付整个进货周期内需要量的变动，因此，对同一种物资来说，定期库存控制法比定量库存控制法要求有更大的保险储备量。

根据经常储备定额和保险储备定额，就可以确定最高储备量和最低储备量这两个库存控制的数量界限了。

例：企业某种均衡消耗的物资，计划年度共需用 7200 件，每月进货一次，保险储备无数 6 天，求该种物资的经常储备定额和最低储备量、最高储备量（每月按 30 天计算，每年按 360 天计算）。

解：

经常储备定额＝7200÷360×30＝600（件）

最低储备量＝7200÷360×6＝120（件）

最高储备量＝600＋120＝720（件）

库存定期控制的库存量变动情况如图 8－2 所示。它同样是以正常进货前后库存量水平分别为最低储备量和最高储备量为基础的。从图 8－2 中可看到，当实际消耗速度减慢或加快时，会使盘点时的库存量（订购点）相应地加大或减少。但只要备运时间里的物资消耗速度为预计的正常速度，即使进货时的库存量高于或低于最低储备量，也会通过不同的进货量使进货后的库存量等于最高储备量。若备运时间里物资消耗速度小于预计的正常速度，或提早到货，则进货后的库存量高于最高储备量；反之亦然。这种实际库存量水平的偏离，要待下一次库存盘点时核算下期订购批量（进货量）来调整，使其恢复到正常水平。

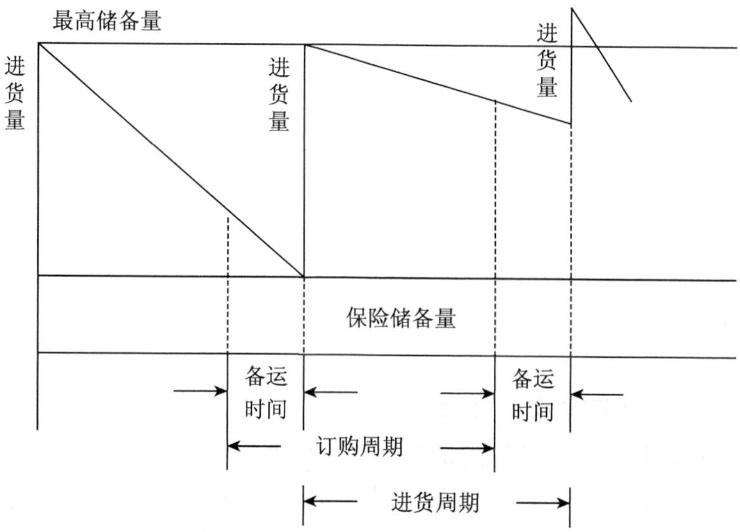

图 8－2　定期库存控制

三、定量控制与定期控制优缺点的比较

（一）定量控制的优缺点

1. 优点

（1）能经常掌握库存量动态，及时提出订购，不易出现缺货；

（2）保险储备量较少；

（3）每次订购量固定，能采用经济订购批量，也便于进货搬运和保管作业；

（4）盘点和订购手续比较简便，尤其便于应用电子计算机来进行控制。

2. 缺点

（1）订购时间不定，难以编制严密的采购计划；

（2）未能突出重点物资的管理；

（3）不适应需要量变化大的情况，不能及时调整订购批量；

（4）不能得到多种物资合并订购的好处。

（二）定期控制的优缺点

定期库存控制法的优缺点与定量库存控制法相反。

四、定量控制与定期控制的适用范围

由于这两种库存控制方法有不同的优缺点，因而也有不同的适用范围。

(一) 定量控制的适用范围

定量库存控制法一般适用于下列物资：

(1) 单价较低的物资；

(2) 需要量比较稳定的物资；

(3) 缺货损失大的物资。

(二) 定期控制的适用范围

定期库存控制法一般适用于下列物资：

(1) 需要量大的主要原材料，必须严格管理的重要物资，有保管期限制的物资；

(2) 需要量变化大而且可以预测的物资；

(3) 发货繁杂、难以进行连续库存动态登记的物资。

五、库存物资 ABC 分类管理

(一) 库存物资分类管理的必要性

企业库存物资数量很大，品种规格很多，如果不管主要次要，短线长线，不分需要量大小，单价高低，都施以同一的管理方法（如相同的盘点周期），给予同等的注意，这样不但会造成管理人员工作千头万绪、忙乱不堪，而且由于分散了管理人员工作精力，效果也不好，甚至有些重要的、资源紧缺的物资，会因得不到足够注意而缺货，使供应中断。所以，在库存量管理中要抓重点，通过解决重点而带动其他，这样的方法往往能收到事半功倍之效。库存物资分类管理就是基于在管理中要突出重点、兼顾一般这个基本精神的。

库存物资分类管理的方法很多，ABC 分析法就是一种比较简单、实用的分类管理方法。分析企业所需物资或物资企业的经营物资，往往可以看到这样的规律性：少数品种在总供应额中占了很大比重，而占品种数很大比重的物资，在总供应额中所占的比重并不大。库存物资 ABC 分类，就是根据物资品种和供应额间的不均衡性，将物资分为 A、B、C 三类，并规定各类物资不同的管理控制方法。

(二) 库存物资 ABC 分类的一般步骤

ABC 分析大致可以分为数据收集、统计汇总、制 ABC 分析表、绘 ABC 分析图和确定管理方法等几个步骤。以物资企业库存物资 ABC 分类为例，根据物资企业经营物资品种规格的多少，可采用大排列分析法或分层排列分析法。

如果经营物资品种规格的数目不太大，一般采用大排列分析方法，其具体步骤为：

(1) 计算每种经营物资的年采购额和全部经营物资的年总采购额。

$$年采购额=年采购量\times单价$$

年总采购额为各种物资年采购额之和。

(2) 按各种物资年采购额大小，由大到小顺序排列，制成大排列的 ABC 分析表，见

表 8－1。

（3）在分析表上计算每种物资年采购额在总采购额中所占的比例及比例累计。

（4）根据管理的需要，将占总采购额很大比重的前面一些品种定为 A 类，依次定出 B 类和 C 类。

表 8－1　　按年采购额排列的 ABC 分析

采购物资	单价（元）	年采购量	年采购额（元）	占采购总额比例（%）	年采购额累计（元）	占采购额比例累计（%）	分类结果
1	675	1000	675000	29.8	675000	29.8	A
2	450	1000	450000	19.9	1125000	49.6	A
3	11	33600	369600	16.3	1494600	65.9	A
4	3	47790	143370	6.3	1637970	72.3	A
5	19	5420	102980	4.5	1740950	76.8	A
6	60	1681	100860	4.4	1841810	81.2	B
7	260	250	65000	2.9	1906810	84.1	B
8	255	250	63750	2.8	1970560	86.9	B
9	2	29350	58700	2.6	2029260	89.5	B
10	7.4	4000	29600	1.3	2058860	90.8	B
11	30	980	29400	1.3	2088260	92.1	B
12	2.5	10000	25000	1.1	2113260	93.2	B
13	16	1420	22720	1	2135980	94.2	B
14	32	650	20800	0.9	2156780	95.1	B
15	18.5	1000	18500	0.8	2175280	96	B
16	22	800	17600	0.7	2192880	96.7	C
17	4	3400	13600	0.6	2206480	97.3	C
18	1	10130	10130	0.4	2216610	97.7	C
19	0.4	18400	7360	0.3	2223970	98.1	C
20	1	7190	7190	0.3	2231160	98.4	C
⋮	⋮	⋮	⋮	⋮	⋮	⋮	⋮
50	0.2	100	20	0	2266850	100	C

由表 8－1 所示，可以计算出各类物资品种占全部品种数的比例，各类物资采购额占总采购额的比例，据此制成 ABC 分类汇总表（见表 8－2）和绘出 ABC 分类曲线图（见图 8－3）。

表 8-2　　库存物资 ABC 分类汇总

分类	品种数	占全部品种数比例（%）	采购额（元）	占采购总额比例（%）
A	5	10	1740950	76.8
B	10	20	434330	19.2
C	35	70	91570	4
合计	50	100	2266850	100

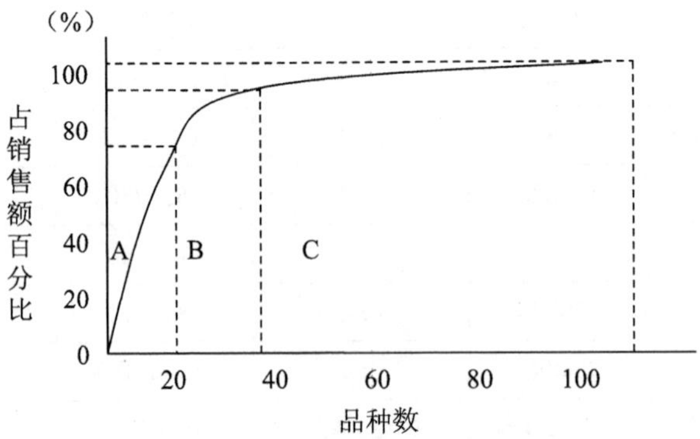

图 8-3　库存物资 ABC 分类曲线

如果物资品种规格的数目很大，难以全部排列于分析表中，则可采用分层排列分析方法，即按采购额大小先将品种数分成若干个层次，再根据分层结果将 A 类物资逐一列出。同样地可据此绘制库存物资 ABC 分类汇总表和 ABC 分类曲线图。

(三) A、B、C 各类物资的管理方法

通过对库存物资的 ABC 分析，指明了库存量管理的重点所在。A 类物资品种数不多，而在总采购额中占有很大比例，和企业经济效益的关系最大，一般地说在保证生产建设需要中意义也最大，因而是管理工作的重点。

企业应投入较大力量于 A 类物资的管理。A 类物资管理的要点是要尽可能地降低订购批量，将库存压到最低水平。为做到这一点，就要对 A 类物资严格控制，精心管理，认真地查明物资的需要量，精确地计算费用支出和经济订购批量，经常检查库存量变化动态，及时进行统计分析。这样做自然要增加管理费用，但和它所得到的经济效益比较是第二位的。C 类物资管理的要点是通过适当加大订购量和库存量，减少日常的管理工作，达到简化手续、减少管理费用的目的。增加库存量当然也会加大利息支出和仓储费用，但因 C 类物资在总采购额中所占的比例很小，这部分费用支出的增加比之管理费用的减少还是次要的。B 类物资的管理方法介于 A 类、C 类两者之间。

一般地说，A 类物资适于采用定期库存控制法，B 类和 C 类物资适于采用定量库存控制法，但也可以对三类物资同时采用定期控制或定量控制。如同时采用定期控制，则对三类物资规定不同的检查、订购周期，A 类最短，C 类最大。如同时采用定量控制，则增大 C 类物资的订购批量，严格控制 A 类物资的订购量。

第三节　降低物资库存量水平的途径

物资储备是社会再生产顺利进行的必要条件，但如果库存水平过高，就会延缓物资和资金的周转速度，增加库存费用，加大生产成本，造成社会财富的浪费。在保证生产建设正常进行的前提下，降低物资库存量水平，对提高企业经济效益和社会经济效益及促进生产的发展，有着重要的意义。

一、影响企业物资库存量水平的因素

企业物资库存量水平高低，受到内部外部多种因素的影响。在这些影响因素不变时，库存量水平有它的客观必然性，不能凭主观愿望随意降低，否则就保证不了生产的需要。为了降低库存量水平，就要通过一定途径，创造必要条件，促使这些影响因素朝着有利于减少储备的方向转化。因此，为探讨降低企业库存量水平的途径，首先要分析企业库存量水平的影响因素。这些影响因素主要包括以下几个方面。

（一）需用单位的生产特点和用料特点

需用单位的生产量大小，对物资库存量水平有着决定性的影响。大量连续生产或大批量生产的企业，平均每日需要同种物资数量多，故储备的绝对数量也大；但由于进货批次多，进货间隔期短，因而相对储备水平即储备天数可比小批量生产或单件生产的企业低。集中用料比均衡用料的储备水平要高，才能保证生产的需要。对生产不够稳定、临时需要多的企业，则要求提高保险储备量，以适应需要的变化。

（二）物资供应方式

一般地说，需用单位进货间隔期短，每次进货量少，供货的适应性、灵活性强，这不仅有利于降低经常储备量，也有利于降低保险储备量。

（三）供货企业的生产特点和供货特点

供货企业轮番生产周期长，成品储备能力弱，以及具有生产季节性的特征，都会使需用单位加大一次进货量，提高库存量水平。供货周期长短，订货发货限额高低，供货均衡程度，以及销售网点分布等，也是影响需用单位库存量水平高低的直接因素。如果供方的供货周期长，订货发货限额高，供货不均衡，销售网点少，会导致需用单位增加库存量；反之，则可降低库存量水平。

（四）补充资源的难易

需用单位一旦缺货时重新补充资源的难易，是影响保险储备水平高低的主要因素。补充资源的难易，首先决定于市场的供求态势，是买方市场还是卖方市场；物资流通管理体制，如获得物资要经过繁杂的申请程序或者可从市场自由采购，对补充资源难易有决定性的影响；此外，补充资源的难易程度，还和供需单位距离远近、交通运输条件以及合同执行的可靠程度等有关。显然，需用单位获得物资的手续越复杂，物资越紧缺，与供货单位距离远，交通不方便，供方执行合同的可靠程度差等，都使需用单位有必要加大保险储备量；反之，则可降低保险储备水平。

(五) 物资本身的特点

物资单价高低，在生产建设中的重要程度，有无可代用物资，以及物资自然属性方面的特点（如储存寿命长短），也是影响库存量水平的重要因素。价值高的物资、储存寿命短的物资，库存量要尽可能低一些；生产中的次要物资，可代用物资，也可大大减少保险储备量。

(六) 企业管理水平

需用单位经营管理水平高，计划性强，需要量确定比较准确，计划外用料少，内部各环节配合协调，能促进库存量水平的降低；反之，则会导致库存量水平提高。

(七) 储备能力和其他条件

企业在查定物资合理库存量时，还要考虑到仓库储量、进货储存作业能力和其他内部条件（如流动资金等）的可能性。物资库存量不能超出储存能力、资金条件等许可的范围。因此，这些条件也是物资库存量水平高低的影响因素。

上述影响因素是相互交织的，企业要针对具体储存物资，对各种影响因素作综合分析，以正确查定物资的合理库存量，并探寻降低库存量水平的途径。

二、企业自身降低库存量水平的途径

(一) 转变企业经营模式，建立快速反应型的企业

长期以来，我国企业库存水平过高的根本原因在于经营理念上，很多企业实施的是面向库存的生产经营模式，库存成为生产经营过程的必要环节；而当前某些行业中的先进企业，大多实施的是面向订单的生产经营模式，库存水平可以大大降低。

(二) 提高企业的计划工作水平

企业生产计划和物资计划质量高且紧密衔接，是降低库存量水平的基础条件。详细、准确地占有资料，认真分析各项影响因素，探索物资需用、积压、缺料的规律性，能明显提高查定库存量标准的正确性及合理性；物资需要量计算准确，有利于减少计划外的各种临时需要，从而降低保险储备量。

(三) 合理安排生产

生产安排越均衡，越有节奏，就越能避免物资的集中需用、集中储备和资金的集中占用，从而降低物资库存量水平。

(四) 合理选择供应方式

企业少量零星的物资需要由生产厂直达集中供应，是造成库存量水平过高的一个重要原因。对这部分物资需要，宜采用间接的供应方式，从流通领域供销单位就近、就地小批量进货，以减少经常储备天数和保险储备天数。

(五) 正确确定进货次数和批量

当计划期需要量一定时，进货次数越多，批量越小，库存量越少。因此，要在订购储存总费用支出合理的前提下，适当增加进货次数，减小批量。

（六）加强库存量控制

采用适当的库存量控制方法，经常掌握库存量变化动态，及时地提出订购，防止盲目采购，并及时处理超储积压物资。电子计算机和信息技术的广泛应用，已引起库存控制的革命性变化，超储积压和物资短缺等问题能更快地被发现和解决，极大地降低库存量水平。采购人员、库存控制管理人员和仓库保管人员的紧密配合，对实现有效的库存控制也是十分重要的条件。

（七）推行企业内部经济责任制

实行储备资金分口管理，通过加强储备资金的控制，促进物资库存量水平的降低。此外，还要严格执行物资采购、储存、发放的有关制度。

（八）密切供需关系

需用单位要同供货单位保持经常联系，及时地向供货单位反映物资需用情况和要求，了解供货单位的生产和供货情况。稳定的良好的料源渠道，对于建立正常的生产供应秩序，降低物资库存量水平，是十分重要的。

第四节　创造精益供应链

一、供应链环境下的库存管理问题

（一）供应链中的需求放大效应

需求放大效应，即当供应链的各节点企业只根据来自其相邻的下游企业的需求信息进行生产或供应决策时，需求信息的不真实性会沿着供应链逆流而上，产生逐级放大的现象，达到最源头的供应商时，其获得的需求信息和实际消费市场中的用户需求信息发生了很大的偏差。由于这种需求放大效应的影响，上游企业往往维持比下游企业更高的库存水平。需求放大现象产生的原因可归纳为四个方面：

（1）需求预测修正。即当供应链的成员采用其直接的下游订货数据作为市场需求信号时，这一数据是经过预测方法修正的。

（2）订货批量决策。即企业向供应商订货，不是来一个需求下一个订单，而是考虑库存的原因，采取周期性分批订货。

（3）价格波动。即价格折扣、数量折扣等促销手段使销售部门预先采购的订货量大于实际的需求量。

（4）短缺博弈。即当供不应求时，理性的决策是按照用户的订货量比例分配现有库存供应量，但用户为了获得更大份额的配给量，故意夸大其订货需求；而当需求降温时，订货又突然消失。由于个体参与的组织的完全理性的经济决策，导致了需求信息的扭曲，最终导致需求放大。

（二）供应链中的不确定性

供应链中的不确定性表现形式有两种：①衔接不确定性。企业之间（或部门之间）不确定性，是供应链衔接的不确定性，主要体现在企业之间或部门之间的合作性上。②运作不确定性。系统运行不稳定是组织内部缺乏有效的控制机制所致，控制失效是组织管理不稳定和不确定性的根源。其中，供应链的不确定性主要来源于以下三个方面：

(1) 供应商的不确定性。主要表现为供应商的生产系统发生故障延迟生产、供应商的供应商延迟供货、意外的交通事故导致的运输延迟等。

(2) 生产者不确定性。主要表现为生产者本身生产系统的可靠性、机器故障、计划执行的偏差等。

(3) 用户不确定性。主要表现为需求预测的偏差、购买力的波动、从众心理和个性特征等。

供应链上的各节点企业若仅根据各自的需要独立运作，必然存在需求放大效应和不确定性，导致重复建立库存，从而无法达到供应链整体总成本最低的目的。

二、供应链环境下的库存控制策略

随着生产力的发展和需求不确定性的增强，企业的竞争已由单个企业的单体竞争转变为群体竞争，是一条供应链与另一条供应链之间的竞争，其竞争力主要体现在整条供应链的总成本和对最终用户需求的反应速度上，利润最大化目标将建立在整个供应链基础上。在这种环境下，企业的库存控制由内部管理职能拓展到企业外部。过去，高的顾客满意度和低的库存水平是一对相互冲突的目标，似乎不能同时实现。如今，通过供应链管理这一创新的物流管理技术，这一问题迎刃而解。

(一) 供应商管理库存

供应商管理库存（Vendor Managed Inventory，VMI）是一种在用户和供应商之间的合作性策略，以对双方来说都是最低的成本优化产品的可获性，在一个相互同意的目标框架下由供应商管理库存，这样的目标框架被经常性监督和修正，以产生一种连续改进的环境。这种策略就是把用户的库存决策权交给供应商，由供应商代理分销商或批发商行使库存决策的权力。供应商管理库存策略体现了以下几项原则。

(1) 合作性原则。在实施该策略时，相互信任与信息透明是很重要的，供应商和用户都要有较好的合作精神，才能相互保持较好的合作。

(2) 互惠原则。VMI 不是关于成本如何分配或谁来支付的问题，而是关于减少成本和提高效率的问题。通过该策略使双方的成本都获得减少。

(3) 目标一致原则。双方都明白各自的责任，观念上达成一致的目标。如库存放在哪里，什么时候支付，是否要管理费等问题都应达成共识，并体现在框架协议中。

(4) 连续改进原则。使供需双方能共享利益和消除浪费。

(二) 联合库存管理

与 VMI 不同，联合库存管理强调双方同时参与，共同制订库存计划，使供应链中的每个库存管理者（供应商、制造商、分销商）都从相互之间的协调性考虑，使供应链相邻的两个节点之间的库存管理者对需求的预期保持一致，从而消除需求放大效应和不确定性。其优点如下。

（1）为实现供应链的同步化运作提供了条件和保证。

（2）减少了供应链中的需求放大现象，降低了库存的不确定性，提高了供应链的稳定性。

（3）库存作为供需双方的信息交流和协调的纽带，可以暴露供应链管理中的缺陷，为改进供应链管理水平提供依据。

（4）为实现零库存、准时采购以及精益供应链管理创造了条件。

（5）进一步体现了供应链管理的资源共享和风险分担的原则。

（三）第三方物流

第三方物流（Third Party Logistics，TPL），也叫物流服务提供商（Logistics Service Provider，LSP），它为用户提供各种服务，如产品运输、订单选择、库存管理等。把库存管理的部分功能代理给第三方物流公司，可使企业更加集中精力于自己的核心业务，第三方物流起到了供应商和用户之间联系的桥梁作用。其优点如下。

①减少成本；

②使企业集中于核心业务；

③获得更多的市场信息；

④获得一流的物流咨询；

⑤改进服务质量；

⑥快速进入国际市场。

思考讨论题

1. 企业库存的类型有哪些?
2. 与库存相关的成本是什么?
3. 企业保持库存的原因及不利因素有哪些?
4. 库存控制的传统方法是什么，各有什么优缺点?
5. 如何使用ABC分类法进行库存管理?
6. 通过什么方法可以降低企业的库存水平?
7. 供应链环境下，控制库存的策略有哪些?

本章案例

雀巢与家乐福之供货商管理库存系统案例说明

一、背景

中国台湾雀巢成立于1983年，是中国台湾最大的外商食品公司，产品种类包括婴幼儿奶粉、米麦粉、奶粉、乳制品、咖啡、即溶饮品、冰品、快餐汤及粥、厨房调理食品、巧克力及糖果与宠物食品等。中国台湾雀巢的销售通路主要包括现代型通路（特别是量贩店）、军公教代送商（23家）与专业经销商（14家），以及非专业经销商（如餐饮业者，

100 多家）等通路。

家乐福公司为世界第二大的连锁零售集团，1959 年设立于法国，全球有 9061 家店，24 万名员工。中国台湾家乐福为台湾量贩店龙头，拥有 23 店。

二、问题与需求

（一）缘起

雀巢与家乐福公司在全球均为流通产业的领导厂商，在 ECR 方面的推动更是不遗余力。1999 年两家公司协议在 ECR 方面实现更密切的合作，台湾地区分公司也被指示进行 VMI 示范计划，并要把相关成果移转至其他厂商。台湾雀巢也积极开始与家乐福公司合作，建立整个计划的运作机制，总目标要增加商品的供应率，降低顾客（家乐福）库存持有天数，缩短订货前置时间以及降低双方物流作业的成本。

（二）现状简介

就雀巢与家乐福既有的关系而言，只是单纯的买卖关系，唯一特别的是家乐福对雀巢来说是一个重要的顾客，所以设有相对应专属的业务人员，买卖方式也仍是以家乐福具有十足的决定权，决定购买哪些产品与数量。在系统方面，双方各自有独立的内部 ERP 系统，彼此间不兼容，在推动计划的同时，家乐福也正在进行与供货商以 EDI 联机方式的推广计划，与雀巢的 VMI 计划也打算以 EDI 的方式进行联机。

（三）VMI 简介

VMI 是 ECR 中的一项运作模式或管理策略，主要的概念是供货商依据实际销售及安全库存的需求，替零售商下订单或补货，而实际销售的需求则是供货商依据由零售商提供每日的库存与销售资料并以统计等方式预估而来的，整个运作上通常供货商具有一套管理的系统来做处理。如此的做法将可大幅改进供货商面对市场的响应时间，而较早的得知市场确实销售情报，而降低供货商与零售商用以因应市场变化的不必要库存，进一步也可提早引进与生产市场所需商品，降低缺货率。但实际在实施与运用上，却因供货商与零售商的价格对立关系以及系统和运作方式的不同，而很难有具体的合作运用。

三、计划介绍

（一）计划范围

整个计划主要是在一年之内，建立一套 VMI 的运作环境并且可以顺畅的不断执行下去。具体而言分为系统与合作模式建立阶段以及实际实施与改善阶段，在第一个阶段约占半年的时间，包括确立双方投入资源、建立评估指针或评量表（Scorecard）、分析与协议所需的条件，确立整个运作方式以及系统建置。第二个阶段为后续的半年，以先导测试方式不断修正，使系统与运作方式趋于稳定，并以评估指针不断进行问题寻找与改善，一直到不需人工介入为止。

在人力投入方面，雀巢与家乐福双方分别设置有一个全职的对应窗口，其他包括如物流、业务或采购、信息等部门则是以协助的方式参与计划，并逐步转变物流对物流、业务对采购以及信息对信息的团队运作方式。经费的投入上，在家乐福方面主要是在 EDI 系统建置的花费，也没有其化额外的投入；雀巢方面除了 EDI 建置外，还引进了一套 VMI 的系统花费约 250 万新台币。

（二）计划目标

计划目标除了建置一套可行的VMI运作模式及系统之外，具体而言还要依据自行订定的评量表以达到：雀巢对家乐福物流中心产品到货率达90%，家乐福物流中心对零售店面产品到货率达95%，家乐福物流中心库存持有天数下降至预设标准，以及家乐福对雀巢建议订货单修改率下降至10%等具体的目标。另外，雀巢也期望将新建立的模式扩展至其他通路上运用，特别是对其占有重大销售比率的军公教通路，以加强掌控能力并获得更大规模的效益。相对地家乐福也会持续与更多的主要供货商进行相关的合作。

四、方法

在计划的实际执行上，除了有两大计划阶段外，还可细分至五个子计划阶段，说明如下：

（一）评估双方的运作方式与系统在合作上的可行性

合作前双方评估各自的运作能力与系统整合与信息实时程度等以及彼此配合的步调是否一致，来判定合作的可行性。

（二）高阶主管承诺与团队建立

双方在最高主管的认可下，由部门主管出面协议细节以及取得内部投入的承诺，并且建立初步合作的范畴和对应的窗口，开始进行合作。

（三）密切的沟通与系统建立

双方合作的人员开始进行至少每周一次密集会议讨论具体细节，并且逐步建置合作方式与系统。包括补货依据、时间、决定方式、评量表建立、系统选择与建置等。

（四）同步化系统与自动化流程

不断的测试，使双方系统与作业方式及程序趋于稳定，成为每日例行性工作，并针对特定问题做处理。

（五）持续性训练与改进

回到合作计划的本身，除了使相关作业人员熟练作业方式和不断改进作业程序外，对库存的管理与策略也不断思考问题根本性以求改进，而长期不断进行下去，进一步会针对促销性产品做策略研究。

在系统建置方面，针对数据传输部分，雀巢与家乐福公司双方采用的是泛伦所提供的EDI加值网络的方式来进行传输，而在雀巢公司的VMI管理系统部分，则是采取外购产品的方式来建置。雀巢先前有评估过Manugistics（制造物流）和Infule（因富勒）等公司的产品，最后选用Infule的产品，主因包括一是家乐福推荐，二是法国及其他国家雀巢公司的建议，以及系统可以满足其计划需求等因素所做的决定。

目前整个VMI的运作方式分为五个步骤，说明如下。

（1）每日9：30am前家乐福用EDI方式传送结余库存与出货资料等信息至雀巢公司。

（2）9：30—10：30am雀巢公司将收到的资料合并至EWR的销售数据库系统中，并产生预估的补货需求，系统将预估的需求量写入后端的BPCS ERP系统中，依实际库存量计算出可行的订货量，产生所谓的建议订单。

（3）10：30am前雀巢公司以EDI方式传送建议订单给家乐福。

（4）10：30—11：00am家乐福公司在确认订单并进行必要的修改（量与品项）后回

传至雀巢公司。

(5) 11：00—11：30am 雀巢公司依照确认后的订单进行拣货与出货。

五、心得

虽然两家公司在国际上均承诺要推动 VMI 计划，但落实在执行层面，却有许多问题存在。首先是彼此的执行人员均习惯于过去的买卖关系而较难有对等及互信的态度，其次 VMI 计划本身大部分的参与人员并未有完整的相关知识与实务经验，再加上彼此既有的运用方式与系统的显著差异都增加了计划执行的复杂与困难度。漫长的发展过程中，有如团队形成之初，历经了沉默、争吵与对立等过程，直到彼此有共同的认知与乐意分享，而计划就在这种过程中逐步推展，参与人员也从中彼此学习，并有小小的成果。然而针对未来进一步的计划发展上，仍需要双方组织运作与系统的调整配合，才有可能顺利达成。

六、效益

在成果上，除了上建置一套 VMI 运作系统与方式外，在经过近半年的实际上线执行 VMI 运作以来，对于具体目标达成上也已有显著的成果，雀巢对家乐福物流中心产品到货率由原来的 80%左右提升至 95%（超越目标值），家乐福物流中心对零售店面产品到货率也由 70%左右提升至 90%左右而且仍在继续改善中，库存天数由原来的 25 天左右下降至目标值以下，在订单修改率方面也由 60%～70%的修改率下降至现在的 10%以下。除了在具体成果的展现上，对雀巢来说最大的收获却是在与家乐福合作的关系上，过去与家乐福是单向的买卖关系，顾客要什么就给他什么，甚至是尽可能的推销产品，彼此都忽略了真正的市场需求，导致卖得好的商品经常缺货，而不畅销的商品却有很高的库存量，经过这次合作让双方更为相互了解，也愿意共同解决问题，并使原本各项问题一一浮现，有利于根本性改进供应链的整体效率。

资料来源：http：//www. 51cnw. com/zzgl _ show. asp? zid=411.

施乐优化流程削减库存

一、企业瓶颈

1989 年，施乐公司曾与一些美国电子公司进行了库存水平的基准比较，这次评估向施乐的高层管理人员揭示了施乐与领先的公司在这方面的差距。施乐发现有机会可以压缩“沉淀”在整个供应链中的资金，从而向新产品的研发提供更多的资金支持。

从评估中，施乐公司认可了现有的分销、物流、物料与制造部门的努力工作，总体库存水平过高并不是他们的责任，主要的原因是部门与部门之间相互冲突的工作目标。

二、突破方法

施乐成立了“物流与资产管理中心”来改善整个供应链的资产管理的绩效。作为一个“变革机构”，这个小组的使命是通过发展和实施整体性的战略和业务流程来推动对物流管理和资产管理的优化。这个小组并非只是一个普通的职能机构，它需要与一线机构进行顾客满意度评价；物流成本和削减库存的活动以及每一年都要进行的对这些项目的优化和改善。所以，两个工作原则产生了。

(1) 小组的使命并非只指导一个“削减库存”的运动，而是使“压缩供应链资产”成为公司的长期目标。

(2) 小组的具体工作需要从长期和短期两个方面来考虑。

三、实施步骤

(1) 创立一个远景目标，统一理解和认识：供应链的一体化整合能为公司创造新的竞争力优势。

(2) 最终的目标：改善客户服务，并在资产利用和物流成本等方面成为最优秀的公司之一。

(3) 远景目标将在战略路径地图中被细化，每一个关键的绩效指标都将设定在客户服务、资产利用和物流成本等各个方面的具体目标。

(4) 新的概念将会在一个“展示箱”中测试，进一步优化后才在整个公司内大范围的实施。

(5) 为了观测这些指标，供应链中不同部门的绩效衡量指标将会被统一。

(6) 实施中所学习到的技术和诀窍将会被融合在整个公司的“流程再造”中，整个信息系统也会做出相应的改变。

四、变革目标

绩效优化计划的总体目标是非常野心勃勃的。施乐将会取得100%的顾客满意度，压缩近一半的库存——近10亿美元的节省！并节省3亿～4亿美元的物流支出。这些成本的节省并不会以服务水平的下降为代价。施乐不仅会重新设计整个供应链流程，而且会改变公司文化、绩效指标、奖惩体系、公司的内部关系和整个公司的行为方式。

整个计划首先汇集了各个业务单元在绩效优化中取得的成就：有些是由业务单元内部完成的，有些是从世界各地的其他分公司得到的想法和灵感而完成的。其次通过理解各个业务单元内部的物流运作，物流与资产管理小组可以开始与供应链的各个组成部分沟通并且以“跨组织流程重组”的方式来推动系统的整合。

五、流程变化

一个国际化的跨部门小组早在1986年就已经建立了，这次的供应链流程改造使这个国际小组的作用得到了强化。不同工作职责的人员，包括库存管理、订单配送、制造及供应商等方面的人员都加入了跨部门小组的工作。不仅物流与物料部门的人员参与了工作，产品设计、营销、质量控制、财务和信息系统等各个部门人员都在小组中起到了极大的作用。

这个跨部门小组成为整个优化战略的守护者与最关键的利益相关者。它使得第一线的经理可以参与到正在制定的战略中去；通过他们的工作，在某个部门内业已证实可行的创意可以迅速地推广到其他的部门；跨部门小组确保了单个业务单元的优化项目符合公司的总体目标，不会被重复执行；从顾客评价中发现的不满意之处得到了有效的整改；较复杂的绩效指标进行了简化以便让操作人员可以进行控制，例如：按顾客指定时间到达的订单百分比；在欧洲和美洲，小组通过改善后的运输系统减少了分批运输的问题；小组向每一个业务单元提供了充分的信息以鼓励他们之间的库存共享；资产回收利用的具体实践也在各个业务单元之间得到了推广。

业务流程的深层目标被分解为物流与库存管理领域中某些过程的基本原则，而这些基本原则为具体的操作设定了框架，同时为各个物流过程的战略性行动提供了基础。

这些过程并非面向某个部门，而是面向具体的物流操作。这些过程的排列是非常重要的。

首先，必须在供应链内部用统一的“产品语言”(Product Languang) 来定义顾客需要的产品/部件。其次，计划的制订过程必须是灵活的，有精确的顾客需求所驱动。再次，供应链被定义为整个公司业务的“整合者” (Integrator)。最后，强调是对“资产流”(Assetsflow) 进行管理，而非对仓库中“库存”(Stock) 的管理。

通过与远景目标的比较，所需的改变就十分明确了。施乐的每一类产品，如设备、消耗品、零配件等都需要进行这样的改变。不同产品的分销渠道是不同的：

零配件主要是由技术服务人员使用，主要流向他们手中的配件设备。消耗品不需要特别的搬运处理，主要由电话营销渠道向最终用户提供。而设备，由于它们敏感的电子和机械部件，需要特别的搬运处理，而且需要一定的可操作性。

应用“整合”概念，施乐想出了一个理想化的设备供应链网络：每个流程都应针对一类产品特别设计，满足不同顾客的不同需求；商品化的产品，如个人复印机、小型办公复印机和传真复印机应该被设计为安装简便，即插即用。高档产品应被设计成100%按单制造，不需要额外的安装和调试工作。要在顾客要求的时间内完成这项任务，同时又要保持尽可能少的库存，施乐需要尽可能早地了解需求，以廉价信息来替代昂贵的库存。

六、管理革新

管理方面最大的改变是如何将新目标的实现在公司内部制度化。每一次管理革新在具体的实施过程中都会有几个阶段：第一阶段是说服每一个人，革新是必要的，并让所有的人都认同要产生的变化；第二阶段是将这些理解和认同转换成一种正面的印象(Perception) 并开始试点进行革新工作；第三阶段是让所感受到变化的工作人员亲自去推动变化的发生。为了能够使革新有效的实施，必须让每一个人都知道革新的日程安排，让他们能够主动地去回应变化。

施乐正在以这样的方法整合它的供应链管理。营销经理和制造经理的绩效评价指标中加入“供应链中的总资产”这样的新概念，这使得对他们职能性的评价转换成了跨职能的综合评价。营销经理，制造经理和研发经理现在需要考虑供应链的总体库存水平（相对销售收入的百分比）和总体顾客满意度。当这些部分的考虑已成为公司业务运作方式的一部分，下一步就要考虑如何分解物流成本到每个职能部门。每一个职能部门内部的物流运作都影响到整个供应链的表现和目标的完成。

七、成功关键

施乐的成功主要由以下几点支持。

(1) 所有的供应链问题都被跨部门小组以共享的方式来解决，这些跨部门小组得到了施乐高级管理层的强有力支持。

(2) 施乐公司的公司文化是：“以质量为核心”；强调基准评估与超越；注重解决实际问题；不断改善质量；鼓励跨职能小组共同作业。这样的公司文化提供了一个优良的环境去推动革新。这种环境可以使来自不同部门的工作人员用共同的语言来解释、分析和优化每一个流程。

(3) 也许更重要的是施乐在短期内就大胆地实施了改进并使高层管理人员看到了优化的效果，从而使他们有耐心和信心将革新推动下去。

资料来源：王康．施乐优化流程削减库存［EB/OL］. http：//www. careerbbs. cn/blog/? action - viewthread - tid - 9095.

第九章　采购绩效评估

采购绩效评估是确保采购目标实现的重要手段。本章介绍了采购绩效评估的意义、绩效评估的指标、绩效评估的体系以及如何进行采购审计等内容。

通过本章学习，你将能：

①理解绩效考核的重要意义；

②掌握绩效考核包括哪些内容；

③掌握如何建立绩效考核系统；

④理解采购审计的重要意义并掌握其方法。

第一节　采购考核的重要性

有句老话“不能量化，就不能管理”，建立和实施一个好的考核体系十分重要，而且确定何为“最优”是考核工作一项复杂的任务。另外，采购人员必须记住仅有相应的考核不能产生结果，考核必须为决策过程提供重要信息。

一项研究显示，对于绩效评估没有简单的答案。社会和市场环境不断变化，而所需要的考核也应随之变化。另外一个加剧复杂性的因素是，公司的总裁与采购供应经理在“哪些考核是重要的”这个问题上不一定能达成一致。

以前，每一个职能领域都会建立一套考核标准，使其对应部门绩效最大化。例如，在采购设备时，采购部门关注的重点是减少采购成本，而生产部门更关注设备性能和使用的方便性。然而，职能绩效最大化并不一定能帮助公司实现总体业务目标。供应链管理要求组织采取一种过程方法，并关注跨职能团队及组织之间的问题。所以，绩效考核也必须从关注职能考核转向总体方法，并改进供应链绩效。另外，持续的采购绩效改进取决于组织考核系统的动态激励过程。

采购绩效可以定义为：从定性和定量两个角度来评估采购部门和采购人员达到规定目标的程度。

一、影响采购绩效评价的因素

影响采购绩效评价的一个重要因素是：管理人员如何看待采购业务的重要性以及它在企业中所处的地位。早在1962年，美国的海斯（Hayes）和雷纳德（Renard）就提出，管理人员对采购业务的不同期望会对所采用的评价方法和技术产生重要影响。

对企业的一项调查结果表明，不同企业的绩效评价是不同的。导致这种状况的直接原因是各公司在管理风格、组织程度、委托采购上分配的职责不同，而不是由企业的具体特征（如工业类型、生产经营类型）造成的。关于采购业务，目前主要有下面四种管理观点。

（一）业务管理活动

根据这种观点，评价采购业务的绩效主要取决于与现行采购业务有关的一些参数，比如订货量、订货间隔期、积压数量、采购价格等。

（二）商业活动

这种观点把采购业务看作一种商业活动，管理人员主要关注采购所能实现的潜在节约额。采购部门的主要目的是降低价格以减少成本的支出。采购时要关注供应商的竞争性报价，以便保持一个满意的价格。采用的主要参数是采购中总体节约量（通常用每一产品组和每一客户表示）、采购价格的高低、差异报告以及通货膨胀报告等。

（三）综合物流的一部分

管理人员也清楚追求低价格有一定的缺点，它可能会导致次优化决策。太关注价格会导致企业因小失大。降低产品的价格通常会使供应商觉得产品的质量可能会降低，并会降低供应的可靠性。因此管理人员要向供应商们介绍产品质量改进目标情况，尽量减少到货时间并提高供应商供货的可靠性。

（四）商业策略

这种观点认为，采购业务对于决定公司的核心业务以及提高公司竞争力将产生积极的作用，因为采购业务积极地参与到了产品是自制还是购买决策的研究中。地区性供应商介入了采购方企业国际化竞争之中。在这种情况下，管理人员评价采购绩效主要考虑以下几个方面：主要供应商数量的变化（通常是减少量）、新的（国际）供应商的数量以及采购对公司的战略贡献等。

根据目前比较流行的观点，在企业结构体系中，采购部所处的地位不同，用于评价采购绩效的方法也有很大的区别。依据表 9－1 所示，当把采购看作是一项业务职能时，采购绩效的评价方法主要是进行定量的管理性分析。另外，当采购被看作一项策略时，这时会采用更加定性的和评判性的方法。这种情况下，通常使用复杂的程序和指导体系来监控采购过程，提高采购效率，防止背离特定的采购计划。

表 9－1　管理层如何看待采购

可替代的观点	采购职能的地位	绩效评价要素
采购被看作是一种管理业务	采购者在组织中地位低	订单数量、订货累计额、供应到货时间管理、授权、程序等
把采购看作是一项商业活动	采购者向管理层报告	节约额、降价程度、ROI 考核、通货膨胀报告、差异报告
把采购看作是综合物流的一部分	采购者进入管理层	节约额、货物供应的可靠性、废品率、供应到货时间的缩短量
把采购看作是一项战略性经营职能	采购者进入最高决策层	应有成本分析、早期介入的供应商数量、自制还是购买决策、基本供应商数量的减少等

哪些因素决定着当前比较流行的采购评估模式呢？由于外在因素的影响，那些把采购看作是一项商业活动的公司必须思考这个问题。这些外在因素主要有：价格和毛利上的压力、丧失市场份额的压力、材料成本显著降低的要求、供应市场上价格剧烈波动等。这些问题迫使经理们必须关注高水平的采购绩效。另外，一些内在因素也会影响管理业务所持有的观点。主要的内在因素有：企业实行的综合物流程度、引进和应用的现代质量概念、材料管理领域的计算机化程度等。

总之，可以这样说，由于每个企业采购绩效的评价方法不同，形成一种统一的方法和评价系统来评价采购绩效是不可能的。但是，我们可以借鉴不同方法中共性方面，并结合企业自身实际，开发出有针对性的采购绩效评估体系。

二、评估采购绩效的目的

企业对采购绩效及供应链绩效进行评价有很多原因，包括以下几点。

(一) 支持更好的决策制定

采购绩效的评估可以产生更好的决策，因为这可以从计划实施后产生的结果中鉴别不同的差异；通过对这些差异的分析，可以判断产生差异的原因，并可以及时采取措施防止未来的突发事件。

(二) 支持更好的沟通

采购绩效评价活动可使采购部门与其他部门进行更好的沟通，包括在采购部门内部、在部门之间、与供应商以及与行政管理层之间。例如：一个采购员必须与供应商清楚地沟通绩效期望。评价供应商绩效质量的标准反映了采购员的期望。

(三) 提供绩效反馈

采购绩效活动提供了绩效反馈的机会，可以在绩效衡量过程中防止或改正可能出现的问题。反馈也可提供买方、部门、团队或者是供应商在一段时间内为满足绩效目标所进行的努力。

(四) 激励和指导行为

采购绩效评价活动可以激励和引导行为向所要求的结果方向发展。一个评价体系将以多种方式完成这一任务。首先，绩效种类和目标的选择暗示采购人员哪些活动是公司看重的；其次，管理层通过将绩效目标的完成与公司的奖励（如工资的增长）相联系来激励和影响员工行为。

三、采购绩效评估的问题

对采购与供应链绩效的评价一直存在着特定的问题和局限。马克·布朗作为一个绩效衡量专家认为：目前大多数管理者和专业人士就像一个以一半的必需设备和很多测量无用数据的额外设备来驾驶飞机的飞行员。实际上，每一个企业的评价体系存在着某些类型的问题。难以评价采购绩效的主要原因归结如下。

(一) 缺乏必要的定义

尽管在理论和实践上经常使用像采购效果和采购效率这样的术语，但是这些术语直到目前仍然没有统一明确的定义，很多学者经常混淆这些概念。

（二）缺乏正式的目标和标准

像有些学者认为的那样，采购业务的目标也没有明确清晰的定义。同样地，采购部门在没有预先定义好的行为标准的指导下就开展了业务。

（三）精确评定的问题

采购活动不是一个孤立的业务活动，而是许多相关活动产生的结果。由于采购活动有许多捉摸不定的特点，因此很难评价采购活动。总之，直接的投入—产出关系难以界定。由于存在这些严重的问题，要用精确而且易于实现的方式对采购活动进行评价还存在很多限制。

（四）采购范围的差异

不同公司的采购任务和承担职责不尽相同，因此，建立一个有广泛依据的统一评价体系是不可能的。

这四个问题限制了采购业务目标实现程度的测量以及采购业务的精确评价。

第二节　采购绩效评价的内容

一、采购绩效表现

为了决定应该评价的内容，首先要定义采购绩效表现。采购绩效表现当然与采购关键绩效指标“QCDSIM”有关。为了更明确地阐述，我们将采购行为绩效表现看作是由两个因素决定的，即采购效果与采购效率。

（一）采购绩效表现

我们可以把采购绩效表现定义为在耗费企业最少资源的前提下，采购业务实现预定目标的程度。

（二）采购效果

它可以定义为通过特定的活动，实现预先确定的目标和标准额的程度。承认效果必然涉及人类活动的预期目标和实际效果之间的关系，这非常重要。采购效果与预先确定目标的实现程度有关。一项策略或活动要么有效果要么没效果，目标或实现或没实现，依目标可以用期望达到的水平表示。能够实现更高目标的策略或活动被认为是更有效果的。

（三）采购效率

它可以定义为为了实现预先确定的目标，计划耗费和实际耗费之间的关系。采购效率与实现预期目标所需要的资源以及实现这一目标的活动有关，因此必然涉及计划成本和实际成本之间的关系。

上面给出的定义是非常重要的，它假设采购业务的评价包括了采购效果和采购效率的评价。采购效果与采购业务的目标有关。采购业务整体目标的经典表述是：从最合适的地方，采购最好的、价格最合理的材料，并以最优质的服务运送到最佳的地点；同时采购业务要有助于产品和生产过程的革新，减少公司整体供应风险。如前所述，采购效率与为实现公司预先确定的目标所耗用资源有关，采购效率涉及采购业务的组织和管理。

因此，测量和评价采购业务必须依据以下四个尺度：

①价格/成本尺度。

②产品/质量尺度。

③采购物流尺度。

④采购组织尺度。

这些尺度之间的关系如图 9－1 所示。我们下面将对其进行详细讨论。

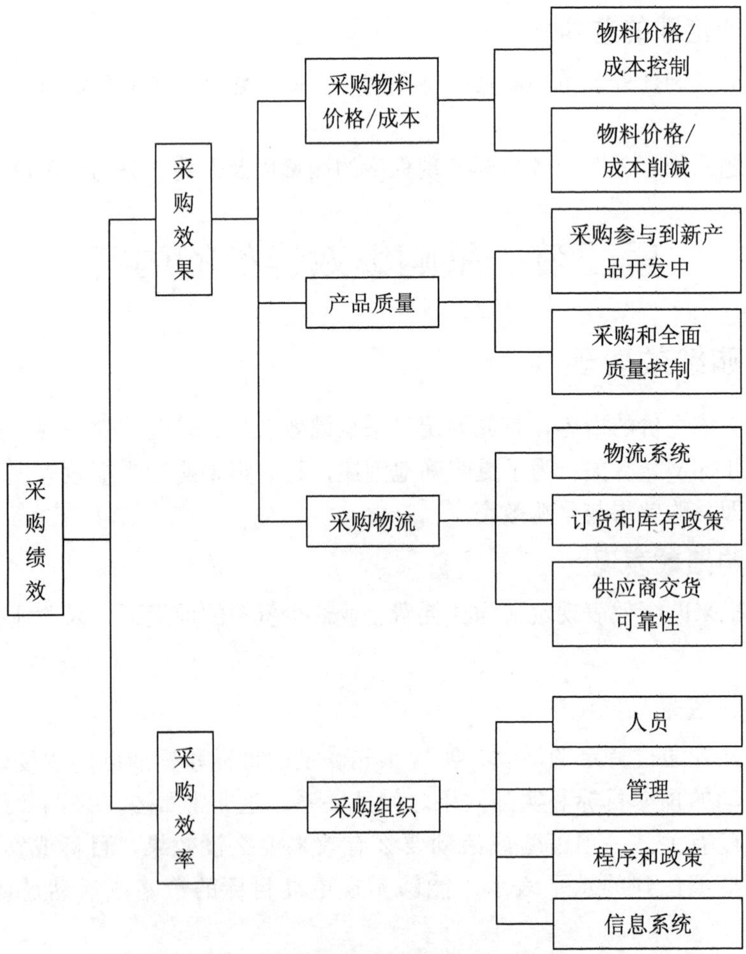

图 9－1　采购绩效评价的关键领域

二、价格/成本控制

采购价格/成本尺度主要是指支付材料和服务的实际价格和标准价格之间的关系。在这里，必须区别下面的两个概念：

(1) 价格/成本控制。它指连续不断地监控和评估供应商的价格以及价格增长情况。使用的主要方法主要有 ROI (投资月报率) 测量、材料预算、通货膨胀报告以及差异报告等。主要目的是监控采购价格、防止体格失控。

(2) 价格/成本削减。它主要是指通过结构化的方式，对于采购材料和服务相关的活动进行连续不断的监控，减少成本支出。主要措施有寻找新的供应商和替代材料、价值分析、在公司之间协调采购需求等，主要目的是临近那些减少材料成本的活动。

对于价格/成本尺度有关的采购行为进行计划和监控，预算是一种很重要的手段。为了控制采购成本，许多公司都要进行预算。目前，主要有两种预算方式，即目的在于控制材料成本的预算方式和目的在于控制采购部门成本的预算。

三、采购产品/质量尺度

早期人们对与采购物资的质量有关或无关的采购责任的定义过于狭隘。采购在开发新产品以及在整个质量控制中扮演着重要的角色，通过与供应商的密切合作，确保供应商能够遵从公司的产品清单和质量要求及时可靠地交付货物。

(1) 采购活动涉及的新产品开发。它主要是指采购活动有利于产品的革新，很明显这对于在所有的控制活动中，根据成本目标和上市时间安排来开发新产品项目是很重要的。使用的测量指标主要有：革新项目中采购活动耗费的劳动时间、供应商耗费的工程设计时间以及项目的生产准备时间。特殊的考核指标是技术规范的变化程度和初始样品的废品率。依据成本和销售时间对这些指标进行考核，可以使我们了解新产品开发项目为什么会失控。

(2) 采购活动对整个质量控制的贡献。根据工程设计要求下达采购订单之后，采购工作就要保证订购的货物能够按照公司的要求及时到达。这时使用的考核指标主要有：到运货物的废品率、一线拒收率、认证供应商的数量、合格供应商的数量、处理废品报告的数量等。这些指标可以表明企业能够从供应商处获得无缺陷物资的程度。

四、采购物流尺度

第三个关键性领域是采购所扮演的角色对采购的材料和服务进行有效的流动所起到的作用。这一领域包括以下活动。

(1) 对材料进行及时、准确处理的控制。需要使用的考核指标有平均订货时间、订货数量、订购累计未交付额。改善这一领域绩效的重要方法是使用电子订货系统、包括对客户和供应商引入的电子商务解决方案和 EDI。

(2) 供应商及时供货控制。这里需要使用的考核指标是供应商供货的可靠性、物料短缺数量、已交货数量、JIT 交货的数量。对这些指标进行测量可以我们了解到物资的流动控制水平。

(3) 交货数量控制。在某些情况下，采购活动对决定和控制有效的存货水平所需要的费用负责。此时使用的指标为：存货周转率、已交货/未交货数量、平均订货规模、在途存货总量。

依据材料的质量和交货的可靠程度，可以使用对供应商评级的方法来监控和改善供应商活动。上面提到的许多采购绩效将成为企业的供应商评估系统的一部分。

五、采购的组织尺度

这一尺度包括了完成采购业务目标所要使用的重要资源。

（1）采购人员。主要指采购人员的背景、培训、发展程度及积极性。

（2）采购管理。主要指采购部门的管理方式，包括策略的质量和有效性、行动计划、报告程序等，还涉及管理风格和交流体系。

（3）采购程序和指导方针。这主要是指采购程序和采购人员、供应商的工作指令的有效性，目的是保证采购工作以最有效的方式进行。

（4）采购信息系统。这一主题与改善信息系统所付出的各种努力活动有关。这些活动应该支持采购人员和其他部门人员的日常工作，并且能够产生与采购活动和绩效有关的管理信息。

上面介绍的四种尺度之间相互会发生作用。例如：如果在较低的价格方面施加了太大的压力，这时可能会最终影响材料的质量。相反，如果对材料具有很高质量要求，最终会导致材料价格偏高。

最后，这四种尺度中的每一种都可以用来考核以下主体的绩效。

（1）某一具体明细支出；

（2）单个供应商水平；

（3）单个采购员水平；

（4）某个部门水平；

（5）整个公司水平。

由于评价方式是根据企业不同的要求进行的，所以采购绩效的评价体系会明显表现出不同程度的差异。

第三节　开发采购绩效评价系统

绩效评价系统的开发需要领导支持和高层管理者承诺，他们必须提供系统必需的财务资源。管理层可以要求所有的采购点运用相同的系统结构，这能减少重复的工作以及节约开发与培训成本。但并不需要每一个采购点必须用同样的绩效目标和绩效标准，这意味着系统的基本设计是相同的，而在考核指标上应该有针对性。高层管理者的支持也传递了追踪和改善绩效重要性的信息。

一、确定需要进行绩效考核的指标

在上一节我们已经讨论了企业采购绩效评价的体系。开发评价系统首先要确定针对哪些指标进行评价。这一阶段管理层不关心具体的绩效标准，选择评价的指标必须与公司的、采购部门的目标与任务相结合。

二、设定采购绩效标准的原则

一旦管理层确定了所需衡量的绩效指标，对具体的绩效衡量标准的开发就开始了。成功的采购供应绩效评价标准有一定的特点。

（一）客观性

虽然主观的评价标准也有一定重要的意义，但主观评价会使评价人与负责绩效目标的个人或群体之间产生不一致。所以，每一项标准应尽可能的客观。

（二）清晰

员工必须理解绩效标准的要求以便引导绩效按要求的结果发展并使误解最小化。公司中的所有群体都必须清楚每一项绩效标准的含义，认同与绩效标准相关的绩效目标并懂得如何完成这些标准。能被很好理解的标准是直接的和清楚的。

（三）准确和可获得的数据

运用准确和可获得的数据可以很好地定义标准。如果一项标准要求的数据很难生成或不可靠，持续地运用该标准会产生负面效益。生成或收集数据的成本不能超过使用标准能够获得的利润。

（四）创造性

对绩效评价系统的一项错误理解是系统应该衡量每一项可能的活动。这时，标准会抑制个体的创造性。标准太过紧密地控制行为以至于消除了个体的创造空间。一个成功的系统在考核重要绩效的同时也鼓励个体创造，这可能意味着关注 5 个或 6 个重要的、定义清晰的标准而不是更多个模糊的标准。

（五）直接与组织目标相关

公司目标和任务对采购的目标有很大影响，同时其他职能的目标也会影响到采购的目标。例如：制造部门可能会对采购有直接影响，因为采购支持制造过程。为了满足目标和任务，采购经理会制订战略和行动计划。最后，对完成采购战略和计划所需的活动，管理层制定产出或绩效的标准。这些标准作为采购过程的指标。

（六）联合参与

联合参与意味着负责每一项任务的人员参与到建立标准的绩效任务中来。联合参与包括完成这些绩效的所有人员。

（七）动态

动态系统是管理层进行定期回顾，确定现存的标准是否支持采购目标和任务，是否需要新指标或绩效标准，以及是否需要更新系统。

（八）不可操纵

不可操纵意味着人员不能够影响绩效结果。考核的结果应该是对实际活动或绩效结果的真实反映。使用自动系统或计算机系统输入数据一般会减少对数据的操纵。

三、为每一项评价指标建立绩效标准

为每一项评价指标建立绩效标准是十分重要的。标准能够量化要求的绩效目标。绩效标准或目标必须是现实的，这意味着标准是具有挑战性但是可以通过艰苦努力实现的。标准不能过于简单，以致不用付出什么努力就能达到；也不能过于困难，以致打消了员工实现标准的尝试。标准还必须反映竞争环境的现实。那些在内部有挑战性但不能反映竞争环境的标准也不是好标准。

建立绩效标准时，企业通常用3种标准，包括历史数据、内部比较以及外部分析。

（一）历史数据

这种方法运用某一活动的历史数据作为建立正式绩效目标的基础。公司经常运用绩效改善系数对历史绩效进行修正以获得当前的标准。采购和供应链经理经常在与效率相关的标准上运用历史数据的方法。

依靠历史数据会产生很多问题。过去的绩效有可能不是理想的状态。在次优的基础上建立目标，即使运用绩效改善因子进行修正，企业也是冒着继续维持次优绩效的风险。同时，历史数据不能提供竞争者或其他领先企业的绩效能力情况。

（二）内部比较

企业能在部门和业务单位之间进行企业内部的比较。内部最优绩效水平成为整个企业范围内的绩效目标。有多个业务单位的企业经常跨越不同绩效类别进行内部绩效比较和划分等级。

这种方法比起历史数据方法有一些优点，但也存在一些问题。强调内部单位间比较的企业可能会对外部竞争视而不见。不健康的竞争也可能在企业内部的业务单位或部门之间发生。而且，不能保证内部最优的绩效水平可以赶上竞争者的最优绩效。

（三）外部分析

这种方法要求审视竞争者或领先企业的实践和绩效目标。这种方法的优点是要求非常详细具体的外部评价。一种越来越流行的建立绩效标准的方法就是标杆管理。标杆管理是一处通过和该企业最大的竞争者或者行业领导型企业进行比较，对产品、服务、流程、行动和方法进行连续评价的方法。在评价采购绩效设定绩效标准时也非常有用。

四、细节定案

下一个阶段需要管理者考虑以下问题：绩效汇报的频率、系统使用人员受培训的水平以及利用系统输出结果等问题。

（一）绩效汇报的频率

完善的评价系统提供有规律的绩效汇报结果。具体汇报频率可以根据评价内容的不同而不同，管理者必须确定什么样的汇报频率对各种评价更有效。比如，一个对入库运输状况的评价必须是频繁的（每天或实时的），一个对所有的供应商绩效的总评价只需要每周或者是每月汇报。

（二）系统使用人员受培训水平

企业必须对它的员工和供应商就如何使用绩效评价系统进行培训。每个参与系统的使用人员必须明白他在系统中的义务和责任，以及如何利用系统的输出结果来提高绩效。评价系统是一种工具，在使用它的时候需要对员工进行适当的培训。

（三）利用系统输出结果

管理层能以不同的方式运用绩效评价系统。有的管理者利用系统输出结果直接评价采购员或者是供应商的绩效。管理者也可以使用系统来跟踪单个采购员的绩效。系统输出结果也可以识别绩效水平更高的供应商，以便将来签订最佳购买合约。管理者必须认真考虑如何才能最好地利用系统输出结果。

五、实施并审核绩效评价系统

所有系统都有一个试运行的阶段，这个阶段包括进行试验以确保系统按照计划实施。对评价系统和每一种绩效指标，都必须定期回顾。过时的或者是不合适的系统比没有正式的系统更有害。

第四节　采购管理审计

一、采购管理审计的概念

审计可以定义为“特别的”检查或考试。对采购管理的审计 Scheuing（舒英）已给出了定义：对公司的采购环境、目标、策略和战术做广泛的、系统的、独立的和周期性的检查，以发现并确认问题和机遇，且推动制订合适的行动计划。

Scheuing 对这个定义所用的术语做如下解释。

（1）广泛的——审计应该涵盖采购工作的每一方面。

（2）系统的——应开发一套标准化的问题且可重复地加以使用。

（3）独立的——从事采购工作的个人不应该评估他们自己。

（4）周期性的——如果审计是周期性进行的，如一年进行一次的话，审计能产生最大的价值，这样能推进比较、检查以及过程的平衡和评估。

二、采购管理审计的目的

采购审计的 4 个主要目的。

（1）审计是督察由高级管理层制定的采购工作政策被遵守和追随的程度。

（2）审计有助于保证组织机构不断地使用技术、步骤和方法以符合最佳的工作状态。

（3）审计能监测和衡量资源使用的有效程度。

（4）审计有助于防止和检查出诈骗和不法行为。

三、由谁来实施采购管理的审计

审计工作可以由以下几种人来实施：外部审计工作人员，内部审计工作人员，一个集中的采购职能部门，从事采购研究工作的职能部门，或者外部的管理咨询人员。由谁来实施采购管理审计工作的问题，有两个原则非常重要：

(1) 审计人员应当是受审计的职能部门之外的工作人员。

(2) 审计人员应当在采购工作方面有较深的资历。他们不仅要能监测政策和程序被遵守和追随的程度，而且应深谙采购工作的方方面面和问题所在，还应对采购工作的政策、步骤和实践的改进提出意见和建议。外部的管理咨询人员应该有专业的知识和经验，能在采购工作审计的有关问题上起到较大的权威作用和保持较客观的态度。

四、采购工作审计的内容

以下对审计内容提出一些标题性和典型的管理项目，这些与采购工作的财务审计是有区别的。

(一) 采购工作的一般问题与机会

(1) 分析一个典型的采购员工在以下几方面有什么新的感受。

①他们在组织机构中的地位。

②他们在战略性决策制定中的介入程度。

③他们对利润、收益和竞争优势做出贡献的大小。

(2) 面谈的采购人员对职位满意的是哪些方面？不满意的是哪些方面？

(3) 采购工作人员在履行他们的职责时碰到的主要问题是什么？这些问题与以下几方面的关联程度如何，其中包括：管理者、同事、内部客户、供应商、信息、资源、其他内部或外部因素。

(4) 采购职能部门总的道德品质在什么样的水平？

(二) 采购的组织架构

(1) 负责采购职能部门工作的主管人员应向谁汇报工作？

(2) 采购工作中哪些方面应是集中管理的？哪些方面应是非集中管理的？

(3) 采购工作中集中管理的方面是否会好于非集中管理？或者反过来，即非集中管理是否会好于集中管理？

(4) 采购工作与哪些其他职能部门的业务活动有内在联系？

(5) 采购部门与其他职能部门的业务活动沟通的正规机制是怎样的？

(6) 通过内部客户对采购职能部门的进行的绩效的评估结果怎么样？

(7) 采购工作的职能部门内部组织架构应如何改进？

(8) 采购职能与其他相关职能的整合如何进一步提高？

有关审计的信息将从组织架构的图表中和正式或非正式的访谈中获取。

（三）采购工作的人事

（1）采购职能部雇用了哪些员工？

（2）他们的定级、资格和各自工作服务的年限情况如何？

（3）采购职能部门的每个成员是否都有一份合适的职位描述？

（4）与职位描述有关的职责实际执行的怎么样？

（5）哪些工作岗位多雇了或少雇了员工？

（6）是否已有意准备放权给采购工作人员？

（7）为采购部门工作人员提供了怎么样的培训与发展机会？

（8）与类似的企业和行业相比薪水和一揽子报酬计划做得怎么样？

（9）员工的周转率怎么样？

（10）在职能部门中雇用员工的稳定性如何？

（11）在未来5年有哪些员工到了退休年龄？

这些信息可以从职位描述、职位规范、培训计划文件、人力资源规划以及正式的或非正式的面谈中获取。

（四）采购工作的政策

（1）哪些书面政策和非书面政策已应用到采购工作中？

（2）是否有采购工作手册？手册多长时间更新一次？手册是如何更新的？

（3）针对以下几方面对采购工作人员进行怎样的指导？

①在一个特定级别上的个人对企业的价值；

②与供应商的关系，如争端、提前支付等；

③利益冲突，如礼品和宴请；

④从国外采购货物；

⑤环境保护政策；

⑥互惠采购、本地采购和公司内部采购。

（4）有什么样的现存制度去调查那些举报偏离了政策的行为，并加以制止和纠正？

这些信息可以从有关文件、手册、备忘录和说明书等中获取。

（五）采购工作的程序

（1）为了进行采购从哪些渠道去获得询价？

（2）如何加快询价的过程？像询价、评价报价、下达采购订单、收取货物和向供应商支付等这些运作活动应安排哪些工作程序？

（3）所有这些工作程序是否都已计算机化了？

（4）采购工作的EDI和电子采购已达到了什么程度？

（5）小额订单是如何处理的？

（6）哪些程序和业务活动是增值的或是不增值的？

（7）采购工作的文件和文档应怎样改进？怎样简化甚至取消？

（8）采购工作人员多少时间去会见供应商代表？

(9) 基础设施的采购程序是什么样的?

很多这方面的信息可以跟踪一张采购订单的全过程获得，例如从收到询价开始到收取货物，到向供应商付款为止，也可以从正式的或非正式的面谈中获取。

(六) 采购工作的报告

(1) 采购职能部门应准备什么样的报告?

(2) 每个报告分别是谁要求做的?

(3) 每个报告分别是由谁来准备的?

(4) 每个报告应在多长时间间隔内做一次?

(5) 准备每一份报告的成本是多少?

(6) 每个报告应分别呈送给哪些人?

(7) 每个报告的接收者是如何利用这个报告的?

(8) 这些报告是否真的需要?

很多这方面的住处可以从跟踪报告的开始准备到呈送，再到存档或销毁的全过程中获取。

(七) 采购、供应商和价格

(1) 在回顾复查周期内，采购在数量和价值上的预算是多少?

(2) 大宗采购的货物有哪些?

(3) 谁是大宗货物的供应商?

(4) 为了达到单一货源和合作伙伴货源我们已经做了哪些努力?

(5) 对供应商是怎样进行评估的? 评估的准则是什么?

(6) 评估的结果是否向供应商通报和交流?

(7) 采购的样品是以怎样的价格付费的?

(8) 采购工作的职能部门以怎样的方式寻求所花资金的价值? 相比之下，从市场上获取的价格是多少?

(9) 产品的技术规范是如何准备的? 由谁来准备? 采购职能部门是否介入?

(10) 在回顾复查的周期内，节约开支有何成效? 节约是怎样达到的?

很多这方面的信息可以通过检查抽取的订单样本和其他采购文件文档来获取，或者通过正式的或非正式的面谈获得。

(八) 库存

(1) 企业是否进行 ABC 分析?

(2) 不同种类货物的库存是多少?

(3) 在每个分类目录中典型货物的周转如何?

(4) 为了确认过时产品，流转慢的库存或者损坏的库存，已采取了哪些措施? 为了防止库存物资被偷盗又采取了哪些措施?

(5) 在一定的时间周期内出现了多大程度的存放? 其原因何在?

(6) 为了减少库存投资，采购职能部门和物流职能部门做了哪些努力?

很多这些方面的信息可以从调查仓库记录、库存和存取步骤的实际工作查看，也可从正式或非正式的面谈中获取。

从以上的叙述中可以看到，用于采购绩效审计的主要“工具”有：

(1) 正式和非正式的面谈；

(2) 抽样；

(3) 从采购开始到它结束或是存在仓库或是销毁，全程跟踪采购程序或文件；

(4) 观察。

这些“工具”在实际中可以结合诸如对标法和比率法等方法使用。

五、采购管理审计报告

在完成调查和发现事实的基础上，审计部门应向高级管理层递呈一份报告。报告中出除了相应的事实内容外，还应提出扼要的建议以及相应的原因。在准备这样的报告时，审计工作人员应该：

(1) 在那些效率和有效性还可以改进的地方重点强调政策、步骤和人的作用。

(2) 表扬那些工作实践和绩效出色的人。

(3) 思想应超出对绩效的简单的、数量的衡量，应考虑全面的前后因果关系、边际效应以及由他们的建议可能引起的反应。

(4) 支持由采购工作人员提出的有建设性意见的改进方案，意见如果来自外部渠道可能会受到相当的重视。

六、采购和诈骗

采购是一种职能，这种职能对诈骗这样的不法行为似乎十分脆弱，易于受到它的侵害。Evans（伊万斯）认为“诈骗涉及的对象未必只限于冠以采购头衔的工作人员，实际上诈骗会涉及与供应商直接接触的所有人”，这里包括工程师、经理、销售人员和计算机工作人员。Evans 又指出“有时，那些似乎看来是诈骗的事件其实比无能强不了多少”。

（一）与供货有关诈骗的例子

(1) 买方与卖方串通，导致批准支付给一个造假的应付项目。

(2) 使用假发票：典型的情况是犯罪分子设立一家假公司，并且还有像样的公司办公用品和文具，开具发票给采购人员，但是根本就不供货。

(3) 重新使用在签发原始支票时还没有取消的（后来又被取消的）真发票。

(4) 窃取投标机密或者是从一个期望的渠道安排最差的投标者来投标（围标）。

(5) 疏漏了退回给供应商的货物的信用证。

(6) 资产过早地做报废处理，而从报废处理商人那里返回佣金。

(7) 基于计算机的诈骗犯罪，基本上是利用了不适当的管理控制，或者是利用了部分高层管理人员对计算机知之甚少。

（二）诈骗的防止

为了防止与供应工作有关的诈骗行为，应加强内部控制、内部和外部的审计工作以及侦查“泄露天机”的痕迹。

1. 内部控制

这是指整个管理控制系统，它是财务或是由管理层建立起来的系统，它使企业处在一个有序的状态，并保护它的资产，其中包括现金和股份，同时尽可能地保证各种文档记录的准确性和可靠性。这样的管理控制应包括以下几方面。

(1) 确保文档资料的记录职责和保管职责是分离的。

(2) 仅仅只有特别规定的雇员才有权力去申请订货，而且也只是在一个授权的限度下，这个限度随着授权的级别升高而增加。单独分离的采购部或采购职能部门的存在显然加强了内部控制，因为这样防止使用部门在没有独立审查同意的情况下去订购货物。

(3) 反过来，申请订货的部门对采购也可以起到检查监督作用，因为每一份下达的订单应该是可以追溯到提出申请的部门。

(4) 往内部送的商品货物应在专门设计的场地接收。这一环节的控制最好设立在大门处或入口处。所有货物的收货单应记录在案。在那些使用货物接收单据的地方应对单据认真地编号，以减少假交易所混入的危险性，并且收货单的副本应送采购部门和财务部门。

(5) 如果要求对所有付了款的发票一一做检查是不太切合实际的话，那么应采取随机抽取样本的办法来检查。在供方的源头上就防止诈骗将大大减少防止诈骗所必需的步骤。

(6) 在防止计算机诈骗方面主要的内部管理控制可以分成系统开发控制、组织机构上的控制和程序上的控制。所谓系统开发控制是指保证计算机系统是按它原来规定的那样运作，并且所有相关文件已准备就绪以及做了相应的维护。所谓组织机构上的控制是力求保证在工作纪律和效率方面有一个可接受的标准，以维持计算机部门每天的正常运行。所谓程序上的控制是指对计算机应用的控制，例如对采购工作和对供应商付款方面。

(7) 内部控制的一个目的是对谋划进行诈骗犯罪的人增加行骗的难度。当诈骗分子不得不设法与其他人串通来行骗时，这些难度也会增加。那些打算自己来行骗的人，一般不愿意接纳这种有可能被别人告发或者被别人觉察的串通，这样做会增大风险。然而串通在一起行骗并不是罕见的。

2. 外部审计

上面所讨论的管理控制也可以由外部审计来补充和充实。外部审计从公司方面来看是一些法定要求。审计人员必须获得职业资格证书。审计人员对账簿、账户和商务单据凭证做独立的检查是他们的基本职能。做这些检查的目的是报告财务报表是否做得正确恰当，审计可能包括对库存这样的资产做具体的核实，以及审计人员还可以对公司的客户供应商和雇员应如何减少诈骗侵害做出建议。在诈骗行为被发现的场合，不管涉及金额有多大，审计工作人员都有义务在最大可能的范围内去探明它的真相。

3. “泄露天机”的标志

诈骗行为有它“泄露天机”的痕迹，这些标志有：

(1) 过多的订单给了一个供应商，而这又不是单一货源计划所安排的。

(2) 关键文件的丢失。

(3) 没有理由可以解释的突然发财致富。

(4) 雇员并不是自愿去度假、不是自愿接受工作调动或提升到其他工作岗位上去。

(5) 告发。

思考讨论题

1. 影响采购绩效评价的因素有哪些?
2. 绩效评估的目的是什么?
3. 采购绩效表现包括哪些内容?
4. 如何建立采购绩效评价系统?
5. 采购审计的目的是什么?
6. 采购审计的内容包括哪些方面?
7. 如何预防采购诈骗?

本章案例

用评价推动供应链持续改善

Accent（雅绅特）是美国一家消费品公司，产品直接运送给世界各地的销售商。公司的战略是在产品的价格、服务和便利性方面处于领先地位，使服务的各个方面都超过别人。这家公司已经开发了一套组织目标，并认为这套目标对于在范围内获得成功很重要。这些目标包括为低成本的生产者和客户提供最高质量的产品并主动提供行业中最优的客户服务、交货和响应性。公司也开发了一套采购与供应链绩效评价系统，并认为这套系统直接支持公司的战略。

实施采购与供应链绩效评价系统时，公司遵循下列步骤。

第一步：进行跨部门讨论并制定标杆以建立衡量标准、衡量目标和绩效目标。

第二步：将衡量目标写成公司策略和流程的形式。

第三步：正式与主要供应商沟通标准和目标。

第四步：从供应商处接收反馈。

第五步：如果有必要，修订绩效衡量标准及目标。

第六步：对衡量目标与流程进行最后定案。

第七步：收集和维护绩效数据。

重点是依靠与公司目标直接相关的一系列采购与供应链衡量标准。重要标准例子如下。

1. 质量

(1) 供应商每百万次的缺陷（PPM）。

(2) 内部制造每百万次的缺陷。

(3) 内部流程能力。

(4) 损坏。

(5) 担保赔偿金的金额和成本。

2. 价格/成本

(1) 实际价格与市场价格的比较。

(2) 价格/成本比率的缩小。

(3) 加工成本管理。

(4) 运输成本管理。

3. 生命周期

新产品开发生命周期。

4. 交货与服务

供应商及时交货。

5. 存货/预测

(1) 存货价值。

(2) 原材料、在制品和产成品存货周转。

(3) 预测的准确度。

供应商的质量表现通过对供应商的现场参观和产品接收的数据确定。计算的频率随供应商当前质量水平的不同而变化。那些质量问题和缺陷多的供应商被确定为评价频率高的对象。

公司用这个绩效衡量系统建立和传递绩效目标，追踪流程并促进持续的改善。对每一个供应商提供清晰、全面的目标和及时的反馈。对绩效标准重要的因素包括建立先进的并能实现的目标流程、供应商一致认为可达到的目标、重要的管理层支持，以及对反馈频率的精确衡量。

公司计划在未来将扩展自己成本的模型应用于评价和选择供应商。另外，公司打算进行公开的衡量活动并与供应商共同承担成本。

资料来源：罗伯特·M. 蒙兹卡，等. 采购与供应链管理 [M]. 北京：中信出版社，2004.

红海公司

红海公司的采购副总经理 Earl Jones（厄尔·琼斯），刚刚收到了 1996 年美国食品生产行业采购绩效标准。红海公司不再是为这项研究提供数据的 14 家公司之一。这 14 家公司包括：Campbell Soup（金宝汤）公司、Campbell Taggert（坎贝拉）公司、通用面粉公司、亨氏公司、好时食品公司、Kellogg（家乐氏）公司、Land O' Lakes（蓝多湖）有限公司、玛氏有限公司、纳贝斯有限公司、雀巢食品公司、Pepperidg Farm（非凡农场）有限公司、Pillsbury（皮尔斯）公司、Quaker Oats（桂格）公司以及立顿有限公司。

红海公司每年的销售额接近作为样本公司平均销售额的 36 亿美元，并且在食品行业的一系列罐装、冷冻、包装食品中占据一定份额。

Earl Jones 仔细读着其报告提供的两页摘要，包括 37 种不同的标准。他知道这些标准中有些是红海公司已有的绩效标准，而有些则不是。

关于美国食品生产行业采购绩效标准的摘要

此标准依据美国 14 家最大食品生产公司提供的数据制定。平均销售额是 36 亿美元。测算的采购标准共 37 个。以下是每一个标准较全面的数据、摘要。

1. 采购总额（支付给供应商的资金）占销售额的 28%；食品原料采购占销售额的

15%；包装材料占销售额的8%；主要设备采购占销售额的3%；外部服务采购占销售额的2%；MRO物料采购占销售额的1%；其他采购占销售额的12%（注：此处数据原文或许有误）。

2. 采购部门的管理费用是销售额的0.11%。

3. 培训费占采购费用的1.5%；差旅费占采购费用的8.6%；外部咨询费用占采购费用的1.3%。

4. 采购1美元货物或服务的费用略少于0.5美分。

5. 每62900000美元的销售额需用1名采购人员。

6. 每名采购人员应采购18200000美元的货物。

7. 每名专职采购人员应采购26000000美元的货物；每种食品原料的专职采购人员应完成40000000美元的采购额；每名包装材料的专职采购人员应完成26000000美元的采购额；每名主要设备的专职采购人员应完成24000000美元的采购额；每名外部服务的专职采购人员应完成36000000美元的采购额；每名负责采购维护、修理及辅助用料的专职采购人员应完成11000000美元的采购额；每名负责其他采购的专职采购人员应完成18000000美元的采购额。

8. 批量采购的平均采购金额是113972美元；食品原料的平均批量采购金额是445530美元；包装材料的平均批量采购金额是95666美元。

9. 每名采购人员负责36个高效供应商。

10. 每名专职采购人员负责50个高效供应商。

11. 每个供应商接受采购部门481878美元的采购额；每个食品原料的供应商接受2052861美元的采购额；每个包装材料的供应商接受3715588美元的采购额；每个主要设备的供应商接受701738美元的采购额；每个外部服务的供应商接受411290美元的采购额；每个食品原料的供应商接受45136美元的采购额。

12. 从每个供应商处完成采购任务的成本是2180美元。

13. 所有高效供应商中，32%的供应商接受采购部门90%的采购额；31%的食品原料供应商接受采购部门90%的采购额；32%的包装材料供应商接受采购部门90%的采购额。

14. 在一年的报告期内，食品原料供应商的数量减少3.75%；包装材料供应商的数量减少1.75%；主要设备供应商的数量增加2.13%；外部服务供应商的数量增加0.83%；MRO（非生产性物资）供应商的数量减少8.75%；其他采购供应商的数量减少3.75%；全部采购的供应商的数量减少5.3%。

15. 控制少数股权的供应商接受全部采购额的2.5%。

16. 女性供应商接受全部采购额的2%（注：本处女性供应商不知何意）。

17. 小型供应商接受全部采购额的11%。

18. 71%的公司在进行正式供应商的认证工作。这些公司的27%的供应商获得了资格认证。同前一年相比，报告期内获得认证的供应商增加了15%。

19. 公司采购业务的19.8%采用电子数据交换系统处理。

20. 21.4%的公司让其采购部门致力于开发控制少数股权的供应商，其中35.7%的公司帮助了这类供应商的建立；14.3%的公司有预算资金帮助这类供应商的发展。

21. 销售货物的总成本的51%是直接材料的采购。

22. 食品原料平均库存周转率是12；包装材料平均库存周转率是21。

23. 77%的公司为采购部门设立了节约目标：每年节约4%。

24. 采购部门应付账款率是73.8%。

25. 关于公司采购战略中的投资战略，14%的公司利用金融期货市场；28%的公司利用期权市场；41%的公司利用商品期货市场；10%的公司利用商品互换；另外7%的公司采用其他投资战略。

26. 78.6%的公司被允许进行12个月以上的期货采购，而其余21.4%的公司或者不允许期货采购或者允许最长期限为6个月的期货采购。

27. 50%的公司采取了有利于环境的物料加工方案。

28. 采购主管用于评价采购绩效的三个最重要的量化标准为：全部成本节约（实际成本与计划成本相比）；商品成本节约（实际成本与市场成本相比）；质量一致性（拒收率）。

29. 公司外包的主要业务包括：首先是食品加工、运输和行情分析等；其次是食品包装和检测等；最后是工程服务等。

30. 在过去的12个月里，45.5%的采购部门增加了其支付条款，而且18.2%的采购部门减少了支付条款。

31. 采购部门在其参与的以下跨职能活动中起主导作用：供应链管理（16.2%）、供应质量检测（10.8%）、采购团队（10.8%）、采购公司与供应商同地（6.8%）（供应商在当地）、电子数据交换（13.5%）、供应商协会（2.7%）、自动补充库存（6.8%）、总成本建模（Total Cost Modeling）（8.1%）、全球采购10.8%）、正式的供应商联盟（13.5%）。

32. 专职采购人员中有本科学历的占81%，研究生学历占17%，注册采购经理占15%。

33. 专职采购人员参加公司奖金分配计划的平均人数为14人。

34. 每三位专职采购人员中有一位参加公司资金分配计划。

35. 专职采购人员平均每年接受培训的时间为28小时。

36. 公司中平均28%的专职采购人员是女性。

37. 在采购人员和采购主管间平均有三个报告层次；在采购主管和总裁之间有两个报告层次。

在报告中的随后一页上对每种标准作了解释并说明是如何测算的。Earl Jones注意到所有14家公司的报告都用到了标准2、18、20、23、25、26、27、29、30、31、32、36和37。而其他标准被各公司提到的次数各有不同，最少的是只有四家公司提到的标准8，最重要的问题通常有10～12个公司提到，较次要的问题则降至6个或7个公司提到。

在这个标准研究的注释页既报告了所涉及的平均值（已在摘要中报告过）及其范围，也报告了该行业1993年的标准。可是，在考虑这些细节之前，Earl首先想了解其整体情况。

Earl Jones怀疑使用此项数据是否有利于其公司。在邀请采购调查小组的分析人员来确定红海公司相应的标准指标之前，Earl Jones 想确信这种操作是有益的。如果红海公司的指标很接近行业平均值，这将说明什么？类似地，如果存在巨大的差异，是高还是低？Earl 决定，他将对照他的想法认真审查这 37 个标准中的每一个。

资料来源：米歇尔·R. 利恩德斯，等. 采购与供应管理［M］. 北京：机械工业出版社，2003.

第十章　采购管理新趋势

随着“互联网＋”、大数据、人工智能、电子商务等新业态和新技术的发展和应用，在全球采购、“一带一路”倡议、供给侧结构性改革背景下，采购管理越来越受到社会普遍重视，采购职能的地位在企业中也得到提高，采购管理领域管理理念与模式的创新也日新月异。本章将讨论一些前沿的采购理论以及未来的一些重要变化趋势。

通过本章学习，你将能：

①了解当前采购管理发展的前沿趋势；

②能够判断这些趋势对企业的影响。

一、供应链管理环境下的采购理念

在经济全球化背景下和供应链管理环境下，市场竞争已经由单个企业的竞争转变为供应链之间的竞争，企业越来越倾向于通过寻求合作和对外部资源的有效利用赢得竞争制胜权。采购作为企业整合外部资源的战略业务单位，其管理内容已经发生了深刻变化，不再是被动的等物资需求计划的提出、按照采购计划进行询价比价采购和开展催交催运等事务性工作，而是拓展为企业战略采购研究和采购策略制定、企业内部需求计划管理、企业外部供应商管理、企业内部采购管理体制和业务运行机制管理、采购信息管理、供应过程控制、物流管理等策略性、控制性内容。

供应链管理环境下采购理念是指导采购高效运行的思想武器，是采购管理的灵魂。在供应链管理环境下，应遵循“性能价格比最优，全生命周期总成本最低”的采购理念，聚焦于采购总成本的降低和对企业价值增值的贡献，而绝不能仅限于采购价格的降低。

传统采购过分追求一次性采购价格最低，存在忽视物资质量和功能、忽视全生命周期总成的倾向，往往造成低价劣质，不仅影响使用效果、损害企业利益，也造成供应链上相关企业的生产浪费。强调性能价格比最优，就是既不过分强调质量性能而造成使用功能浪费和成本上升，也不忽略质量功能而片面追求价格最低，追求的是性能与价格的最佳匹配、使用价值与价值的最佳平衡，追求的是企业价值增值。

全生命周期总成本最低要求不仅计算当期发生的采购成本，还要计算所采购物品和服务的使用寿命、运行维护费用、备件替代成本和储备资金占用、物流运输、能耗、技术进步等全生命周期成本因素。

二、战略采购

战略采购是目前国际上集团化企业主流的采购理念和操作模式之一。采购方以框架协议的形式将主要采购业务向少数供应商集中，从而形成相时稳定的供需关系，有效地实现保供降本、提高效率的目标。

“战略采购”这个名词是由咨询公司科尔尼首先提出的，因为战略本身具有一定的虚泛性，导致很多企业对战略采购的定义和理解不同。Emiko Banfield（埃米科·班菲尔德）在其出版的专著《战略采购管理》中，提到战略采购就是指公司和其他供应商之间的联盟，这种联盟的最终目的是使连接采购原料和服务每个环节的整个供应链的总成本最小。战略采购将打破用户、购买者和供应商之间的传统壁垒，使企业从供应链中取得最大价值。

在战略采购模式下，不仅要求企业内部的流程整合和系统管理，而且对企业之间的关系提出了新的要求，即买卖双方要建立一种长期互信的合作关系。这种合作关系会促使采购方与供应商不再是传统模式下的“博弈”关系，而是基于共同价值需求和利益基础上的“共赢”关系。无论对于企业还是供应商，这首先是理念的转变。如果不能从“共赢”的角度来重新认识和构建企业与供应商的新型关系，战略采购就很可能最终流于形式。

为实现战略采购目标，需要执行好以下三方面工作。

（一）供应链整合

良好的战略采购必须以实现组织效率为前提。效率的提高首先从企业内部的部门开始，加强部门间协作效率，然后改善与供应商的合作绩效，最后延伸到整个供应链上的信息。

（二）过程控制

战略采购是一项复杂的工程，需要从战略采购的组织建立、采购需求分析、供应市场分析、物料分类、采购策略、与战略供应商签署采购协议等多个环节进行控制，才能降低采购总成本，创造并保持企业的持续竞争力。

（三）战略协同

战略采购过程中的协同是指采购行为要服从于集团发展的大局。首先，集团所属业务单位发生的采购，都是需要资源支持的，而整个集团的资源有限，因此集团必须从整体利益出发，制订采购策略和评估采购效果，与集团的运营目标产生协同。其次，集团总部要与各所属业务单位做大量的沟通，讨论各业务单位的采购需求，并据此对战略采购进行调整。目的是减少战略采购实施过程的阻力，提升战略采购的水平。

因此，战略协同包含两个相互联系的内涵：一是协同效应，即因为协同作用而获得好的结果；二是通过资源整合，识别和实现协同效应获得竞争优势的动态过程。

三、供应商早期参与

ESI（Early Supplier Involvement）是指供应商早期参与。在产品开发阶段，采购就应该参与，提供供应商的信息。如果企业内部不能做到开发，可以委托外部开发。由于采购的早期参与，设计部门可选择的余地会更多。例如，企业在正常情况下是先有销售，然后开发，再采购、生产、交付。这会出现一个问题，由于多家竞争，销售订单迟迟拿不到，反复谈判，等到好不容易谈下来，时间已经很紧张了，而产品开发周期又不能缩短。生产制造周期也不能随便改，工艺有要求的。项目的最后交付周期也是不能改的，这时候只能压采购周期了，采购也只好压供应商的交货期，所以供应商就变得特别“急”。于是，供应商也面临着和我们同样的情况……怎么解决？采购可以早期介入，当我们在开发这个市场的时候，采购就已经知道研发人员要寻找什么样的供应商，供应商也可以提早做好准备。

供应商早期参与，不仅有利于买方企业，也有利于供应商，并为它们建立长期稳定的合作关系创造条件。

对于买方企业具有如下优点。

(1) 缩短产品开发周期。有统计结果表明，早期供应商参与的产品开发项目，开发时间平均可以缩短30%～50%。

(2) 降低开发成本。一方面，供应商的专业优势可以为产品开发提供性能更好、成本更低或通用性更强的设计；另一方面，供应商的参与还可以简化产品的整体设计流程。

(3) 产品质量。供应商参与设计可以提高产品质量。因为供应商在其领域更加专业，所以可以提供更可靠的零部件，以改进整个产品的性能；另外，由于零部件可靠性的增加，避免了随后可能产生的设计变更而导致的质量不稳定。

(4) 降低采购成本。通过让供应商早期参与，可以节约寻找供应商的花费成本，减少供应商出错而导致的成本损失，以及借助供应商的专业知识来降低成本。

对于供应商有如下优点。

(1) 竞争的优越性。早期参与开发的供应商，由于已经熟知了客户的需求，凭借其专业技术的优势，比其他同类供应商更能得到客户的认可。

(2) 研发的有效性。早期参与客户的产品开发，对客户的需求有更真切直接的了解，能使供应商进一步提高自己的开发水平，从而保持领先或独特的地位，同时也使自己的研发成果直接获得效益和效果。

根据供应商参与的程度，一般分成三个层次：白盒、灰盒、黑盒。白盒指由采购企业提出详细的技术要求，供应商按要求生产；灰盒指采购企业与供应商共同开发；黑盒是指采购企业邀请供应商参加设计会议来讨论产品功能，由供应商根据采购企业的需求设计符合绩效规格的供应产品。

供应商早期参与涉及战略合作问题，不是所有的供应商都适合早期参与，必须具备以下三个条件。

(1) 采购的切实需要。如一些制造型企业，为了不断向市场推出新产品，在产品规划和产品开发方面不再强调供应链纵向一体化，更多主张组件模块化外包，因此迫切需要邀请有实力的供应商早期参与到设计中来。

(2) 供应商具备一定实力。如汽车行业，很多一级供应商手中都握有关键技术，如动力系统、电子控制系统、空调系统等。整车的卖点有时都强烈依赖这些零部件甚至模块组件的先进性，在整车的市场规划之初，就已经需要这类供应商介入了。

(3) 共同战略目标。如果双方有意在资本上进行合作，如相互参股或者合并和收购，就非常有必要在业务层面加深初期的合作，以增进彼此的了解和信任。

四、从成本控制转向收益提高

以前，采购的重点是降低成本，然而，现在已经从关注产品成本发展到分析所有权总成本和供应链前景，这表明下一步很有可能是识别采购如何有助于提高收入。采购通过影响最终产品的价格和规模，可以影响收入流。

从价格的角度看，如果伙伴关系有助于确保安全获得原材料，那么，精心地培育供应商关系将可以提高来自最终产品的收入，而且还有助于改进最终产品的质量和绩效，增加最终产品的吸引力或性能，提高客户服务支持水平。从改进的数量角度看，供应商可以提高供货率（可获得性）、能力和生产产出的主要驱动因素。采购改进如图 10－1 所示。

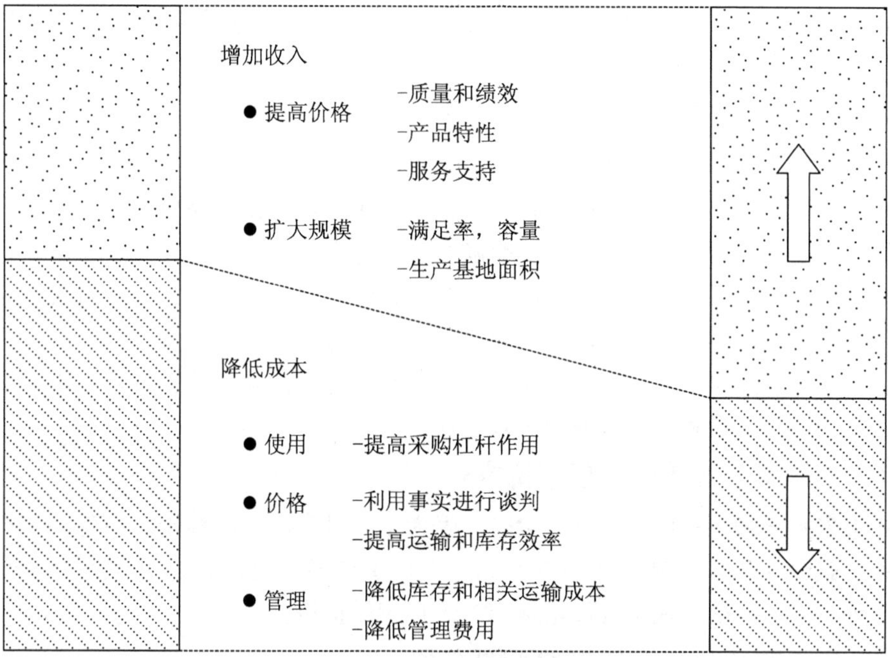

图 10－1　采购改进

尽管良好的供应商关系可以提高收入，但也需要企业经营方式上做出相应的调整；尤其是需要与职能部门如新产品开发部和生产经营部门等进行更广泛的供应链互联。相互联系的程度不仅仅是定期召开会议，而需在一个长期时段上，进行真正的流程整合。另外，传统的成本模型公式需要进一步简化，突出反映能够增加收入的新特点。

五、采购社会责任

企业社会责任主要指的是企业获得利益的同时，能够承担对员工、对社区、对环境和对消费者的社会责任。未来企业和企业之间的竞争，不仅有产品、服务和速度的竞争，还涉及社会责任，企业要比以往更加注重自己社会责任的履行，承担起企业对员工、对社区、对环境和对消费者的社会责任。立足于社会责任的角度，采购企业要严格保证产品的质量，确保消费者的利益和消费安全，不但要选择合适的供应商，管理好合同，加强产品质量的检验和验收工作，构建高素质的专业采购队伍，与供应商建立长期双赢的合作关系，采取现代化的采购策略和技巧，进而确保企业自身、供应商、消费者等多方共赢。

(一) 对于供应商要进行正确合理的评价

在购买某产品时，采购人员应充分了解供应商，主要包括生产许可证、财政状况、产品质量、厂商口碑、客户服务、质量管理体系、技术手段、生产能力、过往参与过的项目、产品价格等。同时还需了解供应商的管理团队、管理体系以及是否有良好的执行能力。

(二) 签订合同时，合同中要有明确的采购要求

在采购时，合同中要详细描述采购要求。采购要求主要包括产品规格、型号、技术、数量、质量、类别、验收标准及方式、地点、交付时间和付款方式。以上这些合同细节都要进行详细的描述，而且双方要逐条核对以达成共识。

(三) 加强产品质量检验和验收

在确定购买产品之前，要严格核查产品相关证明材料，如产品质量证明文件、产品许可证编号和安全认证标志等。同时，要明确产品性能和质量是否符合企业要求，仔细与所留样品进行核对，如果发现劣质产品或者不符合企业既定要求的产品，要暂缓交易，严重时拒绝接受该产品，或者按照合同进行处罚。企业也可以派遣一些具有良好职业道德以及一线实践经验的专业技术人员进入供应商的生产基地进行检验，这也是防范供应商以次充好、确保采购商品质量和售后服务的有效途径。

(四) 采取基于质量的最低报价方式

现在很多企业采用最低竞标价的策略。因为企业过多地关注标价，而忽略了产品的质量和服务，就会让供应商钻空子，以次充好，低价取胜。所以，企业首先关注产品的质量、服务等一系列问题，在保证质量基础上选择较低价格。

(五) 雇用有专业知识能力的采购人员

采购人员上岗前，企业要对采购人员进行一些考核或者投入一定的资金和时间对采购人员进行岗前培训。对采购人员的培训应当包括职业道德、产品知识、采购技能、人际沟通、谈判技巧等相关知识和技能，同时也要求采购人员加强自身学习，不断提升业务能力，丰富采购经验，从而打造一支高素质的专业采购人员队伍，提高企业采购质量。

(六) 与供应商建立长期的合作

为了提高企业的利润、获得较高质量的产品和避免以次充好现象的出现，可以与供应商建立长期的合作关系，成为良好的合作伙伴。这不仅可以保证产品质量的稳定，而且长期合作可以确保在价格上具有一定的优势，降低了成本，提高了利润。

六、绿色采购

随着各国政府环保法规的相继出台、环保活动的陆续开展、普通群众对环境保护的日益重视，加之国际贸易中越来越严重的绿色贸易壁垒，越来越多的企业不得不将环境问题作为企业生存和发展的重要内容之一。提倡人和自然和谐相处，人口、资源、环境相互协调、相互促进的绿色思想应运而生，绿色采购是绿色供应链管理的重要一环，是企业生产过程的开端，可以从源头上对各种问题进行有效防治，它的实施效果直接影响到供应链的

整体绩效，更是引起了各界的普遍关注。

企业绿色采购定义为采购主体在采购过程中强调环境保护和资源节约，通过企业内部不同部门之间以及供应链上不同企业之间更好的协作，希望达到既获得经济绩效又获得环境绩效的新型采购方式。

企业通过实施绿色采购可以在有效地防止环境污染和资源浪费、提高企业的知名度的同时提升员工环境保护的社会责任感，规避欧美等发达国家的绿色贸易壁垒，提高产品竞争力。

企业在实施绿色采购过程中，仍存在诸多问题，主要有以下几个方面：政府法律法规不健全、行业标准的缺失或不合理；绿色消费市场发育不健全、绿色信息传播渠道不畅、消费者对绿色产品对环境的影响认识不足；企业对绿色采购的重视程度不够，相关技术手段有待提高、缺乏对绿色供应商有效管理等。

七、采购技术

目前，采购已经在企业创新、供应链创新方面发挥了一定作用，同时正在成为战略价值的平台，这都要归功于采购技术进步。

（一）基于云的解决方案

基于云的关于采购和业务应用程序的解决方案受到越来越多的重视。这一采购解决方案的采取率并不高，然而，随着日益增长的成本压力，企业正在考虑用各种技术来让收入替代平衡成本，云正在成为顶级的选择之一。

采购管理人员喜欢云的主要原因是“低成本”，然而，他们也开始评估它提供的其他福利，如协作和透明度。从采购的角度来看，云可以帮助与供应商的合作并确保采购过程的透明度。此外，高管们逐渐地从花费分析到电子采购，以及合同与供应商管理到通过基于云的应用程序的所有方面来思考采购管理，也就是说，他们把业务过程看成流程的服务，而不仅仅是软件的服务或未来的发展趋势。

2014 年 11 月，一个基于云计算的自动化投标工具在津巴布韦成立，后来在南非、肯尼亚和纳米比亚证明了其水准。这种工具将带来透明性和公平性的麻烦以及投标过程的高贪污率，却可以通过消除冗余进程减少滞后时间从而优化成本。2014 年 6 月，在美国的方案提供商延迟了解决方案，这个典型地迎合了公共部门，通过启动一个新的基于云的解决方案延迟云导航器帮助了有采购任务的客户。采购云日益重要的另一个例子是，为提供新的基于云解决方案以实现采购的交付并给客户提供财务会计服务，埃森哲咨询公司和 SAP 公司在 2014 年 4 月宣布了其伙伴关系。

（二）人工智能化

虽然在采购上使用人工智能尚不明显，但是其使用却在日益增加。预测分析是在采购中应用人工智能最好的例子。采购现在可以建立在智能预测上，类似了解市场趋势和什么时候是正确的时间去承担风险和抓住机遇。然而，人工智能的使用并不受限于预测分析。人工智能还可以使一大堆其他任务自动化，比如从数据库中检索供应商以及发送预先确定的电子邮件。人工智能工具可以从电子邮件中提取相关数据并使完整的报价过程自动化。

(三) 虚拟支付

即将出现的关键的虚拟支付方法是虚拟卡，类似于信用卡和借记卡，可以提供额外的改善付款数据的优势，并降低欺诈的风险和在传统支付方式中的错误。

2014 年 10 月，专注于 B2B（企业对企业）旅行支付解决方案的领先供应商 eNett 和世界上最大的私营旅游科技公司基础信息系统公司合作，为旅游管理公司 TMCs 开发了一种创新的直接的酒店账单虚拟卡支付方案。该方案节省了处理时间，完善了支付对账、使用和控制。虚拟卡提供了一个高水平的控制方式，增加了安全性和效率，同时还为供应商和其现金流的需要提供了帮助。

相对于传统的采购到支付过程，主要的虚拟支付方法有购物卡和采购卡，通过允许员工轻松采购日常商品从而大大提高了采购效率。根据美国市场研究公司 RPMG 在 2014 年的研究发现，2011—2013 年，采购卡支付在北美的使用增长了 25%。虽然采购卡带有被欺诈的高风险和被滥用的缺点，但是在很大程度上，随着先进的采购分析方案的使用，它是否滥用可以被检查出来。

八、电子采购

电子采购就是用计算机系统代替传统的文书系统，通过网络支持完成采购工作的业务处理方式，如网上招标、网上竞标、网上谈判等。

与传统采购方式相比，电子化采购的优势是显而易见的，主要表现在以下几个方面。

(1) 提高采购效率，缩短了采购周期；

(2) 节约大量的采购成本；

(3) 优化采购流程，获得采购主动权；

(4) 减少过量的安全库存；

(5) 加强了供应商的评价管理；

(6) 电子采购不仅使采购企业大大获益，而且让供应商获益。

以下为几种常见的电子采购平台：

(一) 协同招投标管理系统

协同招投标管理系统是一个协同的、集成的招标采购管理平台，使各种类型的用户（包括组织者、采购业主、投标商、审批机构等）都能在统一且个性化的信息门户中一起协同工作，摆脱时间和地域的限制。

协同招投标管理系统，以招投标法为基础，融合了招投标在中国的实践经验，实现了整个招标过程的电子化管理和运作，可以在线实现招标、投标、开标、评标和决标等整个复杂的招标投标流程，使招标的理念和互联网技术完美结合，从时间上、价格上、质量上都全面突破了传统的招投标方式，最大限度地实现招标方的利益。

(二) 企业竞价采购平台

企业竞价采购平台是一个供应商之间以及供应商和采购商之间互不见面的网上竞价采购管理平台，使得供应商可以远程地参与采购竞价。

竞价采购，又称反向拍卖采购技术（RAT），是采购招标和网上竞价两部分有机结合在一起的采购方式。

（三）电子目录采购系统

电子目录采购系统（Electronic Catalogues）是把产品目录管理、供应商管理以及电子采购整合为一体的综合解决方案。可以帮助采购方快速高效地实现内部采购供应系统的任意商业运作流程及业务规则，搭建符合其自身需求的涵盖包括招标采购、竞价采购、商务谈判在内多种采购方式的在线采购平台，并能有效地管理供应商和产品目录。

（四）面向电子商务的谈判支持系统

面向电子商务的谈判支持系统是一种运行于互联网上的，能为谈判者双方或多方提供谈判建议和谈判过程的支持环境。用户可通过浏览器进行在线谈判，实现交易过程的电子化。

谈判支持系统的作用可归纳为：

（1）克服谈判人主观认知上的局限性或偏见。

（2）减少互不信任因素，使协议更易于为各方所接受。

（3）减少谈判过程中紧张造成的失误。

（4）减少低估自己和对手的情况发生。

九、全球采购

随着全球经济一体化进程的深度和全球市场一体化的程度不断地提高，全球各大跨国公司、采购商等纷纷把新的公司战略指向了对全球资源的低成本获取上。

全球采购指在世界范围内，通过多种采购策略，合理配置资源，获取企业所需的重要原料，并为企业寻找到长期、稳定、多渠道的供应来源。全球采购包含两个层面含义：一是资源的选择是在世界范围内的，而非单一国家或所在国家；二是通过多种采购策略定位，对资源进行合理配置。

全球采购由于其跨国性和战略性定位使其区别于国内采购和国外采购的特点，主要特征如下。

（一）全球范围的采购

采购范围扩展到全球，在全球范围内获取资源，而不是局限于一个或部分国家和地区，因此供应商的筛选、国际物流以及后续服务的成本都需要着重考虑。

（二）风险增高

由于国际采购通常牵涉到长途运输，在供应商处、运输途中和企业仓库往往会有大量存货，资金量比较大；运输涉及进出口，环节较多且手续繁杂；短期内原材料价格和汇率会发生波动，这些因素对供需双方均有许多潜在的风险。

（三）受国际贸易政策影响大

全球采购最终实现货物在不同国家进行转移，是国际贸易的一种表现形式。即使贸易组织内部不断降低各国贸易壁垒，贸易国也会因为某时期贸易形势变化调整其贸易政策，而全球化采购会因此受到影响。

(四) 采购成本相对较低

全球采购的主要目的就是降低总成本。由于物流成本因采购地域距离增加而上升，必然要求企业在全球范围内比较成本，寻找更加价廉物美的物料资源。

(五) 选择供应商条件严格

因为全球采购战线较长，供应商数量相对较多且良莠不齐，这些潜在风险要求企业必须制定严格的评判标准来评价和选择供应商。

(六) 供应平台比较稳定

虽然全球采购战线长、范围广、环节多，但基于供应链管理和战略采购理念下的全球采购战略寻求的是优化供应链平台，发展供应商战略合作伙伴，因此供应链平台相对比较稳定。

在经济全球化的背景下，企业国际化经营是全球采购的直接动因，全球采购是企业在国际化经营中更好地适应商业环境变化和提升企业核心竞争力。全球采购的主要原因来自外部环境原因和内部提升竞争力两方面内容。

(1) 外部环境因素包括企业面对激烈的国际竞争，满足质量标准、交货期要求以及项目所在地要求等贸易政策需要。

(2) 内部提升竞争力因素包括企业提升自身生产技术水平、降低采购成本、提高生产效率以及企业长期市场化发展需要。

十、小结

这些未来发展趋势并没有改变采购的根本作用：价格管理、供应保证、获取理想的产品和服务质量，所改变的只是采购人员、采购供应经理及组织如何实现这些当前的目标。过去，采购工作一般始于接到一项需求申请或制订一项年度计划，今天，它需要建立一套关于系统、能力和关系的基础结构，以便最终有效地实现这些目标。

思考讨论题

1. 如何理解供应链管理环境下的采购理念?
2. 如何实现战略采购的目标?
3. 采购对于企业提高收益有什么贡献?
4. 供应商早期参与的优势有哪些?
5. 采购企业如何履行好社会责任?
6. 最新的采购技术有哪些?
7. 企业开展全球采购的动因是什么?

本章案例

沃尔玛的全球采购

沃尔玛（Wal-Mart）公司是全世界零售业销售收入位居第一的巨头企业，素以精确掌握市场、快速传递商品和最好地满足客户需求著称，是著名的“全球500强排行”的冠军（截至2017年为止），而全球采购正是沃尔玛成功的必要条件之一。

一、沃尔玛的全球采购组织

（一）沃尔玛的全球采购网络组织

在沃尔玛，全球采购是指某个国家的沃尔玛店铺通过全球采购网络从其他国家的供应商进口商品，而从该国供应商进货则由该国沃尔玛公司的采购部门负责采购。

1. 全球采购网络的地理布局

沃尔玛结合零售业务的特点以及世界制造业和全球采购的总体变化趋势，在全球采购网络的组织上采取以地理布局为主的形式。在其设立的四大区域中，大中华及北亚区的采购量最大，占全部采购量的70%多，其中中国分公司又是采购量第一的国别分公司，因此，沃尔玛全球采购网络的总部就设在中国的深圳。

2. 全球采购总部

全球采购总部是沃尔玛全球采购网络的核心，也是沃尔玛的全球采购最高机构。在这个全球采购总部里，除了四个直接领导采购业务的区域副总裁向总裁汇报以外，总裁还领导着支持性和参谋性的总部职能部门。

（二）沃尔玛全球采购网络

沃尔玛的全球采购网络相当于一个“内部服务公司”，为沃尔玛在各个零售市场上的店铺买家服务。

1. 商品采集和物流

全球采购网络要尽可能地在全球搜索到最好的供应商和最适当的商品——沃尔玛的全球采购网络实际上担当了商品采集和物流的工作，对店铺买家来说，他们只有一个供应商。

2. 向买家推荐新商品

对于新产品，沃尔玛没有现成的供应商，它通过全球采购网络的业务人员参加展会、介绍等途径找到新的供应商和产品。店铺买家会到全球采购网络推荐的供应商那里和他们直接谈判以及购买。

3. 帮助其他国家的沃尔玛采集货品

沃尔玛的全球采购为全世界各个国家的沃尔玛店铺采集货物。而不同国家之间的贸易政策往往不一样，这些差别随时都需要加以跟踪，并在采购政策上做出相应的调整。

4. 调查、比较厂商和产品

沃尔玛的全球采购中心同时还对供应商的注册资金、生产能力等进行查证，对产品的价格和质量进行比较。对满意的厂商和产品，他们就会安排买家来直接和供应商进行谈判。

二、沃尔玛全球采购政策

沃尔玛的全球采购中心总部中有一个部门专门负责检测国际贸易领域和全球供应商的新变化对其全球采购的影响，并据以制定和调整公司的全球采购政策。沃尔玛的采购政策大致可以分为以下三方面：

（一）永远不要买得太多

沃尔玛提出，减少单品的采购数量，能够方便管理，更主要的是可以节省营运成本。沃尔玛的通信卫星、GPS（全球定位系统）以及高效的物流系统使得它可以以最快的速度更新其库存，真正做到零库存管理，也使"永远不要买得太多"的策略得到有力的保证。

（二）物美价廉

"沃尔玛采购的第一个要求是物美价廉"。在沃尔玛看来，供应商都应该弄清楚自己的产品跟其他同类产品有什么区别，以及自己的产品中究竟哪个是最好的。供应商最好尽可能生产出一种商品专门提供给沃尔玛。沃尔玛最希望以会员价给顾客提供尽可能多地在其他地方买不到的产品。

（三）突出商品采购的重点

沃尔玛一直积极地在全球寻找最畅销的、新颖有创意的、令人动心并能创造"价值"的商品。造成一种令人高兴、动心的购物效果，从而吸引更多的顾客。

沃尔玛的商品采购的价格决策和品项政策密不可分，它以全面压价的方式从供应商那里争取利润以实现天天低价；沃尔玛还跟供应商建立起直接的伙伴关系以排斥中间商，直接向制造商订货，消除中间商的佣金在保证商品质量的同时实现利润最大化。

资料来源：中国物流与采购网，http：//www.chinawuliu.com.cn/xsyj/201110/08/169144.shtml.

E-sourcing：采购领域的最前沿

采购（Procurement）是指与取得物资和服务相关的活动的总称，事实上每一家企业都对采购非常地熟悉。大多数企业对于Sourcing（定位资源的过程）也非常熟悉，尽管这其中有不少把Sourcing和采购看成是一回事。而事实上，Sourcing只是采购的一个组成部分，是采购的战略部分运作。Sourcing为整个企业的直接和间接物资的采购划分了各个阶段，并且使用了很多高层的、涉及整个企业的方法，其目的主要在于：

(1) 获得物资和服务；

(2) 确认并且评估潜在的供应商来满足企业的其他要求；

(3) 与选定的供应商协商并最终执行交易合约；

(4) 管理并改善与外部供应商的关系。

Sourcing和采购的另外一个重要的区别是在与信息技术的应用方面。尽管"采购"是一个综合的名称，但是传统的采购管理软件仅仅集中于具体的采购流程方面（见图10-2）。例如，ERP采购模块一般用于直接材料的订单规划和执行。这种功能能够降低订单生成的成本并且提供供应商绩效方面的一些数据，但是这些并不能够为用户提供评估以及管理供应商关系的功能。同样地，比较新兴的电子采购应用（E-procurement Application）主要提供面向间接材料采购的功能，但是它试图解决的诸如分散式内部需求、手动订单确认流程以及未授权采购行为等问题，已经被很多公司通过其他方法很好地加以解决。

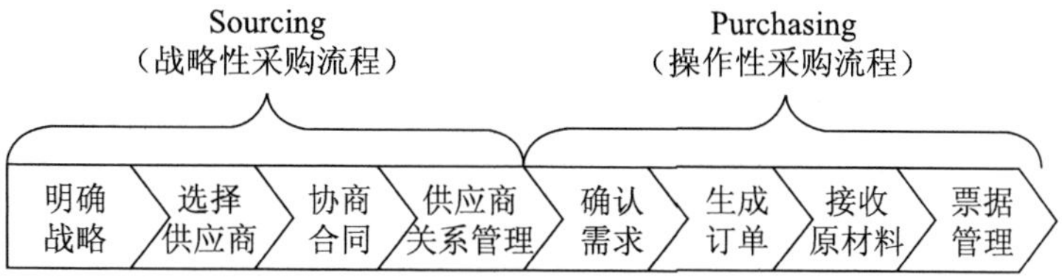

图 10－2　战略性采购与操作性采购流程

而相反的，E－sourcing（电子寻货系统）应用的目标是对于整个采购流程的价值驱动（包括直接原材料的价格和质量）具有巨大影响的、那些具有战略意义的 Sourcing 过程，同时要提高供应链的响应速度。通过这些应用，E－sourcing 提供了独特的能力，包括成本分析、供应商风险分析、原材料/零部件最优化、发布招标书（Request For Proposal，RFP）/生成报价单以及合同管理等。

根据 Aberdeen Group（研究调查联络供应商的机构）的研究，E－sourcing 应用能够为美国的企业每年节省 6900 亿美元的开支。例如，考虑一家年收入在 30 亿美元的企业，原材料和 Sourcing 成本将占去其收入的 50%；息税前利润大约为 4 亿美元。如果采用 E－sourcing 能够将该公司的原材料和 Sourcing 成本降低 5%（一个比较保守的估计），那么该公司的获利就将增长 5000 万美元（所有条件不变，企业税率假定为 33%）。如果进一步假定市盈率为 20 倍，那么由 E－sourcing 带来的节约下降使得投入在原材料和 Sourcing 上的每 1 美元都带来 66 美分的股东价值增长，总体将会使股东价值增长 10 亿美元。在一个广阔的企业环境中，E－sourcing 应用的作用主要表现在：

为 Sourcing 提供最佳运作途径。E－sourcing 应用以软件模板的形式创造并且维持了一套规定好的 Sourcing 流程。这些模板捕捉了公司的最佳运作流程，能够推广应用到其他产品门类中去。

拓展了 Sourcing 方面的合作范围。基于 Web 的 Sourcing 应用能够使其他部门、事业部以及公司或者地理边界之外的个人，只要在需要的时候就可以进行访问与操作。例如招标书生成工具能够向相关的功能领域和事业单位发布请求，让它们输入与自己相关的信息，同时能够提供一个平台来进行实时的团队协作。然后，这些工具能够发布招标书给相应的供应商，并且管理接收以及明确供应商反馈的流程。

提高了 Sourcing 流程的效率。自动化的 Sourcing 流程加快了个人的任务处理，降低了错误率和减少了需要进行修正的工作量，消除了数据重复录入，最终提高了业务流程。例如 E－sourcing 工具能够在相关的内外部部门中自动地收集和发布信息，因此就改善了信息流程和行政管理工作。供应商报表功能使得企业能够追踪采购方面的数据，进而对供应商进行绩效评估。E－sourcing 工作流管理系统能够在跨产品种类组织工作流程从而产生 Sourcing 协同效益。

提高了 Sourcing 流程的决策水平。Sourcing 决策的质量通常依靠与所取得的 Sourcing 信息的准确度、完备性，以及在这些信息上的分析程度。由于 E－sourcing 解决方案极大程度上提高了流程的效率、改善了信息组织工作以及跨组织合作，因此信息的完备性、准确性以及可获得程度都得到了明显的提高。例如，E-sourcing的各种工具通过为组织开发定制的工具，例如总拥有成本（Total Cost of Ownership）模型来提供最优的决策支持。

改善培训水平。许多E-sourcing应用能够被用来作为离线模拟系统，使用公司本身的历史数据来提供高度相关的训练环境。

传统的运作中，Sourcing的流程都是由手工借助书面工作展开，非常耗时，通常每个产品种类平均需要3～4个月，有的甚至长达6个月。

总而言之，E-sourcing方案能够缩短Sourcing周期达25%以上，缩短产品上市周期大约10%～15%，提高采购到的物资质量，同时也创造了一个总体的供应商基础，这个基础对于革新和经济情况变动的反应速度更快。

资料来源：AMT，陈景琏，编译．http：//www.amteam.org/print.aspx? id=467741.

参考文献

［1］约琴夫·L. 卡维纳托，拉尔夫·G. 考夫曼．采购手册——专业采购与供应人员指南［M］. 吕一林，闫鸿雁，雷利华，等，译．北京：机械工业出版社，2001.

［2］杨立新．合同法专论［M］. 北京：高等教育出版社，2006.

［3］孙应征．买卖合同法律原理与实证解析［M］. 北京：人民法院出版社，2005.

［4］孙健敏．谈判技能［M］. 北京：企业管理出版社，2004.

［5］米歇尔·R. 利恩德斯，等．采购与供应管理［M］. 北京：机械工业出版社，2003.

［6］肯尼斯·莱桑斯，迈克尔·吉林厄姆．采购与供应链管理［M］. 鞠磊，等，译．北京：电子工业出版社，2004.

［7］罗伯特·M. 蒙兹卡，罗伯特·J. 特伦特，罗伯特·B. 汉德菲尔德．采购与供应链管理［M］. 刘秉廉，等，译．北京：中信出版社，2004.

［8］ARJAN JVAN WEELE. 采购与供应链管理［M］. 梅绍祖，阮笑雷，巢来春，译．北京：清华大学出版社，2002.

［9］ROBERT MONCZKA，ROBERT TRENT，ROBERT HANDFIELD. 采购与供应链管理［M］. 北京：电子工业出版社，2008.

［10］蒙克萨．采购与供应链管理［M］. 北京：清华大学出版社，2007.

［11］布兰奇．国际采购与管理［M］. 北京：机械工业出版社，2003.

［12］国际贸易中心．如何认清组织环境［M］. 中国物流与采购联合会，译．北京：中国物资出版社，2006.

［13］国际贸易中心．如何明确需求与规划供应［M］. 中国物流与采购联合会，译．北京：中国物资出版社，2005.

［14］国际贸易中心．如何制订供应战略［M］. 中国物流与采购联合会，译．北京：中国物资出版社，2006.

［15］国际贸易中心．如何评估与初选供应商［M］. 中国物流与采购联合会，译．北京：中国物资出版社，2005.

［16］国际贸易中心．如何进行商务谈判［M］. 中国物流与采购联合会，译．北京：中国物资出版社，2005.

［17］国际贸易中心．如何准备合同［M］. 中国物流与采购联合会，译．北京：中国物资出版社，2005.

［18］国际贸易中心．如何进行库存管理［M］. 中国物流与采购联合会，译．北京：中国物资出版社，2005.

［19］宋玉卿．需求管理：提升采购竞争力之源［J］. 中国流通经济，2008（3）：23－25.